全国教育科学"十三五"规划
国家一般课题研究成果（BHA180136）

常宝宁 著

综合高中：普通高中发展的新视角

ZONGHE GAOZHONG: PUTONG GAOZHONG FAZHAN DE XIN SHIJIAO

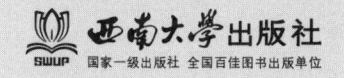

西南大学出版社
国家一级出版社 全国百佳图书出版单位

图书在版编目(CIP)数据

综合高中：普通高中发展的新视角 / 常宝宁著. -- 重庆：西南大学出版社，2024.5
ISBN 978-7-5697-0641-3

Ⅰ.①综… Ⅱ.①常… Ⅲ.①高中—教育研究—中国 Ⅳ.①G639.21

中国版本图书馆CIP数据核字(2022)第140037号

综合高中：普通高中发展的新视角
ZONGHE GAOZHONG：PUTONG GAOZHONG FAZHAN DE XINSHIJIAO

常宝宁　著

策划编辑：	黄　璜
责任编辑：	黄　璜
责任校对：	刘　平
装帧设计：	观止堂_未氓
排　　版：	吴秀琴
出版发行：	西南大学出版社(原西南师范大学出版社)
	地址：重庆市北碚区天生路2号
	市场营销部：023-68868624
	邮编：400715
印　　刷：	重庆新荟雅科技有限公司
成品尺寸：	170 mm×240 mm
印　　张：	14.5
字　　数：	214千字
版　　次：	2024年5月　第1版
印　　次：	2024年5月　第1次印刷
书　　号：	ISBN 978-7-5697-0641-3
定　　价：	48.00元

前言

高中阶段是学生个性形成、自主发展的关键阶段,在我国国民教育体系中具有承上启下的重要作用。它既与义务教育相衔接,能带动义务教育质量的有效提升,又与高等教育相连接,是高等教育发展的重要基石。

截至2020年,我国高中阶段毛入学率已达到91.2%,如期完成了党的十八届五中全会提出的"普及高中阶段教育"的重要任务。高中阶段教育普及程度越高,越要关注学生的个性需求,关注适合每一个学生全面而有个性发展的教育体系构建。鉴于此,打破普通高中"千校一面"的办学格局、推动普通高中多样化特色化发展、构建普职融通的教育新体系就成为当前我国普通高中教育改革的重中之重。2010年,中共中央、国务院印发的《国家中长期教育改革和发展规划纲要(2010—2020年)》也明确提出,要"推动普通高中多样化发展……鼓励普通高中办出特色。鼓励有条件的普通高中根据需要适当增加职业教育的教学内容。探索综合高中发展模式。采取多种方式,为在校生和未升学毕业生提供职业教育"。站在新的历史起点,综合高中的发展迎来了新机遇,也面临着新挑战。

综合高中作为一个"舶来品",最早起源于1918年美国中等教育改组委员会发表的《中等教育的基本原则》报告,它的产生是人们追求机会和地位平等的结果。科南特甚至认为,综合高中是美国民主社会的动力,是实行中等教育从传统精英教育向全民教育转变,培养学生具有健全的民主精神,适应民主社会生活,肩负民主社会公民应有职责的关键。受"科南特报告"的影响,20世纪50年代以来，综合高中在美国得到快速发展，并成为美国中等教育阶段最主要的办学类型。作为一所融普通教育与职业教育为一体，变机构分流为课程分流、校际分流为校内分流的新型教育样态的综合中学，其发展在国际教育领域产生了强烈影响，先后得到英国、加拿大、意大利、法国、德国、挪威、日本等国政府的高度重视和大力推广，已成为一种较为普遍的国际教育现象。

我国政府虽然在不同时期多次强调要大力发展综合高中，并在江苏、广东、重庆、四川、河北、山东、黑龙江等地开展了综合高中办学模式的实践探索，但始终无法摆脱"唯升学"与"唯就业"的"二元"弊端，再加上我国对综合高中的发展往往举棋不定、定位不准、导向不清、政策不明、投入不足、督导不力、研究不足，致使综合高中生存在普通高中与职业高中（中等职业学校）的夹缝中。

综合高中的发展为何总是水土不服？多年来，我一直沿着这条艰辛的道路不断探索，在历史分析与实践调查中重新审视我国综合高中发展的价值定位、办学理念、实践模式、课程设置与政策保障等问题，以期找到我国综合高中发展的切入点和突破口，探索具有中国特色的综合高中发展新模式。

综合高中的发展既是一个重大的理论课题和政策议题，也是一个棘手的实践难题，国内的相关研究不仅数量偏少，而且还很不成熟，一线的教育实践也基本以农村学校、薄弱学校为主，更重要的是，这些学校还经常担心在实践中会不会因为"综合高中"而被贴上"职业高中"的标签，这些都为本研究的调查和写作增添了一定难度。同时，受笔者水平所限，书中粗浅、疏漏之处在所难免，敬请广大读者朋友批评指正。

常宝宁

2023年11月

目 录

导 论　　1
　　一、综合高中发展的时代背景　　1
　　二、综合高中发展的现实难题　　5
　　三、综合高中发展研究概述　　8
　　四、综合高中发展的研究设计　　16

第一章　综合高中的内涵特质与时代价值　　21
　　一、综合高中的概念与特质　　21
　　二、我国综合高中发展的历史机遇　　34
　　三、我国综合高中发展的价值定位　　41

第二章　我国综合高中发展的历史演进和现状分析　　46
　　一、我国综合高中发展的历史演变　　46
　　二、我国综合高中发展的现状分析　　63
　　三、我国台湾地区综合高中的发展及其成效　　68

第三章　综合高中发展模式研究　　80
　　一、我国综合高中发展的模式　　80
　　二、主要发达国家综合高中发展模式　　90
　　三、影响综合高中发展模式的要素　　96

第四章 综合高中课程结构设计 105
  一、综合高中课程结构及其重要性 106
  二、我国综合高中现行课程结构分析 111
  三、综合高中课程结构设计的理论基础与现实依据 126
  四、我国综合高中课程结构设计 144

第五章 我国综合高中发展的政策保障机制 179
  一、我国综合高中政策分析 179
  二、我国综合高中发展的政策问题阐释 187
  三、我国综合高中发展的政策改进 189

参考文献 207

教师问卷 212

学生问卷 216

访谈提纲 224

后　记 225

导 论

一、综合高中发展的时代背景

高中教育在整个国民教育体系中具有独特的地位和价值。它既是基础教育的重要组成部分，是在义务教育的基础上进一步提高国民素质、面向大众的教育，要为学生的终身发展奠定基础，又与高等教育相衔接，担负着为高等院校培养合格新生的历史重任。同时，高中阶段也是学生个性形成、自主发展的关键时期。然而，长期以来，我国的中等教育，尤其是高中教育缺乏融合性、贯通性和灵活性，忽视了个体所具有的不同的个性、气质、期望和才能，采用同一种类型、课程、模式——为升学作准备的教育方式，造成了"千校一面""万人挤过独木桥"的教育弊端，使学校发展失去了活力和特色。因此，实行教育改革，构建具有中国特色的、灵活多样的、相互融通的中等教育体制，满足不同学生的发展需求，既是教育发展的基本趋势，也是教育的本源所在。

(一)现实诉求——综合高中发展的时代要求

我国高中教育长期以来一直实行的是"双轨制"，即普通教育和职业教育相互分离。普通教育主要为学生的升学作准备，职业教育主要为学生的就业作准备，二者隶属于不同的教育行政机构，自成体系、各自为政、泾渭分明，缺乏沟通与融合。这种教育体制最大的弊端就是对学生进行过早地定位和分化，造成了教育和社会中的不平等，即进入职业教育机构的学生往往只接受某种单一技能的训练，专业定向早，知识面狭窄，无法适应现代社会对劳动者素质的综合要求。

同时,对口升学的高等院校层次和录取率很低,进一步限制了部分想接受高等教育的学生学习的欲望,使职业教育成了终结性教育,也使得接受职业教育的学生在以后的工作和生活中往往与工作时间长、劳动强度大、工资收入低相联系。而进入普通教育机构的学生除一部分可以升入大学,"改变自己的命运"[①]外,仍有大部分学生中途辍学或成为高考的牺牲品[②]。更有甚者,其中的一部分人升学无望、求职无能、种地无心,沦为社会的"边缘人",造成了教育资源的极大浪费,严重影响了社会的健康发展。可见,中等教育,尤其是高中教育,既未能使青少年为接受高等教育作好准备,也未能使青少年为进入职业界作好准备。

在这种情况下,高中教育引发人们越来越多的批评和指责,甚至令人深感失望也就在所难免。因此,在为所有未来公民提供普通教育的基础上,构建灵活的高中教育体制,打破普职分离的壁垒,延缓学生的分流时间,为学生提供多次选择的机会,按照学生对教育的不同需要安排学习单元,建立起能沟通各门课程的桥梁,促进不同智力和不同职业目标的学生的相互了解,"培养学生今后为预见和适应重大变革所需的性格素质方面,发挥越来越大的作用……培养他们的创造能力和同情心,这些都是他们成为未来社会的公民——既是积极参与者又是创造者所需要的"[③],这是现代社会对高中教育的基本要求,也是现代高中的使命所在。

(二)政策引领——综合高中发展的制度支撑

早在1983年颁布的《关于全日制普通中学全面贯彻党的教育方针、纠正片面追求升学率倾向的十项规定(试行草案)》中就提出中学教育既要为高一级学校输送合格的新生,还要注重培养大批优良的劳动后备力量,简称"双重任务

---

① 这里之所以特别标注是因为它还与学生的家庭背景、大学毕业后就业等因素有关。
② 从全国的高考录取情况来看,2018年全国高考录取率为81.1%,这意味着仍有将近20%的学生未能进入高等教育阶段学习;如果以本科录取率来看,全国为53.4%,其中河南仅为29.8%,甘肃为37.61%;从全国普通高中的流失率来看,2017年全国普通高中一年级共有学生8005548人,2018年全国普通高中二年级学生数为7913696人,这意味着有近91852名学生在接受一年高中教育后中途辍学。
③ 联合国教科文组织总部中文科.教育:财富蕴藏其中[M].北京:教育科学出版社,1996:118-119.

说"。"双重任务说"在理论上来说是合理的,兼顾了学生升学与就业的需要,但是对于每一个具体的学生来说,他必须作出非此即彼的选择。而且在人们的思想观念还比较落后、教育体制机制还不够灵活、学校课程还比较僵化、教育评价和人才选拔方式还不尽合理的条件下,"双重任务说"必然让位于单一的应试教育,被应试教育所"绑架",最终成为学生个性发展、素质提升的桎梏。1995年原国家教委印发的《关于大力办好普通高级中学的若干意见》虽然将我国普通高中的办学模式划分为四种,但是在实践中依然没有改变普通高中唯升学预备教育的倾向,在普通教育中进行职业教育更多的只是劳技课的代名词,职业教育在普通高中中并没有得到重视;1999年国务院批转的《面向21世纪教育振兴行动计划》中指出,要继续实施初中后教育的分流,积极发展中等职业教育,在经济比较发达的地区可发展部分综合高中,推迟到高三年级分流,这是我国政策文件中首次提到要发展综合高中;2001年5月印发的《国务院关于基础教育改革与发展的决定》(以下简称《决定》),其中明确指出要鼓励发展普通教育与职业教育沟通的高级中学,首次在政策上对综合高中的发展给予了肯定;同年6月,原国家计委颁布的《国民经济和社会发展第十个五年计划科技教育发展重点专项规划(教育发展规划)》(以下简称《教育发展规划》)提出,要"积极探索和推广普通高中课程与职业技能教育相结合的综合教育形式……尽快建立职业技术教育与普通教育之间相互沟通、相互衔接、协调发展的新的教育体系,通过改革考试选拔和质量评估制度,促进职业教育与学历教育相互兼容"。这两项政策对综合中学的肯定不谋而合。但是由于种种原因,综合高中在20世纪90年代末只是昙花一现,在21世纪的前十年也没有得到应有的发展。2010年7月,中共中央、国务院印发的《国家中长期教育改革和发展规划纲要(2010—2020年)》(以下简称《纲要》)中明确提出,要探索综合高中的发展模式。作为今后一段时期我国教育发展的指导性和纲领性文件,《纲要》强调综合高中的发展绝不是空穴来风,而是为我国高中教育的发展指明新方向,综合高中的发展必将成为我国高中教育发展的一大亮点和增长点。2017年,教育部等四部门关于印发的《高中阶段教育普及攻坚计划(2017—2020年)》进一步指出,要探索发展综合高中,完善课程实施、学籍管理、考试招生等方面的支持政策,实行普职融通,为学生提供更多选择机会。建立普通高中和中等职业学校合作机制,探索课程互选、学分互认、资源互通。2019年,《国务院办公厅关于新时代推进普通高中育人方式改革的指导意见》中也指出,要"鼓励普通高中与中等职业学校课程互选、学分互认、资源互通,促进普职融通"。由此可见,普职融通育人机制是解决普通高中与中等职业学校发展不协调,满足广大初中毕业生接受良好高中教育的重要组成部分,是实现普通高中育人方式改革,坚决扭转片面应试教育倾向,切实提高育人水平,构建适应学生全面而有个性发展教育体系的必然要求。

(三)国际趋势——综合高中发展的经验借鉴

综合高中最早产生于美国。早在1918年,"中等教育重组委员会"就发表了中等教育七大原则,即:健康、掌握基本技能、有效的家庭成员、养成职业知能、胜任公民职责、善用闲暇时间、道德品格。由该组委会发布的《中等教育的基本原则》中就明确指出了对学生进行分流教育的合理性,使"双轨制"在中学阶段完全并轨,以满足社会经济发展对各类人才的需要。由此,那些新型的、包含有各种教学计划的综合高中,逐步发展成为美国中等教育制度的基本类型。该报告也被认为是美国综合高中得以确立的标志。20世纪60年代,詹姆斯·布莱恩特·科南特(James Bryant Conant)在《今日美国中学》(The American High School Today)(又称"科南特报告")中认为,综合中学是美国民主社会的动力,是实行中等教育从传统精英教育向全民教育转变,培养学生具有健全的民主精神,适应民主社会生活,肩负民主社会公民应有职责的关键。受"科南特报告"的影响,综合中学在美国获得了极大成功,目前已成为美国中等教育最为主要的学校类型,有95%以上的学生在综合高中就读。英国综合高中的创设理念与美国相似,随着婴儿潮的发展和普通民众对子女就读文法学校的强烈需求,传统的文法学校(招收20%—30%的学生进行精英教育)已无法满足广大民众对子女升学教育的强烈需求,再加上工党政府对中等教育全民化的不断推进,最终导致20世纪60年代英国综合高中得以迅速发展。目前,在英国的英格兰地区有85%以上的学生就读于综合高中,在威尔士地区有高达99%的学生就读于综合高中。瑞典自从1971年开始大面积试办综合高中以来,目前已有90%左右的学生就读于综合高中;日本自1994年创办综合高中以来,截至2018年,已有综合高中375所,大约5.3%的学生在综合高中就读;我国台湾地区自1995年创办综合高中以来,在2005年时综合高中数量已高达162所,占高中总数的34.39%。此外,德国、法国、意大利等国都不同程度地发展了综合高中。总的来看,综合高中已成为一种较为普遍的国际现象,综合高中的发展已成为国际中等教育发展的主流趋势。

二、综合高中发展的现实难题

(一)研究的问题

我国在中等教育阶段通过招生入学考试的方式将学生分为普通教育和职业教育两类,这种分离是基于工业社会的发展需要大量的低水平体力劳动者的判断,因而脑力劳动和体力劳动的分离是合理的,这种分离在学校教育中就主要体现为普通教育和职业教育的分离。它不仅使学生在两种学校之间的流动变得极为困难,也造成了普通教育与职业教育之间的隔阂——普通教育以升学为唯一目标,课程强调统一性、学术性,学校千篇一律,缺少特色;职业教育以就业为唯一目标,过于强调职业技能的培训,忽视了学生基础知识的学习和掌握。

高中阶段作为学生个性形成和自主发展的关键时期,应为学生的个性形成和自主发展创造条件,即依据学生的兴趣、爱好和潜能提供灵活多样的、可供学生自主选择的教育方式和教育内容,以适应青少年走向成熟的不同过程。然而,普职分离的"双轨制"既不可能满足学生的多样化需求,也不可能为学生的多样化、个性化发展创造条件。

综合高中作为一种普职融合的新的高中类型,是一个范围非常广、难度非常大的研究课题,涉及办学理念、办学模式、课程设置、学校管理等方方面面。而且从我国综合高中的发展历程来看,当下并非是首次探索,在教育史上已经经历了两次惨痛的教训。《国家中长期教育改革和发展规划纲要(2010—2020年)》再次提出要探索综合高中的发展模式。那么在当下该如何发展综合高中呢?综合高中的发展必须通过历史研究,在认真总结其历史经验的基础上,找到发展的切入点和突破口。

课程作为学校教育教学活动得以开展的动力源,也是教育教学活动实施的最直接依据,从根本上规范和制约着学校教育教学活动的始终。纵观已有的教育改革,尤其是现代学校教育改革,莫不以课程为突破口。而课程结构的缺失也是我国综合高中发展之所以失败的根本性原因。基于此,本研究认为,当下我国综合高中的发展必须以构建自身的课程结构为切入点和突破口。当然,这种课程结构的设计,既要充分借鉴国际综合高中发展的成功经验,又要立足我国实际,在明确综合高中课程结构设计的基本原则和价值取向的基础上,形成我国综合高中课程结构的新体系。以课程结构为中心,形成综合高中的课程实施与评价机制,并将综合高中、普通高中、职业高中有机区别开来,就能有效解决我国中等教育阶段长期以来一直存在的普通教育与职业教育相分离、升学与就业相矛盾等问题。

(二)研究的意义

1.理论意义

综合高中的产生和发展已有近百年的历史,它反映了不同时代和社会经济发展对人才的不同需要,也反映了不同教育思潮对中学的影响。但是,我国中等教育长期以来形成了普职分离的"双轨制"体制,在"双轨制"体制下,普通教育过于注重升学取向,过于强调课程的统一性,学校同质化现象异常严重,职业教育过于注重专业训练而缺乏对学生基本知识的培养。二元分割的教育体制不仅与中等教育要适合现代社会对人才的发展需求不相吻合,也不符合多元文化背景下青少年的多样化发展需求,造成了社会资源和教育资源的极大浪费。而综合高中作为一种新兴的办学模式,有效弥合了普通教育与职业教育间的"真空地带",受到不少专家学者的青睐和肯定。但是经过两次改革的惨痛失败后,综合高中的发展在人们心里产生了阴影。究竟什么是综合高中?现阶段要不要创办综合高中?教育理论界与实践工作者对这些问题的争议长期以来一直没有停止过。

通过对综合高中发展的历史分析,能够清晰地揭示综合高中的本质和内涵,明确发展综合高中的意义和价值之所在,有助于构建灵活多样的中等教育体制,加强普通教育和职业教育之间的沟通和衔接,建立和完善人才培养的"立交桥",从而对教育理论的发展有所作为;通过对综合高中课程价值取向的探讨和对综合高中课程结构的初步设计,不仅为综合高中的发展提供了理论指导和智力支持,也有助于课程理论的进一步完善和发展。

2.实践意义

早在20世纪20年代初,综合高中曾被作为我国中学办学的主导模式,但是试行不到十年就宣告失败。20世纪90年代中后期,综合中学曾成为理论研究和实践探索的热点,但短短几年便又销声匿迹。2010年颁布的《国家中长期教育改革和发展规划纲要(2010—2020年)》再次提到要探索综合高中的发展模式。这是基于对世界中等教育发展趋势的总体判断和我国中等教育发展的现实考虑而提出的。但是要探索综合高中的发展模式,就必须找到、找准它的突破口和切入点,以防历史悲剧重演。

本研究在历史分析和实际调查的基础上,将综合高中课程结构的设计作为综合高中发展的突破口,并通过理论研究和实际调查,初步构建了综合高中课程结构新体系,并分析了它的可行性和保障机制。这些研究不仅对于政府出台和制定相关教育政策具有重要的参考和借鉴价值,而且对于学校端正办学思想、树立正确的办学理念、规范自身的办学行为、制定合理的办学目标等都具有一定的现实指导意义。

三、综合高中发展研究概述

(一)国外有关综合高中的研究

综合高中在美英等国有着较长的发展历史,发展也比较成熟和完善。尤其是随着"科南特"报告的发表,更是让综合中学受到了美英等国的普遍关注和讨论。

1.科南特的《今日美国中学》

詹姆斯·布莱恩特·科南特(James Bryant Conant)的《今日美国中学》(The American High School Today)是最早、最经典的全方位研究美国综合中学的著作,它曾作为美国20世纪60年代中等教育改革的指导性文献之一,有力地推动了综合中学的发展。

科南特认为,虽然为了改进美国中学没有必要对美国教育的基本范型做根本性的改动,但是美国的中等教育制度和课程还有许多亟待改进的地方。他在《今日美国中学》一书中,系统论述了美国中等教育的教育制度和中学的课程改革问题,分析了美国教育的特点,提出了改进公共中等教育的二十一条建议。

首先,在中学的教育目的和教育制度上,科南特认为综合中学是美国民主的动力,它让不同背景、不同种族的学生生活在一起,共同分享生活经验,促进不同文化、不同职业间的相互了解。他认为综合高中主要有三大目标,即,"第一,为所有的未来公民提供普通教育;第二,为那些想在学校毕业后立即使用所学技能的学生开设很好的选修课程;第三,为毕业后上学院或大学深造的学生开设令人满意的文理课程"[①]。因此,它把升学和就业的各种职能集中于同一教育机构,能促进不同智力和不同职业目标学生的相互尊重和情感的了解。此外,在办学规

---

① 科南特.科南特教育论著选[M].陈友松,译.北京:人民教育出版社,1988:41.

模上,科南特认为应该扩大综合中学的规模,创办较大的综合高中。科南特认为,"毕业班至少必须有一百名学生,因为小规模的中学限于条件难以开设高深科目,而综合中学规模较大,师资多,容易购置现代化教学设备,开设新学科,以提高教学质量"①。

其次,在课程设置上,注重普通教育。科南特建议将英语、数学、社会科学、自然科学等作为所有学生必修的共同核心课程,全体学生毕业时都要学完相关必修课程,必修课程应该占大多数学生一半以上的学习时间。

最后,学校要建立学生辅导制度,课程的开设要根据学生的能力进行分组,让每个学生有一种个别化的课程计划。具体来说,就是对阅读能力十分迟钝的学生、擅长文理科目的学生和有高度天赋的学生作出特殊安排。科南特尤其强调天才教育,他认为擅长文理科目的学生约占全体学生的15%,这些学生应当在中学选修全部较难学习的课程;还有3%的学生是具有高度天赋的学生,如果人数足够,要为他们开设特殊班级,教授"大学先修课程",通过相关考核,给予这些学生读大学二年级科目的资格。

2.英国综合中学的发展与两党的教育政策

英国的综合中学最初产生于对"11+考试"的质疑,并明显受工党和保守党教育政策的影响。戴维斯·鲁宾斯坦(David Rubinstein)和布莱恩·西蒙(Brian Simon)从历史发展的角度介绍了英国综合中学产生的背景,以及工党和保守党在中等教育综合化上的教育政策,即在工党控制的地方完全采用综合化的教育政策,而在保守党控制的地方则采用精英化的教育政策。这种教育政策的差别直接影响了综合中学的发展。为此,笔者认为,教育制度和教育体制改革,很难与政治问题分开,甚至在一些情况下,它们直接就是政治问题②。20世纪60年代以来,伴随着民主教育思潮的不断兴起,教育公平与教育民主成为主导英国中等教

---

① 科南特.科南特教育论著选[M].陈友松,译.北京:人民教育出版社,1988:10.
② David Rubinstein, Brian Simon.The Evolution of the Comprehensive School, 1926—1972[M].LonDon: Routledge & Kegan Paul.1969:106-107.

育改革的核心思想,大部分学者认为,相比文法学校、技术中学和现代中学,综合中学更有助于为学生提供公平的教育机会,促进学生天赋的发展。在英国,综合中学的发展虽然得到越来越多学者的肯定,但其发展并不顺利,而且随着两党政治主张的变化飘忽不定。如迈克尔·帕金森(Michael Parkinson)等在《工党与中等教育组织:1918—1965》(*The Labour Party and the organization of secondary education*, 1918-1965)中就论述了工党在教育政策的出台中经历的一系列曲折过程,并根据实际情况不断调适。因为1964年大选期间的民意测验表明,教育问题是仅次于生活开支的第二重要问题,综合中学的改革至少不应使选票流失[①]。直至1965年工党上台后发布了第10号通告,英国才大力合并了部分文法学校、技术中学和现代中学,实施无差别的教育,大力发展综合高中。综合中学在英国的发展虽然经历了一个艰难而曲折的过程,但它存活了下来,并成为英国教育改革与发展的重要基础。

3.综合高中发展的批评与反批评

"科南特报告"虽然有力地支持了综合高中的发展,并使其逐渐步入正轨,但是关于综合高中发展的争议自其产生以来就一直没有停止过。20世纪80年代以来,罗伯特·汉佩尔[②](Robert L. Hapel)和塞万·特奇安[③](Sevan G. Terzian)等人批评了综合中学存在结构松散、缺乏效率流于形式等弊端,既不能满足学生的多样化需求,致使学生的潜能未能充分发挥,最终导致学生学业失败,也并未从根本上改变精英教育意识浓厚、职业教育地位尴尬的局面和社会不平等的状况。玛丽·雷维德(Mary.A.Raywid)则明确地反对综合高中制度,倡导建立替代性的学校教育制度[④];欧内斯特·博耶(Ernest Boyer)甚至将综合高中称为"麻烦的机

---

① Alan Weeks.Comprehensive Schools:Past,Present and Future[M].London:Methuen,1986:14.
② Robert L. Hapel.The Last Little Citadel:American High Schools since 1940.Boston:Houghton Mifflin,1996.
③ Sevan G. Terzian.Custodialism and Career Preparation in a Comprehensive High School, 1929-1942[J].Barry M. Franklin, Gary McCulloch.The death of the comprehensive high school[C].NY:Palgrave Macmillan,2007.
④ Mary. A. Raywid. A.Family Choice Arrangements in Public Schools: A Review of the Literature[J].Review of Educational Research,1985:435-467.

构"。与此同时,也有一大批学者坚决地支持综合高中的发展,正如威廉姆斯·瑞格(William G. Wraga)等人所认为的,综合中学面临的问题在于其在实施的过程中偏离了最初的蓝图,改革的目的不是要否定它,而是要加强辅导,提高效率。[①] 肯·弗格曼(Ken Fogelman)等人利用"全国儿童发展研究(NCDS)"30余年的追踪数据分析认为,综合中学的发展并没有造成学生学习成绩下降,甚至综合中学学生的成绩表现并不比其他学校的学生差[②]。可见,关于综合高中发展的争论还将长期存在,而这种争论也正是推动综合高中不断发展、不断完善的动力所在。

(二)国内有关综合高中的研究

国内关于综合高中的研究主要集中在普职教育融合,综合高中的属性以及综合高中的办学模式三个方面。

1. 在普通高中内部探索普职教育的融合

早在20世纪80年代,施良方先生就认为,"如果在高中阶段就普遍实行普通教育与职业教育全面分流,势必会造成这样两种情况:(1)高等院校几乎无选择生源的余地;(2)升学竞争会降低到初中阶段。这实际上是要初中毕业生在15岁左右就决定是升学还是就业。这多少带有一定的宿命论的色彩。"[③]李秉德先生也认为,"职业教育与普通教育不仅在贯彻教育方针与培养目标上,有着基本的一致性,而且在教学内容上也应互相贯穿和交叉。"[④]也就是说,普通教育不仅要使学生具有坚实的基础知识和基本素养,也要使学生具有一定的职业知识和职业技能;而职业教育不能仅是单纯的职业技能训练,也要重视学生对基础知识的学习和掌握。普通教育和职业教育相互融合,不仅是世界中等教育发展的必然趋势,也合乎社会发展的基本规律,是符合学生身心发展的基本需要的。

---

① William G. Wraga. Democracy's High School-The Comprehensive High School and Educational Reform in the United States [M]. NY: University Press of American. 1994: 200-203.
② Ken Fogelman. The development of comprehensive secondary schools in England and Wales. [J]. School and Society, 1985 (3): 280-290.
③ 施良方. 课程理论——课程的基础、原理与问题[M]. 北京:教育科学出版社,1996:306.
④ 李秉德. 关于发展职业教育的几个问题[J]. 教育与职业,1988(2):6-7.

要在普通高中课程改革中根据学生的要求,社会的需要和学校的条件,在开设选修课时,要设置有利于学生综合运用知识,了解新的科学、技术的课程;有利于学生就业的诸如工业基础、农业基础、簿记、会计、金工、木工等课程(江山野,1985;叶立群,1988;刘英杰,1988)。金一鸣主编的《普通高中办学模式的探索》(1995)从课程改革的角度,将普通高中的课程分为必修课、选修课和活动课三大类。他认为普通高中的选修课应是多方面的,既有普通教育方面的,也有职业技术教育方面的。在众多的选修科目中,学生可以按照自己升学和就业的需要去选择,并对它们进行不同的组合。而普通高中开设职业技术课程的目的是加强科学与技术之间的联系,培养学生的实际工作能力,增强他们的适应性。马立、潘仲茗主编的《普通高中课程计划问题研究》在介绍无锡地区办学经验时指出,无锡虽然提出高中教育的三种结构,即普通高中、中等职业技术教育和综合高中,把综合高中从普通高中中分离出来,让其介乎普通教育与职业教育之间,自成一类,但是综合高中执行的依然是普通高中的教学计划,只不过做了一些简单调整。因此,改革并没有超出普通高中的范畴,仍是普通高中的一种改革模式。

2.关于综合高中属性问题的争论

从综合高中的发展历史来看,英、美等国综合高中的发展都是源于人们对教育公平和教育民主的追求,而我国综合高中的发展则主要源于普通高中或职业高中为摆脱生存困境而采取的权宜之计。国际综合高中关于公平、民主及培养"全人"的创办初衷与发展定位,并未纳入我国综合高中的改革范畴(刘丽群,2013),因此综合高中的发展总是摆脱不了"非普即职"二元思维的影响和制约。而关于综合高中是普通高中的一类还是应独立于普通高中,与普通高中、职业高中并列,自成体系,研究者和实践者在这一问题上还存在较大分歧;教育政策在此方面也显得比较模糊,缺乏对综合高中性质与任务的清晰定位。在学术上,一种观点认为,综合高中首先是普通高中。高中阶段分为普通高中和各类中等职业学校的状况,将会长期存在,普通高中将分为完全高中和综合高中两种类型

(朱怡华,2000;郝克明,2001);第二种观点认为,要把综合高中纳入高中阶段的教育结构,使之逐步形成普通高中、综合高中和职业高中的三元结构。提高结构的灵活性,为学生提供多种受教育的机会,为社会提供多种类型的人才(魏所康,1994;孙震瀚,1999;袁桂林、秦玉友,2002;向才毅,2004)。

3.综合高中的办学模式研究

金一鸣主编的《普通高中办学模式的探索》主要探索了普通高中学校内部的分流问题,分析了7所学校在办学模式多样化方面的实践和探索,研究中虽然提到了国外综合高中的发展情况,但并没有将综合高中作为我国高中教育发展的一种模式,而是尝试通过增设职业教育课程达到学生分流的目的。

我国台湾学者杨思伟在其主持的"综合高中理想办学模式之研究"(1999)中,通过对台湾十所综合高中进行个案分析后认为,综合高中最佳的办学模式(条件)至少应具备:校长及行政人员应有强烈主观办学的意愿、全校学生数在一千人以上、办理规模每年级至少在四个班以上、学程开设在四个以上。研究指出,我国台湾地区的综合高中太偏美国综合高中的"原有精神",应在坚持"延缓分化""生涯辅导""多元选修""适性教学""空白时间""活动课程"基本理念的基础上,给予弹性处理的空间,而不是以最原始的、最高的标准来定义它。

2001年,徐英杰主编的《综合高中办学模式探索》通过对石家庄相关学校的调查,对怎样办好综合高中进行了研究和探讨。研究认为,综合高中办学模式可分为八类,即分段分流模式、分班分流模式、分科分课模式、两张证书模式、三年一贯,办特色学校模式、高中与大学直接挂钩模式、高中与中专衔接模式和"双轨制"模式,并简要介绍了每一种模式的特征。

此外,也有学者将我国综合高中的办学模式概括为补习模式、分段分流模式、交流融合模式(罗生全、赵正、程洪明,2004)普通高中举办综合高中模式、职业学校举办综合高中模式、普通高中与职业学校联办综合高中模式、普通高中与职业学校及高等院校联办综合高中模式(袁丽英,2003)等。

4. 综合高中的课程设置研究

综合高中在课程设置中往往存在培养目标的高要求与培养对象低素质之间的巨大反差,存在课程设置是指向升学还是就业的矛盾(褚联峰,2001)。目前,我国的综合高中仍以学科教学作为课程设置的主要依据,将普通高中必修的文化课与职业技术课程进行简单的叠加,还没有对课程内容做出真正意义上的融会贯通,没有设计出一套融合普通教育和职业教育的综合模块课程结构(向才毅,2004)。综合高中课程设置还主要存在教学内容偏难偏深、衔接性差、课程结构单一、师生负担过重、管理上条块分割等问题(董仁忠、周一平,2003)。综合高中要照顾每一位学生,而非仅照顾部分学生,要提供给学生适性教育机会,进而发挥教育效果,提升教育品质,实现教育机会均等的理想(黄政杰,1999)。有研究指出,综合高中的课程设置要基于综合高中本质内涵、专业倾向、学校本位和学生的个别差异,打破单一的线性式学科课程结构,建立以核心课程为基础,必修课和选修课结合、普通文化课程与职业技术课程结合、基础课程和专业课程结合、学科课程与活动课程结合、国家课程与地方课程结合、显性课程和隐性课程结合的综合高中课程结构(袁孝亭、洪俊、王永胜,2001;马庆发,2002;董仁忠、周一平,2003;袁丽英,2005)。

我国台湾学者黄政杰在其主持的"综合高中课程规划之研究"(1995)中指出,综合高中的课程设置要采取学校本位及学生中心的原则,兼顾升学与就业的需求,规划共同课程、学术预备课程及职业预备课程,采用学年学分制,增加学生选课弹性,兼顾统整、试探、定向和分化、专精的功能,课程内容要区分难易度,适应学生个别差异,每一个试办学校至少开设两个职业学程,且课程要兼顾学生就业与升学四技、两专需求等[①]。

徐英杰在其主编的《综合高中办学模式探索》一书中认为,综合高中就其课程类型而言,可以分为三类:一是学科类课程。学科类课程可分为必修课程和选

[①] 四技主要是指进入四年制技术学院学习,二专是指两年制专科学校。台湾有专门为高职学生和综合高中进入四技、二专的入学测验,称四技二专统一入学测验,简称四技二专统测或是统测。

修课程两种,其中必修课程是必须学习的公共课程,选修课程有知识类(文科、理科、实用技术科)和技术类(各专业课目)之分,从要求上设有提高型、补缺型和普及型三类。在课时比例上,必修课程与选修课程以4∶1为宜;二是活动类课程,综合高中学科类课程与活动类课程的课时比例以5∶1为好;三是综合性选修课,综合性选修课主要是让学生了解多种专业基础知识。如开设计算机、人口教育、科普知识、思维科学、家政、生物课程、环境保护、空间科学、综合理科、综合文科等,内容可以根据需要而定,可多可少,可详可略,伸缩自如,有一定的弹性。

5.综合高中发展中存在的问题

从综合高中自身来看,其主要存在三方面的问题,一是目标不像单功能中学那样明确,尤其是在课程方面,虽然强调学生可根据自己的兴趣、特长选择课程,但很难说所选课程能顾及前后序列性和关联性;二是在综合高中里,学生常会出现兴趣游移不定、随意选课,长期摸索、彷徨不前等弊端;三是综合高中将使传统的班级管理制度变得松散,并对管理者的管理艺术、学生自身的自主性、自律性等提出更高的要求(王伦信,2001)。

从办学形式来看,我国所举办的综合高中主要表现为"时间拼接"和"空间并轨"的状态,还没有建立起与世界综合中学内涵相符的选课和教学管理制度(王伦信,2009)。

从综合高中的发展来看,其在发展中还主要存在五个方面的问题:①对综合高中的办学思想认识浅薄,导致在办学实践中左右摇摆,方向不明。②培养目标的异化。大多数学校开办综合高中的目的是满足部分学生升入大学的愿望,提高本校对口高考的升学率,增加学校的招生优势,造成了综合高中名与实的矛盾。③课程设置和教育教学方式不合理。综合高中的课程设置只为高考服务,开设对口高考科目,如此就严重违背了综合高中的办学理念。教学过程以灌输升学教育为主,忽视了学生的实践操作和技能训练,使得综合高中教育步入应试教育的旧轨,沦为新的"高考战场"。④管理考评体系的异化。教育行政部门目前还没有制定关于综合课程教育的政策法规,各学校通常的做法是,文化课按照普通高中会考制管理,专业教学参照职高办法考核。⑤舆论导向的异化。许多家长、学生,甚至社会有关方面都错误地认为综合高中就是职业学校内的普通高中,其任务就是为了对口升学(徐国庆,2001;李四友,2002;桂建生,2005;杨天平、江松贵,2005;王玉祥,2007;刘丽群,2013)。此外,师资设备不足、管理和保障体制不完善、办学质量和办学效益不高、毕业生出路困难等都是综合高中发展中存在的亟待解决的问题(桂建生,2005;闫昌锐,2009)。

四、综合高中发展的研究设计

(一)研究的逻辑结构

随着高中阶段学生需求的多样化和社会对人才要求的多元化,我国普职分离的"双轨制"弊端逐渐显现出来,高中教育日益引起人们的不满和批评。为了帮助学生更好地认识自己的兴趣、爱好与潜能,顺应世界中等教育发展的潮流,发展综合高中已成为历史的必然选择。此外,我国2010年颁布的《国家中长期教育改革和发展规划纲要(2010—2020)》也明确提出要探索综合高中的发展模式。然而,发展综合高中是一项宏伟工程,要在充分总结已有历史经验的基础上,从现实出发,找到综合高中发展的突破口,以防重蹈历史的覆辙。本研究将课程结构的设计作为我国综合高中发展的突破口。

要设计综合高中的课程结构,首先要依据综合高中的内涵特点和课程理念确定综合高中课程的价值取向和课程设计应遵循的基本原则;其次要依据价值取向和基本原则设计课程目标;再次要在明晰综合高中课程目标的基础上,设置综合高中课程的新结构;在此基础上,要进一步分析综合高中课程结构的可行性及当下促进我国综合高中快速发展和确保综合高中课程实施的相关保障机制。综合高中研究的逻辑结构如图0-1所示。

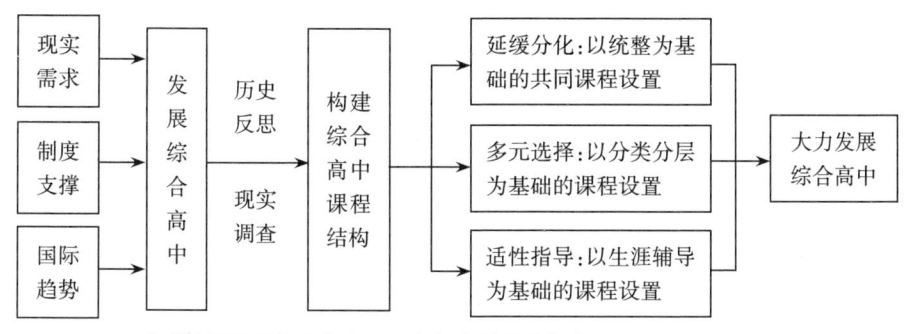

图 0-1 综合高中研究的逻辑结构图

(二)研究方法

1. 文献分析法

通过对文献的查阅、分析和整理,从而找出事物本质属性是文献分析法本质所在。本研究主要利用北京师范大学图书馆、国家图书馆、教育学部资料中心和网络等途径收集国内外综合高中的相关研究,通过相关资料,首先分析了我国综合高中发展的历程、失败的原因,以期从中吸取经验教训,找到我国综合高中发展的突破口;其次,通过对美国、日本等国家和我国台湾地区的文献分析,了解各个地方综合高中发展的情况和课程设置的特点,分析我国综合高中课程设置的价值取向和基本原则,初步设计出我国综合高中的课程结构,为我国综合高中的发展提供理论指导。

2. 问卷调查法

(1)调查问卷的设计

根据研究目标,在结合有关课程改革理论的基础上,我们通过与有关专家、学者进行反复研讨,最终确定了以"学生选择学校和专业的依据""学生的二次选择""学生对职业学校和职业教育的态度""学生对高中教育的设想"等为观测点,并将这些观测点具体化为问卷的题项。

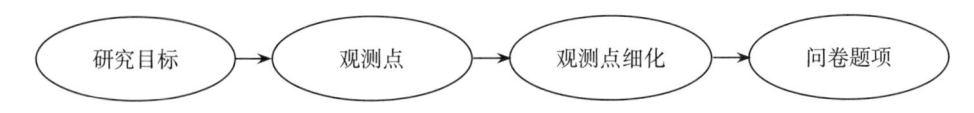

研究目标 → 观测点 → 观测点细化 → 问卷题项

图0-2 调查问卷的逻辑生成过程

调查问卷生成后,我们进行了预调研。在预调研中,共发放问卷200份,回收有效问卷176份,有效回收率为88%。在有效问卷中,高一年级56人,高二年级50人,高三年级70人。在向学生发放问卷的同时,我们还就问卷题项征求了部分教师的意见,听取了教师的建议。

在预调研完成后,根据学生和教师对预调研的意见反馈,并结合试用问卷时发现的问题与不足,对调研问卷进行了修订。最后,在预调研的基础上,形成了正式的调查问卷。

(2)样本的选择

本研究分别在重庆渝中区和北碚区、四川遂宁市、北京门头沟区、贵州遵义市、山东聊城市、甘肃静宁县的15所中学进行了问卷调查,调查采取整群随机抽样的方法,在每所学校的高一、高二、高三分别选择2个班进行随机调查,旨在了解学生对职业教育的看法、学生二次选择时的态度和学生对高中教育的设想。样本学校包括城市学校、县城学校和乡镇学校,既包括省级示范性高中,也包括普通高中。

本研究共收回有效问卷4521份,其中男生2182人,女生2419人;从学生来源看,城市学生1084人,县城学生577人,乡镇及其以下的2850人;从学生年级分布来看,一年级2074人,二年级1804人,三年级637人;省市级示范性高中864人,普通高中3661人。

表0-1 样本信息一览表

		人数(人)	百分比(%)
性别	男	2102	46.49
	女	2419	53.51
来源地	城市	1084	23.98

续表

		人数(人)	百分比(%)
来源地	县城	577	12.76
	乡镇	1087	24.04
	农村	1773	39.22
父亲职业	农民(失业、下岗人员)	959	21.21
	个体户	523	11.57
	普通工人	1636	36.19
	专业技术人员	286	6.33
	管理人员	154	3.41
	其他	963	21.30
母亲职业	农民(失业、下岗人员)	1223	27.05
	个体户	554	12.25
	普通工人	1296	28.67
	专业技术人员	223	4.93
	管理人员	88	1.95
	其他	1137	25.15
学校类型	普通高中	3655	80.84
	地市重点高中	595	13.16
	省级重点高中	271	5.99
高中位置	省城	730	16.15
	地市	1232	27.25
	县城	1509	33.38
	乡镇	1050	23.22

(3)个案研究法

综合高中在我国不仅数量很少,而且分布很不均衡,再加上国家的相关统计中并没有将综合高中单列出来,这些都给我们的研究带来了极大的不便。在研究的过程中,我们共收集到综合高中近30所,约占全国综合高中总数的6.7%[1]。

---

[1] 据教育部基础教育司相关统计,全国大约有450余所综合高中。

在这近30所综合高中生中,我们重点选取山西风陵渡中学、黑龙江宝泉岭第二高级中学、黑龙江安达七中、北京市第一一九中学、北京市第一六五中学、北京市实美职业技术学校、莱芜市综合高中、长白山第三高级中学、辽宁海城通泽高中为研究对象,先后深入部分学校进行实际调研。正如英国学者斯罗伯特·泰克(Robert.E.Stake)所说的,"不要问个案是否具有代表性,而要关心的是个案代表了什么"[1]。美国学者梅雷迪斯·高尔(Meredith Mark Gall)也认为,"选择个案的关键问题是决定在研究结束时能说些什么"[2]。本书通过实际调查,旨在了解综合高中的办学思想、办学理念和课程设置,以及综合高中在办学过程中存在的问题。尤其是通过对学校课程设置方面的调查,了解当下综合高中课程设置的现状,在课程设计和课程实施中存在的主要问题,分析在课程结构设计中存在的主要困难为我国综合高中课程结构设计提供本土化的经验。

(4)比较研究法

埃德蒙·金(Edmund King)认为,有些问题明显地比其他问题更适合于用比较分析,许多国内有争议的问题,甚至是决策时讨论的问题,都需要通过比较研究来加以考察,而"教育的比较研究为一切教育研究(特别为各种理论)增添了操作的现实主义的思考"[3]。综合高中在我国作为一种新型的高中类型,有关其属性、课程设置等在国内还存在较大的争论,然而在美英等发达国家,综合高中的发展早已经历了近百年的历史,发展得比较成熟和完善。而且在日本和我国台湾地区,近年来综合高中也得到了快速发展。在本书中,我们通过采用背景描述、概念解释和相互比较的方法,分析了美国、日本和我国台湾地区综合高中发展的现状和课程结构特点,目的在于"有时从相似的机构和实践,有时从不相似的机构和实践,去发现哪些作为一个'问题'或'后果'是真正可比较的或经常发生的"[4],从而有助于我们尝试构建具有积极意义的综合高中课程新体系。

---

[1] Robert E. Stake.The Art of Case Study Research. Thousand Oaks:SAGE.1995.
[2] 梅雷迪斯D.高尔.教育研究方法导论[M].南京:江苏教育出版社,2002:454.
[3] 埃德蒙·金.别国的学校和我们的学校:今日比较教育[M].王承绪等,译.北京:人民教育出版社,2001:27.
[4] 埃德蒙·金.别国的学校和我们的学校:今日比较教育[M].王承绪等,译.北京:人民教育出版社,2001:559.

第一章　综合高中的内涵特质与时代价值

一、综合高中的概念与特质

(一)综合高中的界定

科南特认为,综合中学与单独设立的职业中学或与专门化的文理科中学都不同,它把升学和就业的各种职能集中于同一教育机构,按照社区内所有青年对教育的不同需求,开设多种课程,因而是合成的、民主的、具有美国独特色彩的学校,是与美国经济发展和实现机会均等与地位平等的理念相符合的。综合中学要完成三个目的,即具有三重职能:"第一,为所有的未来公民提供普通教育;第二,为准备就业的学生开设良好的选修课程,使他们学到谋生技能;第三,为准备升学的学生开设专门的高级文理课程。"[①]

英国学者德·朗特里主编的《西方教育词典》认为,综合学校是指"为一个地区中各种能力的儿童[除教育上智力逊常(educationally subnormal)儿童外]开设的非选拔性中等学校(secondary school)。学校的组织形式各地各不相同。例如:十一岁到十八岁儿童的一贯制学校(all-though school);综合中学的初高中制(two-tier system),其中十一岁儿童可进入初级综合中学[或初级中学(junior high school)],在十三、十四岁时可转入高级综合中学[或高级中学(senior high school)];十一至十六岁儿童就读的学校,十六岁左右的儿童读完后如愿意继续学习再转送到第六学级学校(sixth form college)。这些不同类型相结合的学校普遍存在。在设置中间学校(middle school)制度的地区,学生在十二或十三岁时才

---

① 科南特.科南特教育论著选[M].陈友松,译.北京:人民教育出版社,1988:10.

进入综合学校。"①

日本学者平冢益德主编的《世界教育辞典》认为,"综合中学不是设立普通、职业等单独课程的中学,而是把二种以上的课程设在同一所中学内,适应学生的能力和个性,进行多种多样教育的中学。一般招收本地区的所有学生,在后期阶段进行课程分化,但其特点在于比专业教育更把重点放在作为中等教育的普通教育上。历史上,1910年以后在美国就设有综合中学。第二次世界大战后,在欧洲,尤其在英国、瑞典、法国,这种综合中学正在形成一种制度。"②

我国的姜文闵和韩宗礼主编的《简明教育辞典》认为,综合高中是"美国最普遍的一种中学形式,它有三种职能,(1)为所有学生提供普通教育,(2)为大多数学生提供职业技术教育,(3)为升入高等院校作准备。综合中学在高中阶段一般分为三科,(1)学术科,为升学作准备,(2)职业科,又分为工、农、商、家政等科,(3)普通科,学习一定文化知识,培养非熟练工人"③。

代其平在《英国的综合中学》一文中认为,"综合中学主要是以必修课的方式来使学生获得普通文化知识,而以选修课的方式来对打算就业的学生进行职业技术训练,从而将普通教育与职业技术教育紧密结合起来,这就纠正了技术中学和现代中学片面强调就业准备训练的偏向,较好地保证了人才素质。"④

张焕庭主编的《教育辞典》,分别对英、美、德三国的综合高中进行了界定,认为"英国的综合中学,是根据1994年教育法关于文法中学、技术中学和现代中学可以分设,也可以将三者合并的规定而设立的。学习年限为7年(11—18岁),学生入学不需经过考试。目前,在英国的综合中学有四类:一贯制综合中学,学习年限7年(11—18岁);两级制综合中学,低级阶段3年(11—14岁),高级阶段4年(14—18岁);由中间学校和高级中学组成的综合中学,包括'第六学级'的综合中学。在课程方面,它和设置五、六种专业课程的现代中学没有多大区别。有些

---

① 德·朗特里.西方教育词典[Z].陈建平等,译.上海:上海译文出版社,1988:51-52.
② 平冢益德.世界教育辞典[Z].长沙:湖南教育出版社,1989:618.
③ 姜文闵,韩宗礼.简明教育辞典[Z].西安:陕西人民出版社,1988:502.
④ 代其平.英国的综合中学[J].西南师范大学学报(哲学社会科学版),1988(5):68-71.

将文法中学、技术中学、现代中学三类中学融合在一起;但多数是上述三种学校合成的多边中学或其中任何两种合成的双边中学。课程仍然分别保留学术课程、技术课程和职业课程三个部分。在英国,近年综合中学有大发展的趋势。美国普通中学的主要形式是综合中学。其职能有三:一为所有学生提供普通教育;二为多数学生提供职业技术教育;三为有才能的学生升入大学打好基础。简言之,综合中学担负着升学和就业双重任务。它从高中阶段开始分科,一般分为三科:学术科——为升学作准备;职业科——又分工、农、商、家政等科,为就业作准备;普通科——学习一定的文化知识,学生毕业后只能当非熟练工人。读职业科和普通科的多为劳动人民子女。这也反映了美国教育的阶级差别。联邦德国仿效英国与瑞典,从60年代以来出现了综合中学,企图将普通中学、实科中学和文科中学三种类型的中学综合为一体。目前的中学有拼合式、合作式和一体化的三种。1973年的《综合教育计划》把推行综合中学作为学校结构改革的最终目标;但推行结果,并未达到预期效果。不过,综合中学的出现,反映了联邦德国教育结构改革的趋势。"[1]

朱作仁主编的《教育辞典》中则采用了英国综合中学的定义,认为是"英国1944年后设立的将文法中学、技术中学和现代中学三者合并的学校。学习年限为七年,学生入学不需经过考试。目前,综合中学大体有四类:(1)一贯制综合中学,学习年限七年;(2)两级制综合中学,低级阶段三年,高级阶段四年;(3)由中间学校和高级中学组成的综合中学;(4)包括'第六学级'的综合中学。在课程方面,综合中学和设置五或六种专门课程的现代中学没有什么区别。有些综合中学将文法中学、技术中学、现代中学三种教学融合在一起,进行非选择性的教育。但是很多综合中学只是上述三种学校合并成的多边中学,或其中任何两种合并的双边中学,仍保留分别讲授学术课程、技术课程和职业课程这三个部分。"[2]

我国台湾地区五南图书出版公司出版的《教育百科辞典》中沿用了《简明教

---

[1] 张焕庭.教育辞典[Z].南京:江苏教育出版社,1989:838-839.
[2] 朱作仁.教育辞典[Z].南昌:江西教育出版社,1992:725.

育辞典》和《教育辞典》中对综合高中的界定,只是将两者进行了合并。

王焕勋主编的《实用教育大辞典》认为,综合中学是"盛行于世界许多国家的一种升学、就业兼顾的中学,起源于美国,1912年美国国会通过法案,规定联邦政府拨款补助各州大办中等职业教育。此后,普通中学纷纷改为升学和就业兼顾的综合中学。学生入学不须经严格的考试,初中三年级开始选修科。高中阶段分别设置学术科(为升学做准备)、职业科(包括工、商、农、家政等科)、普通科(学习一定的文化知识,学生毕业后只能做非熟练工人)等。学生自行选科,课程具有多种职能,既适应学生升学、就业要求,又适应具有不同能力、兴趣的学生。60年代以后,在英、法、西德、日本以及第三世界的一些国家迅速发展,成为主要形式的中学,但学业年限、教学科目、分科及学校名称各国不一。"[①]

可见,由于历史文化的差异和教育体制的不同,以及综合高中自身的复杂性,综合高中在各国之间差别较大,比如在英国,综合中学常用comprehensive/re-organized school表示,而在美国则是comprehensive high school。正是由于这种差异,综合高中的定义往往是按国别来进行的。这种定义固然能反映综合高中在某一国的发展情况,但是还缺乏对综合高中的整体性认识,很难达到为我所用的目的。

王伦信认为,"综合中学是就其目标、功能的综合性而言,即尽量在一所中学里同时提供多样化的终结性职业课程和预备性升学课程,让学生根据自己的升学—职业和文—理科倾向在教师指导下进行试探和选择,同时满足提高基础、升学预备、职业训练等不同目标的要求"[②]。这一认识打破了只从单一国别认识综合高中的片面做法,凸显了综合高中的功能和特点。

我国台湾地区关于高级中学的有关规定表示,综合高级中学指"融合普通科目与职业科目为一体之课程组织,辅导学生根据能力、性向、兴趣,选修适性课程之学校"。

---

① 王焕勋.实用教育大词典[Z].北京:北京师范大学出版社,1995:691-692.
② 王伦信.我国综合中学制度的历史考察与现实思考[J].华东师范大学学报(教育科学版),2001(3):37-44.

徐英杰认为,综合高中是"在普通高中教育中引入职业教育因素,或在职业教育中加强文化基础课学习,以市场需求、服务社会为培养方向,以培养学生具有综合基本素质和一定专业技能为目标,具有升学预备教育和就业预备教育双重功能的一种新型办学模式"[1]。

我国台湾学者吴清基认为,综合高中系指高级中等学校教育,依据其教育功能,同时设置普通科及职业类科不同课程,以招收性向未定的国中毕业生,借由统整、试探和分化等辅导历程,以辅导学生自己选择普通课程及职业课程,达成延缓分化、适性发展之目标,亦可提供性向较早确定者,兼跨学术和职业课程选修的机会,以培养更具通识能力的学生。"[2]

综上所述,尽管学者们对综合高中的界定和表述不一,但是我们不难发现,综合高中具有普职融合、延缓分化、多元选择、适性教学和促进教育民主等多重功能。在借鉴已有研究的基础上,本研究对综合高中作出界定:

综合高中是改变机构分流为课程分流、校际分流为校内分流,在为所有学生提供共同教育的基础上,同时开设升学导向课程和就业导向课程的高级中等学校,经过统整、试探、分化等历程,帮助学生选择适性的课程,建立个别化的课程计划,进而发挥教育效果,提升教育质量,促进教育民主,以达到延缓分化、适性发展的目的。

(二)综合高中的内涵特质

综合高中的发展虽然经历了漫长曲折的历史过程,但是综合高中与普通高中、职业高中的区别在哪里?综合高中仅仅是在普通教育中加强职业教育,在职业教育中加强普通教育吗?判断一所高中是否属于综合高中的基本标准有哪些?上述问题归纳起来,实际上反映的是人们对综合高中本质与内涵的认识。目前,人们对这一问题的认识还不深刻、不到位。

---

[1] 徐英杰.综合高中办学模式探索[M].济南:山东教育出版社,2002.13.
[2] 何金针.试办综合高中之现状与未来发展研究[J].空中大学社会科学学报,2003(11):29-47.

科南特在《今日美国中学》的序言中就写道,一所学校之所以称之为综合中学,"是因为它在统一的行政管理和同一的校舍(或校舍楼群)中,为所在市镇或居住区的全体中学适龄儿童提供中学教育。它既负责教育可能成为原子科学家的男孩,同时也教育可能在18岁时就结婚的女孩;既负责教育未来的船长,也教育未来的工业界巨头;既教育聪明的儿童,也教育不大聪明的、但是有着各种不同职业与专业志趣和形形色色学习动机的儿童。总之,它负责对所有年轻人施行良好的适当的教育,既实施升学准备教育,也实施就业预备教育。"[①]科南特主要论述了综合中学要打破单一的升学预备教育和就业预备教育的局限,根据儿童的个性和特长,提供不同类型的教育,以满足儿童多样化发展的需求。我国台湾学者黄政杰把综合高中主要归纳为课程综合、学生综合、师资综合、设施综合和进路综合五部分,使综合高中由理念层次进一步具体化,主要表现为学校教育要素的综合化。本研究通过对综合高中概念的分析,从实践操作层面出发,进一步研究和探讨了综合高中的内涵特点。

1. 课程的综合性与多样性

课程是教育思想和教育观念的直接体现,是学校教育活动开展的最主要依据。长期以来,我国普通高中以升学预备教育为主,忽视了职业课程的学习与职业技能的训练;职业高中以就业预备教育为主,对文化基础课的学习不够。即使是在同类高中里,课程的设置也是以分科课程为主,各学科为满足升学或就业的需要又片面地强调各自的系统性和完整性,致使整个高中课程缺乏必要的整合,导致课程的高度分层。而"高度分层的课程模型很可能预先假定并使教师和教学内容之间僵硬的等级制度合法化,这是高度分层的课程模型的必然结果"[②]。这种课程"在学生的机会充分开发其学习潜力之前就安排他们去学习那种会剥夺或减少下一级教育升学机会的教育课程可能是不公正的"[③]。不仅如此,这种

---

① 科南特.科南特教育论著选[M].陈友松,译.北京:人民教育出版社,1988:26-27.
② 麦克·扬.未来的课程[M].谢维和,王晓阳,译.上海:华东师范大学出版社,2003:21.
③ 联合国教科文组织.世界教育报告:1991[M].北京:人民教育出版社,1992:54.

课程还使一部分普通高中毕业生"升学无望,就业无术,致富无能",沦为社会的"边缘人";而职业高中的毕业生由于狭隘的专业训练只能适应静态的社会,已远远不能符合现代社会对职业流动的需求,造成了教育资源的极大浪费。

可见,传统上我们的"教育有两个根本弱点……第一个弱点是它忽视了(不是单纯地否定)个人所具有的微妙而复杂的作用,忽视了个人所具有的各式各样的表达形式和手段。第二个弱点是它不考虑各种不同的个性、气质、期望和才能。"[①]这一现象在我国现阶段的教育中表现得尤为明显,让幼儿园教育小学化,小学教育初中化,初中教育高中化,高中教育大学化。在"考试文化"占主导地位的情况下,让课程沦为为考试服务的工具,学校完全按照"考什么,开什么"的原则开设课程。这样的教育方式只能造就同一化的、无个性的人,很难使潜质不同、兴趣各异的学生获得最大化的发展,也不符合现代社会对人的多样化需求。

综合高中作为一种融普通教育和职业教育为一体的新型办学模式,要"在中学阶段就尽可能使将来的专业人员、工艺师、工业经理、劳工领袖、售货员以及工程师等相互间有密切的联系。"[②]这一任务的完成显然依靠分科课程是无法实现的,因此,综合高中的综合,首先体现为课程的综合性。这不是将普通高中文化课和职业技术课进行简单地叠加,而是要设计出一套融合了普通教育与职业教育的综合课程模块。其次,这种课程要在保证学生获得扎实的基础知识的同时,既有助于学生了解不同职业类型的性质和特点,还有助于培养"在能力不同和职业兴趣不同的学生中间发展相互尊敬和了解的感情"[③]。最后,综合高中要在提供共同教育的基础上,为不同性向的学生开设升学和就业导向课程,并通过一系列历程帮助学生选择合适的课程。这一过程的实现必然要求综合高中课程设置的多样性和课程实施中的可选择性。

[①] 联合国教科文组织国际教育发展委员会.学会生存——教育世界的今天和明天[M].北京:教育科学出版社,1996:105.
[②] 科南特.科南特教育论著选[M].陈友松,译.北京:人民教育出版社,1988:138.
[③] 科南特.科南特教育论著选[M].陈友松,译.北京:人民教育出版社,1988:91.

2.分化的延缓性

国际21世纪教育委员会向联合国教科文组织提交的报告认为,应该把中等教育设想为每个人生活中的一个十字路口,"应当适应青少年走向成熟的不同过程,这些过程因人而异,因国家不同而有很大区别;这一级教育还应适应经济和社会生活的需要。应使学生的学习途径多样化,以便适应他们多种多样的才能,还应增加学习指导阶段,提供补课或改变学业方向的机会。"[①]然而,长期以来,我国的中等教育,尤其是高中阶段的教育,实行的是"双轨制"。随着高等教育大众化的跨越式发展,越来越多的人希望接受高等教育,而初中毕业后的过早分流,使学生进入非此即彼的轨道。可见,普职分离的"双轨制"在一定程度上降低了升学竞争的重心,加重了学生的学业负担,使应试教育进一步在义务教育阶段蔓延。另外,从心理学的角度来看,初中毕业生恰好处于"心理断乳期",自尊心敏感脆弱,性向发展不稳定,还不能正确地理解与认识自我,而学校在分流过程中又缺乏对学生的正确引导,只是将分数作为分流的唯一依据,忽视了学生的兴趣、爱好与潜能,结果必然导致高中阶段学生厌学和辍学比率的上升。

综合高中的一个显著特点就是在初中毕业后不直接分流,而是通过统整、试探和分化的课程配置,自然延缓学生分流的时间,并通过建立学生辅导制度,帮助学生形成正确的职业意识和职业观,制定个性化的课程计划,促进学生适性发展。

3.选择的自主性与多元性

在"双轨制"的学校教育制度下,学校依据考试分数让学生分别进入普通高中或者职业高中,这种并非"一考定终身"却胜似"一考定终身"的中等教育入学招生考试,限制甚至剥夺了学生选择的自由。

卢梭认为,"一个人一旦达到有理智的年龄,可以自行判断维护自己生存的

[①] 联合国教科文组织总部中文科.教育:财富蕴藏其中[M].北京:教育科学出版社,1996:106.

适当方法时,他就从这时候起成为自己的主人。"①这种自行判断本质上就是自我选择的过程。"萨特从存在主义哲学的立场出发,认为选择和自由是人的本质属性,自由之为自由仅仅因为选择永远是无条件的。这一观念虽有所偏激,但在很大程度上反映了选择对于人的重要性。现代学校教育由于把社会功能作为教育的首要目的,使人的自由发展处于从属地位,学生在学校教育中处于'失语'状态。受教育者选择权力的缺失是现代制度化学校教育的瘤疾。"②"未来的学校必须把教育的对象变成自己教育自己的主体。受教育的人必须成为教育他自己的人;别人的教育必须成为这个人自己的教育……它(教育)已不再是从外部强加在学习者身上的东西,也不是强加在别的人身上的东西。教育必然是从学习者本人出发的。"③我们强调课程要适应学生,而不是让学生被动地适应课程。那么,怎样的课程才是适应学生的课程呢?课程要适应学生,首要的条件是课程的多样化,其次是学生的自主选择权,而且课程的多样化是学生自主选择的前提。没有课程的多样化,学生的自主选择就无从谈起。与此同时,学生没有选择性的多样化的课程设置充其量只是形式的多样化,课程适应学生的发展也必然成为一句空话。

综合高中不仅反对在高中起始阶段就对学生进行分流教育和专业定向,而且强调给学生提供多样化的课程设置,通过个别化的辅导,由学生自主选择,形成个性化的课程计划。如此,在很大程度上保证了学生课程选择的自主性,这也是世界课程改革的基本趋势。

综合高中不仅强调学生在课程上的自主选择,还在管理制度上强调要打破"两种学籍制度,两种管理制度"的局限,实行学分制,允许跨班、跨年级选修,允许学生在同一学校内部不同领域之间,甚至不同类型学校之间流动,为学生的多次选择提供可能。也就是说,当学生在某一领域学习一段时间后,发现该领域与

---

① 卢梭.社会契约论[M].北京:商务印书馆,2008:5.
② 翟静丽.个人教育选择问题研究[D].武汉:华中师范大学:2004.
③ 联合国教科文组织国际教育发展委员会.学会生存——教育世界的今天和明天[M].北京:教育科学出版社,1996:200—201.

自己的兴趣和需求不相吻合时,应给予其再次选择的机会。因此,在综合高中,学生的课程选择并不是一次性的,而是相互调适和可以多次选择的。

4.结构的灵活性

社会的发展、科技的进步,推动着人才队伍的结构性变化。尤其是近年来,"工作的性质已发生深刻变化,特别是看到第三产业部门明显增加;今天,发展中国家有1/4的就业人口在该部门就业,工业化国家则有2/3以上。"①为了适应信息社会经济和科技的快速变化对人才的新要求,世界各国都进行了相应的教育改革,以增加劳动力素质方面的应变能力。我国是发展中国家,既要加快工业化的社会进程,也要面对知识化、信息化社会的挑战,由此而引起的教育改革势在必行。在我国义务教育阶段,教育往往以满足公民的共同需求为目的,比较重视以提高基本素质为基础的共同性教育。在中等教育阶段,不仅学生的各种才能和个性开始显露,而且也是学生自主发展、个性形成的关键时期,中等教育的发展既要与学生的身心发展相适应,也要从根本上促进学生的多样化、个性化发展。也就是说,中等教育的发展既要适应信息社会对人才的多方面需求,也要适应学生的个性化发展。

然而,长期以来,我国在中等教育阶段一直实行的是普职分离的"双轨制",并且在很多情况下,我们还不切实际地刻意追求所谓的"普职比大体相当"。应该说,普职比是在特定的政治、经济、文化背景下受多重因素共同影响的结果,在不同的历史阶段、不同的地区之间差别很大。有学者认为,"世界上只有关于这个问题的研究论文,而没有哪个国家用'职普比'作为指标以推动职业教育发展的……在市场经济条件下,教育运行的自组织机制,是教育良性运行的基本要求。为了实现教育与社会协调发展的目标,应当软化政府干预的力度,积极培育教育的自组织机制,使教育在适应社会经济发展中,实现自身结构的合理化。"②的确,随着社会的不断进步和教育的不断发展,我们不应该过于强调政府对教育

---

① 联合国教科文组织总部中文科.教育:财富蕴藏其中[M].北京:教育科学出版社,1996:57.
② 孙震瀚.应当关注综合高中的发展[J].职教论坛,1999(5):8—10.

的干预,因为过分的干预是政府行政性计划指令的产物,往往导致教育结构呆板,缺乏活力,失去自动调节功能,很难适应现代社会对人才的多元化需求,并且在一定程度上阻隔了人们多渠道成才的道路。

综合高中的发展在注重学生基础知识和基本技能训练的基础上,要求打破普职分离的界限,实施职业教育后移。它的发展和兴起,不仅有利于打破"双轨制"的局限,更重要的是通过课程的多样性、学生选择的自主性和多元性,构建了灵活的教育结构体系。即,通过统整和分类的课程设置,实现了普通教育和职业教育的交流与融合,满足了不同类型学生的学习需求;通过分层的课程设置,满足了不同能力学生的学习需求。总之,通过统整的、分类的、分层的课程设置,凸显了教育结构的灵活性,既满足了社会对人才的多样化需求,也为学生的多样化、个性化发展提供了广阔的空间,实现了高中教育的多样化发展,搭建了人才培养的立交桥。

当然,除此之外,师资队伍、教学设施、学校管理、教育评价等都会对综合高中的发展产生或大或小的影响,但是从本质上来说,它们都是综合高中发展的保障性要素,是为保障学校课程的综合性和多样性、学生选择的自主性和多元性、教育结构的灵活性和学生分化的延缓性等服务的。因此,这些要素是依据综合高中的上述特征派生出来的,不具有综合高中的本质属性。

从综合高中的本质特点来看,不论是20世纪20—30年代,还是20世纪80年代以来,我国综合高中的发展,一方面,课程的综合性与多样性体现不够,学生缺乏自主选择的空间;另一方面,"两种学籍制度,两种管理制度"的实施,限制了不同学籍学生之间的流动,使得教育结构刚性有余,弹性不足。因此,从严格意义上来说,20世纪20—30年代和20世纪80年代以来我国所谓的综合高中,只是在一定程度上具备了综合高中的某些特性,在很大程度上还不完全具备综合高中的本质特点,不是完全意义上的综合高中。

(三)综合高中的任务

长期以来,我国由于对综合高中缺乏准确的性质定位和政策支持,致使其发展颇为缓慢,在国家的政策文件中也找不到有关综合高中的阐述。即便在普通高中,人们对它的任务的认识也还存在争议,由此,本研究通过对普通高中任务的讨论,有助于我们进一步增强对综合高中任务的认识。

中华人民共和国成立伊始,各种政策文本中就反复强调普通高中既要承担培养劳动后备力量的任务,又要承担培养新生的任务,即普通高中要同时承担起学生"就业"与"升学"的双重任务。"双重任务说"的提出,主要是着眼于我国目前高等教育规模不够庞大,还不足以满足所有学生上大学的需求,必然有一部分学生因考不上大学而走向社会,面临就业,普通高中要为这部分学生的就业服务。也有学者进一步指出,"普通高中的一系列任务最终体现在'升学'和'就业'上,这是毋庸置疑的,但不能把时空上的终点简单地、不加分析地上升为'任务'问题的核心。升学和就业与其他任务相比的终点位置恰恰说明了它们的外生性、延展性,如果以这种'治标不治本'的'症状解'为圭臬,那么注定要陷入就问题谈问题、就任务论任务的窠臼。事实上,升学和就业在深刻意义上并非普通高中的终结性、不可分解性的任务,而是在普通高中辐射文化、服务社区、发展自身中培育、提升人的素质基础上完成的任务,应该说是'任务的任务'"[①]。因此倡导以育人或者奠定基础为主阐述普通高中的任务。

客观上说,将普通高中的任务界定为以育人或者奠定基础为主较双重任务具有更大的合理性,但是高中阶段以育人或者奠定基础为主的任务完全不同于义务教育阶段,因为它是在促进学生个性发展的同时奠定多样化的基础,实现人的多样化发展,更加注重差异性的基础和学生个性的养成,而非义务教育阶段强调的共性和共同的基础。那么这种任务在我国普通高中阶段是否可以完成呢?从我国普通高中的性质来看,其显然不足以完成这种任务。首先,普通高中的性

---

① 钟启泉,崔允漷,吴刚平.普通高中新课程方案导读[M].上海:华东师范大学出版社,2003:81.

质就决定了它实行的是普通教育而非职业技术教育,这就意味着在普通高中里,职业技术教育最多只能是附属性质的。其次,从普通高中的课程结构来看,普通高中在课程设置上也没有赋予职业技术课程和普通文化课程同等的地位。这就决定了普通高中不可能为具有职业性向和职业爱好的学生提供职业技术教育。因此,普通高中所谓的个性化发展是在缺少了职业技术教育的范畴之外来谈的。进一步分析我们还会发现,普职分离的"双轨制"是在学生对自己的兴趣、爱好和职业领域缺乏正确认识的前提下对学生进行分流的,并且限制了学生的重新流动,因此,普通高中不会也不可能完成对部分具有职业性向学生的职业技术教育。

教育的性质在很大程度上决定着教育的任务。"与其笼统规定普通高中'双重任务'而得不到落实,还不如丰富后期中等教育的模式结构,对不同类型的中学进行更细化的目标管理和指导,为学生提供更适合自己发展的教育环境。其中,综合高中应是可以弥补我国后期中学结构缺陷的一个重要模式。我国未来的后期中等教育模式结构可以在保持普通高中和职业高中的基础上,适当发展综合高中。"[1]因为综合高中的基础性、大众性、融合性就决定了它的根本任务应该是在九年义务教育的基础上,根据学生的性向和能力要求,提供多样化的、具有选择性的、适合学生发展的教育,是进一步提高国民素质、培养合格社会公民的教育,是为学生自主规划职业生涯和终身学习奠定基础的教育。"教育的目的在于使人成为他自己,'变成他自己'。而这个教育的目的,就它同就业和经济进展的关系而言,不应培养青年人和成人从事一种特定的、终身不变的职业,而应培养他们有能力在各种专业中尽可能多地流动并永远刺激他们自我学习和培训自己的欲望。"[2]因此,和普通高中相比,综合高中让学生在教师的引导下,通过自主选择来实现其个性发展,这种选择是包含了普通文化教育和职业技术教育的选择,是多样化的选择,能够满足不同学生发展需求和社会各界对不同人才的发

---

[1] 霍益萍.普通高中现状调研与问题讨论[M].上海:华东师范大学出版社,2010:158-159.
[2] 联合国教科文组织国际教育发展委员会.学会生存——教育世界的今天和明天[M].北京:教育科学出版社,1996:14.

展需要,能为学生的生涯规划和终身学习奠定不同的、个性化的基础,是从全领域、多方位来为学生的发展奠定基础的。

二、我国综合高中发展的历史机遇

从世界各国中等教育的发展趋势来看,综合中学已成为中等教育最主要的办学模式。顺应世界中等教育发展的基本趋势,综合高中的发展已成为必然。然而,综合高中的创办需要一定的内外部条件,有学者认为,外部条件主要包括:基本普及义务教育;职业教育(特别是中等职业教育)有一定发展水平和合理比例;普职教育管理体制较合理,既有纵向分工,又有横向协调机制;拥有一定数量和质量的教育科研工作者;社会、经济、文化等诸方面发展,已经进入普及高中阶段教育的发展实施阶段。内部条件主要包括:双师型师资队伍的准备;已经积累了普职渗透试验的经验和教训;职业教育学程或职业教育实施的基本硬件、设施等基本配备;有一支相对稳定,关注教育改革,事业心强,具有创新意识的课程开发工作者。[1]本研究在综合上述研究的基础上,将从综合高中发展的机遇、条件、基本前提、规模、教学设施和教师队伍以及政策保障等方面探讨我国现阶段发展综合高中的可行性。

(一)社会发展为综合高中的发展提供了新机遇

普通教育和职业教育的分流是源于农业社会和工业社会对人的不同分工的需要,在农业社会和工业社会,就业需要的教育程度相对较低,职业流动缓慢,培养学生具有某种职业所需要的程序性技能是中等职业技术教育的主要目标。然而随着信息化社会进程的不断加快,职业流动已是现代社会的一个重要特征,因此,以往那种以狭隘的职业训练为目的的中等职业教育已变得不再重要,难以应对多元和多变的经济活动,也不再迎合动态变化的社会需要。大卫·普赛尔(David J. Pucel)研究了一百多年来整体就业准备所需的教育程度变化(见图1-1)。

---

[1] 马庆发.综合高级中学:普及高中阶段教育的最佳选择[J].上海教育科研,1998(10):20-22.

从图1-1可以看出,"1970年代以前,高中课程除了有足够的空间让学生学习社会所需要的基本教育,还能让学生完成特定的就业准备课程。但是自那以后,基础教育就已超越了典型的高中课程,所要教的东西还超过可以教授的时间,这个现象也增加学校必须提供功能性教育的压力,也逼得学校要改变将职业教育目标设为技术性工作的准备的看法"[1]。

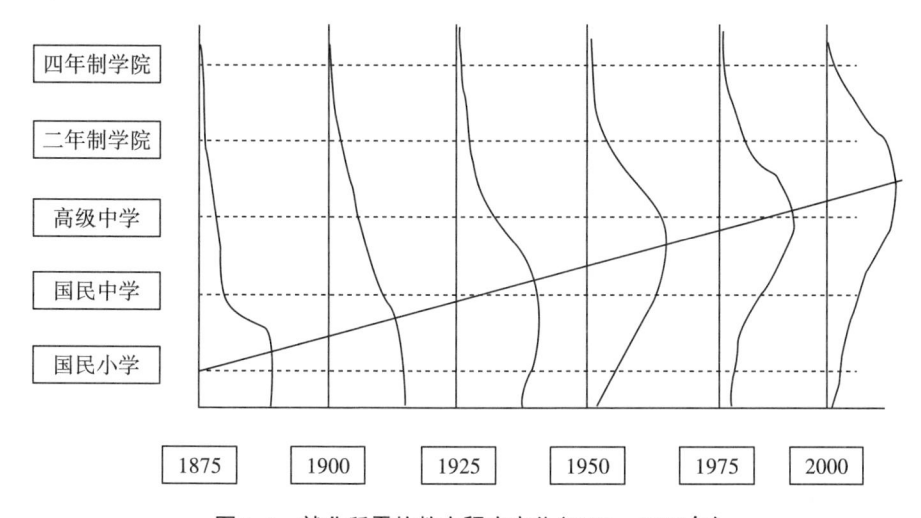

图1-1　就业所需的教育程度变化（1875—2000年）

正是由于现代社会对就业者所需要的教育程度的变化,使得世界各国不仅在中等职业教育上都有进一步延缓的趋势,而且学生对职业课程的学习,已要求打破过去那种以特定的职业训练为基础的技术性工作,因为特定的职业训练已不再符合现代社会对劳动者的需求。职业教育注重在相关的职业领域,培养学生一些基本的就业与技术技能,以适应现代社会职业流动的需要。与中等职业教育在时间上的延缓和方式上的转化以及就业所需要的教育程度上的变化相适应的是,中等教育不仅要延缓分化的时间,而且要培养学生扎实的基础知识、宽阔的职业视野和较强的社会适应能力,以适应现代社会快速变化的职业需要。这些都体现了综合高中的教育理念,给综合高中的发展带来了新机遇。

---

[1] David J.Pucel.The Changing Role of Vocational Education and the Comprehensive High School. 台湾师范大学教育研究中心.综合高中国际学术研讨会论文集[C].台北:台湾师范大学,1998:367-415.

(二)中等教育普职界限的淡化为综合高中的发展创造了条件

早在20世纪70年代,苏联学者A·B.卢那察尔斯基就认为,在普通教育和专业教育之间不存在绝对的界限,不能把普通教育和专业教育的职能绝对化,他们相互配合,互相充实。普通教育的水平越高,掌握专业教育的前提条件就越有利;反过来,良好的专业教育能促进普通教育的深入和发展。列德涅夫也认为,"如果从培养人从事劳动活动的观点看这个问题,把普通教育看作职业教育的必要成分,是合理的。同样,因为人的兴趣、爱好和能力不同,有必要对活动加以区分,如果从人的全面发展观点看这个问题,又可以把职业教育看作是普通教育的一部分。"①美国课程专家麦克尼尔(John D.McNeil)也认为,"现代教育的倡导者,已不把重点放在教授专业的技能上,而是力图淡化职业教育与学术教育之间的差别,使英语、阅读、写作和数学与职业的实际应用相联系"②。然而,在我国基础教育阶段,中等职业教育之所以会演化为训练学生具有某种特定的程序性技能的教育,不仅是职业教育功利性价值观的表现,更重要的是现实社会中职业的相对稳定性为这种教育提供了广阔的市场。随着科学技术的迅速发展,职业上的流动已成必然,通过职业教育按部就班地训练学生具有某种特定的工作技能已不再符合现代社会的需要,中等教育阶段在对学生进行职业技能训练的同时,也要加强对学生基础知识和基本技能的培养。具体对职业教育而言,其所谓的基础性主要表现为可以保证职业的流动性并将学生引向终身教育方面。与此相适应的是,普通教育要提供学生与预期职业有关的技术能力,为学生今后的职业选择和终身发展奠定基础。

可见,普通教育和职业教育都已从自身的角度打破了单一的学术教育和职业训练的壁垒,向相互融合、相互渗透的方向发展,都强调要为学生的终身学习和终身发展奠定基础。这种改变表现在具体的教学内容上已经很难进行严格的区分与限定。如果在这种条件下我们依然按照普职分离的"双轨制"设置课程,

---

① B.C.列德涅夫.普通中等教育内容结构问题[M].诸惠芳,余方,译.北京:人民教育出版社,1984:52.
② John D.McNeil.课程导论(第六版)[M].谢登斌,陈振中,译.北京:中国轻工业出版社,2007:315.

实施教育管理,不仅没有必要,而且违背教育发展的规律。综合高中作为一种普职融合的新型办学模式,能够有效弥补普通教育和职业教育长期以来分离的局限,迎合了现代基础教育的基本理念。反过来说,现代社会中普通教育和职业教育的融合以及普职界限的逐步淡化为综合高中的发展创造了条件。

(三)高中教育的普及为综合高中的发展提供了基本前提

从世界教育的发展情况来看,综合高中基本是建立在中等教育大众化基础之上的。2005年以前,我国高中阶段毛入学率还不足50%。如果说在教育资源非常有限的条件下,对高中学生按分数进行分流是必要的和可行的话,那么,近年来,我国中等教育取得了快速发展。2010年高中阶段毛入学率已达到82.5%(见表1-1)。随着高中学龄人数的持续减少和高中教育规模的不断扩大,高中阶段毛入学率在2019年达到89.5%。可见,目前的高中教育基本可以吸纳全部的初中毕业生。在这种情况下,我们依然按照学生的统考分数对学生进行被动分流,过早地对他们进行专业定向,就显然有所不妥。因为被动分流是基于培养精英的假设,认为只有经过严格的考试和升学制度,才能使真正有能力成功的人接受高中教育及其大学教育。因此,综合高中强调的延缓分化、自然分流就不存在了。"当然有人会认为综合中学只是把普通教育与职业教育之分化从学校之间转向学校之内,竞争依然存在。其实,综合中学的主要精神就是要经由选课辅导,让学生自行决定生涯规划,自己决定走向学术学程或走向哪一种职业学程,以自然分流取代原来的强迫分流,原来因竞争所产生的问题就不存在了。"[①]当然,本研究倡导综合高中的发展,并不是要反对普通高中和职业高中。对于一些分流意向明显的学生在高中起始阶段进行分流是必要的,也是合理的,但是对于大部分学生来说,通过综合高中的发展延缓学生的分流时间,构建学生个性化的课程计划,以达到适性发展的目的则是必须的。

---

① 李然尧.美英综合中学之研究及其对实施综合高中之启示[D].台北:台湾师范大学,1998:347.

表 1-1　2001—2019 年度高中学生数量变化情况

年度	学校数(万所)	学生数(万人)	校均学生数(人)	高中阶段毛入学率(%)
2001	3.43	2600.93	758.29	—
2002	3.28	2908.14	886.63	42.8
2003	3.18	3243.40	1019.94	43.8
2004	3.14	3648.98	1162.10	48.1
2005	3.15	4030.95	1279.67	52.7
2006	3.17	4341.86	1369.67	59.8
2007	3.13	4527.49	1446.48	66.0
2008	3.08	4576.07	1485.74	74.0
2009	2.98	4640.91	1557.35	79.2
2010	2.86	4677.34	1635.43	82.5
2011	2.76	4686.61	1695.71	84.0
2012	2.69	4595.28	1710.32	85.0
2013	2.62	4369.92	1667.91	86.0
2014	2.57	4170.65	1622.82	86.5
2015	2.49	4037.69	1621.56	87.0
2016	2.47	3970.06	1607.31	87.5
2017	2.46	3970.99	1614.22	88.3
2018	2.43	3934.67	1619.21	88.8
2019	2.44	3994.90	1637.25	89.5

(四)学校规模的扩张为综合高中的发展提供了现实可能

综合高中虽然强调普职融合、多元分流的教育模式,但是其发展也必然要与社会的经济发展水平相适应。因此,在综合高中发展过程中就必然涉及办学的规模和效益问题。早在20世纪50年代,科南特就主张要创办较大的综合中学,他认为小型中学往往由于财政方面的限制,课程设置范围狭窄,对学生进行富有意义的教育工作的机会就会少些,从它本身的特性来说是不能开设综合性课程的,因此,小型公立中学已成为改进美国大多数州的中等教育的严重阻碍之一。为此,科南特提出综合中学毕业班至少应有一百名学生的基本条件。我国台湾学者杨思伟通过对我国台湾地区十所综合高中的个案研究认为,确保学生人数在一千人以上是综合高中发展的重要条件。可见,学校的规模是影响综合高中发展的重要条件之一。那么,我国目前高中的规模是否适宜于发展综合高中呢?

从我国高中教育的发展历程来看,近年来,高中学校在办学规模上得到了较大发展(见表1-1),尤其是2003年以来,校均人数都在1000人以上。可见,学校规模的扩张为综合高中的发展提供了现实可能。

(五)教学设施的完善和"双师型"教师队伍建设为综合高中的发展奠定了基础

教学设施和教师队伍是学校教育发展的最重要组成部分。综合高中在目标定位、办学理念、课程设置等方面既不同于普通高中,也不同于中等职业学校,这些都决定了综合高中教学设施配置和教师队伍建设的独特性。因此,完善试办学校的教学设施,建设一支数量充足、结构合理的"双师型"教师队伍是推动综合高中深化发展,大力提高综合高中教育质量的关键。

尽管我国各级政府并没有出台综合高中办学标准,就综合高中学校的教学设施、师资配置作出明确规定,但从我国综合高中的构成来看,主要以"拼盘型"("合并型")和"职业高中改制型"为主。这些学校由于之前都进行职业教育,因此,合并与改制之后,在教学设备和师资队伍等方面基本能满足综合高中部分学生初步学习职业教育的需求,为我国综合高中的进一步发展奠定了现实基础。如成都市通过普职学生学籍互转的方式消除普职融通中学校教育资源短缺的问题,满足不同学生学习的需要,即支持普通高中学生在高一年级和高二年级上学期结束前,根据自身发展需要和中职学校招生专业申请转入中职学校;职业学校的学生在高一年级下学期结束前,通过参加对口普通高中学校高一年级上学期期末考试,且文化课成绩达到对口普通高中学校的成绩要求,可转入普通高中就读。黑龙江宝泉岭第二高级中学作为一所由普通高中与中等职业学校合并而成的试办综合高中,学校积极利用黑龙江农垦工业学校的师资力量,开设了工业与民用建筑、机电、经济与贸易、计算机、农业机械化等专业,在学校的187名教师中,有职业类教师88人,"双师型"教师25人;南京市高淳区湖滨高级中学通过与高淳中等专业学校建立协作关系,依托高淳中等专业学校的师资优势开设部分专业课程及技能实训。

(六)政策支持为综合高中的发展提供了制度保障

上海市在《普通高中事业"九五"发展规划》中就提出要实行普通高中多模式办学,突破非"普高"即"职高"的选择,改变初中毕业生一考定终身的现状,满足人们多种价值取向选择的需要。1999年国务院批转了《面向21世纪教育振兴行动计划》后,我国一些发达地区进行了综合高中办学模式改革的实验,其中浙江省在2001年还印发了《关于进一步完善和推广综合高中教育模式的意见》,明确了综合高中的培养目标和教学组织形式,鼓励在已经基本普及高中段教育的地方,要有计划地将部分普通高中或职业高中改办成综合高中。高中段教育发展空间较大的市、县,要把新办高中段学校的重点引向综合高中。有条件的地方可以将少数普通高中和职业高中合并办成综合高中。并提出要建立综合高中等级评定制度。上海市在2001年颁布了《关于本市中等学校进行综合高中试点工作的意见》,明确规定了综合高中的办学模式,并对综合高中的课程设置和教学要求等作了初步规定。2003年教育部颁布了《普通高中新课程方案(实验)》,其作为新时期我国普通高中课程改革的纲领性文件,提出要构建重基础、多样化、有层次、综合性的课程结构;要赋予学校合理而充分的课程自主权;要建立选课指导制度,引导学生形成有个性的课程修习计划。2010年颁布的《国家中长期教育改革和发展规划纲要(2010—2020年)》中进一步提出,要探索综合高中的发展模式;教育部2010年的工作要点中也提出,要鼓励举办特色高中、新型综合高中,推动普通高中多样化、特色化发展。为此还确立了黑龙江、新疆、北京等地作为高中多样化发展的国家试验区。除此之外,太原市教育局在"十二五"期间将鼓励具备条件的普通高中进行以综合高中为主的普职融通试点。2013年宁波市教育局制定了《职普融通育人模式改革实施办法(暂行)》;2016年石家庄市教育局制订了《深化普职融通育人模式改革工作的意见》;2017年成都市教育局印发了《关于推动普职融通育人模式改革的意见(试行)》;2018年天津市教育委员会印发了《关于进一步推进普职融通的指导意见》。这些政策都鼓励普通学校和职业学校相互结对,实现普职学校相互合作、资源共享。这些政策的出台和颁布,为我国综合高中的发展提供了强有力的制度保障。

此外,近年来,关于综合高中的研究日益增多,综合高中在自身的发展过程中也积累了不少的办学经验,形成了不同的办学模式。诸如从学校的办学方式划分,有普通高中办综合高中的、职业高中办综合高中的、普通高中和职业高中联合举办综合高中的,等等;按分流的方式划分,有补习模式、分段分流模式和交流融合模式;按课程设置划分,有综合型的、叠加型的和"3+1"型的;按职业指导方式划分,有主辅式、综合式、分流式、渗透式、活动式等。这些都为当下我国综合高中的发展提供了可靠保证。

三、我国综合高中发展的价值定位

如果说现实机遇为我国综合高中的发展创造了条件,那么必要性分析则凸显了我国现阶段发展综合高中的紧迫性和必然性。

(一)减少义务教育阶段应试教育的恶性竞争

21世纪以来,我国高等教育招生规模不断扩大,高中阶段应试教育的恶性竞争逐渐向义务教育阶段蔓延,造成义务教育阶段学生学业负担过重、睡眠时间严重不足、近视率明显上升等问题,严重影响了学生的身心发展和义务教育的健康发展。近年来,尽管我国高中教育规模不断扩大,学生入学率逐年提高,甚至在一些发达地区,高中的规模已足以吸收所有的初中毕业生,但是,这并没有从根本上改变义务教育阶段应试教育的恶性竞争,甚至在一些地方应试教育愈演愈烈,正如有学者提出的"素质教育喊得震天动地,应试教育抓得扎扎实实"。

义务教育阶段应试教育的恶性竞争其根源在于高中阶段不同学校之间的巨大差距。这种差距主要表现在两个方面,一是在普通高中与职业高中之间。职业高中长期以来不仅社会地位不高,而且步入职业高中的学生的发展明显受到束缚,仅有5%的学生可以参加对口升学,这意味着把中等职业教育在很大程度上等同于终结性教育,限制了绝大多数学生进一步接受高等教育的可能。尽管教育部和各级政府采用诸如减免学杂费、增加奖学金等多种措施来大力发展职业教育,但都收效甚微。二是在示范性高中与非示范性高中之间。"进入一所好高中,就能上一所好大学"已被大部分国民所认可。因此,家长和教师都会通过强化应试技巧、参加各种辅导班等一系列手段,千方百计地让孩子进入国家级或省级示范性高中。

综合高中的发展不仅能有效解决了由于学校类型不同而造成的义务教育阶段应试教育恶性竞争的现象,而且它强调适性发展的教育模式和采用"以科代校"的发展方式,甚至按区域招生的方式,都在很大程度上缓和了因学校差距不同而造成的义务教育阶段应试教育恶性竞争的现象。

(二)协调普通文化教育与职业技术教育相分离的窘境

长期以来,我国在中等教育阶段实行的是普职分离的"双轨制",普通高中承担了升学预备教育的功能与任务,主要为学生的升学服务,在课程设置上过分注重文化知识的传授,忽视了学生职业意识和职业技能的培养,导致学生在自我认识上不准确、不全面,缺乏对职业的基本了解,在对未来职业的选择上带有很大的盲目性和随机性。比如,我们通过对北京市第一六五中学的调查发现,15%的学生对未来从事的职业没有任何想法;70%的学生只有模糊的目标,如做白领、从事金融行业等;15%的学生有比较清晰的目标,对自己的理想职业有一定的了解。但是从学生的职业理想来看,种类比较单一,不外乎医生、教师、律师、公务员等几种。学生之所以将上述几种职业作为自己的理想,完全是出于随心所欲的空想。例如:警察的待遇很高,可以随便罚款;公务员比较轻松,赚钱又多,等等。职业教育承担了就业预备教育的功能与任务,主要为学生的就业服务,在课程设置上过于注重学生职业技能的培训与培养,对学生普通文化课的学习重视不够,使得学生很难适应快速发展的社会对人才岗位变动的新要求。更重要的是,这种普职分离的"双轨制"在很大程度上限制了部分普通高中学生学习职业技术课程的意愿和部分职业高中学生学习普通文化课程的意愿,不能满足学生多样化、个性化的学习需求,造成了学生片面的、非全人格的发展和教育资源的极大浪费。

综合高中通过转变校际分流为校内分流、机构分流为课程分流,能有效缓解普职分离带来的种种弊端,既有利于学生在学习普通文化课的同时掌握一定的职业技能,也有利于学生依据自己的兴趣和性向选择适合自己个性特点的课程结构;既满足了社会对人才的多样化需求,也满足了学生个性化的学习需求。因此,综合高中不仅是当前世界主要发达国家或地区中等教育发展的主流趋势,也必然成为我国高中教育发展的历史必然。

(三)满足学生多样化、个性化的学习需求

随着高中教育普及进程的不断加快,高中教育已成为所有完成义务教育的学生就学的全民性教育机构。普通高中不仅要为学生的升学做好准备,也要根据学生的知识水平、兴趣爱好和发展潜能为学生多方面的发展创造条件。研究发现,"职业兴趣的变化主要在青年期,其中15—18岁是职业兴趣形成的关键期,到了25岁以后,职业兴趣就基本稳定了"[①]。由此可见,高中阶段是学生自主发展、个性形成的关键时期,高中教育就是要为学生的自主发展和个性形成创造条件。然而,当前我国普职分离的"双轨制"由于学校在学籍管理、课程设置等方

---

① Strong, E.K. The vocational interest test. Occupations. 1934(12):49-56.

面的差异,为进入不同发展轨迹的学生贴上了不同的标签,而且这种标签在很大程度上决定了他们未来的发展道路。可见,这种教育既剥夺了学生选择的权利,也不利于学生个性化地成长。

综合高中既不同于普通高中,也不同于职业高中。从纵向上看,综合高中和普通高中一样,都属于基础教育,既是在九年义务教育基础上进一步提高国民素质、面向大众的教育,又与高等院校相衔接,为不同类型、不同层次的高等院校培养合格新生;从横向上看,综合高中又不同于普通高中,强调普通教育与职业教育之间的沟通与融合,强调依据学生的兴趣和性向设置不同类型的课程,依据学生的认识水平和能力特点设置不同层级的课程,这种分类分层的课程设置既满足了不同类型学生的学习需求,也满足了不同能力学生的学习愿望,迎合了学生多样化、个性化的学习需求,为学生的自主发展和个性成长创造了条件。

(四)促进社会进程的民主化

有研究认为,"实施民主教育最有效的时期是中等教育阶段,因为小学时期心智未开,高等教育时期又忙着专业科目,唯有中等教育阶段最能落实民主教育。"[1]然而,长期以来,我国高中阶段采用的是普通教育和职业教育相互分离的"双轨制"教育模式,进入中等职业学校学习的往往是那些在中考中失败或者中考成绩不理想的学生,这种以分数为唯一依据的分流方式公平但不公正,使更多的中下阶层子弟在分流中处于不利地位。以布劳—邓肯地位获得模型、威斯康星学派、有效维持不平等理论为代表的学者都证实了教育在代际传递中的重要作用。我国学者孙志军利用2005年全国1%人口抽样调查数据和县级教育支出数据的研究也表明,父亲户籍、父亲受教育年限、父亲收入、父亲职业阶层地位等家庭背景变量对子女获得高中教育机会具有显著正向影响;刘云杉教授统计了1978—2005年近30年间北大学生的家庭出身情况发现,1978—1998年,来自农村的北大学子比例约占三成,20世纪90年代中期开始下滑,到2000年至今,考

---

[1] 李然尧.美英综合中学之研究及其对实施综合高中之启示[D].台北:台湾师范大学,1998:350.

上北大的农村子弟只占一成左右。

  由于受家庭文化资本和学校课程设置等因素的影响,使中下阶层子弟在各种升学考试,尤其是中等教育招生考试中往往处于不利地位,而普职分离的"双轨制"不仅是产生这一问题的根源,还进一步限制了他们向上流动的可能,久而久之就形成了社会阶层的固化,阻碍了社会的民主化进程。而综合高中的发展有效克服了以升学考试为唯一标准对学生进行过早分流所产生的各种负面影响,减缓了家庭背景等变量对学生发展的主导性影响,加快了社会阶层的流动。

第二章　我国综合高中发展的历史演进和现状分析

一、我国综合高中发展的历史演变

我国综合高中的发展总体上可以分为两个阶段,第一个阶段主要集中在20世纪20年代,最终以失败告终;第二个阶段是在20世纪80年代开始的,一直在曲折中发展,徘徊不前。

(一)20世纪20—30年代我国综合高中的发展

1.20世纪20—30年代我国综合高中的发展

中学文实分科是中学分科制的先导。早在1902年,我国正式颁布的第一个学制——"壬寅学制"就规定,中学第三年起可以设实业科,与中等实业学堂平行。这就是说,在中学阶段可以采用分校制和分科制。不过这个学制并未实施,1904年颁布的"癸卯学制"中就取消了实业科,完全采用分校制。在1912年民国教育部颁布的《普通教育暂行办法》中也规定中学校为普通教育,文、实不必分科。直至"民国四年文实分科的运动又重现。民国六年南京高等师范开办附属中学,更进一步设农工商科。吾国政府立的学校,由升学的文实分科,进而为职业的分科,或是从此时起的。以后虽遇阻力,但中学分科的局势不可遏止。"[①]

1917年,民国教育部因"吾国中学教育结果不良,无补社会,因谋改革良方",在《教育部酌定中学增设第二部办法》中规定,中学校自第三学年起,得设第

---
① 陶行知.中国建设新学制的历史[J].陶行知全集(第1卷)[C].长沙:湖南教育出版社,1984,194-208.

二部;中学校第二学年修业生并志愿于中学毕业后从事于职业者,得入第二部;第二部应节减普通学科,视地方情形,加习农业或工业、商业等。

"文实分科"和"第二部"的实施,在当时引起了社会的广泛讨论,"对'文实分科'和二部制虽然有不少反对的声音,但最后以江苏省各中学校长为核心的赞成派力量得到大多数支持。1918年10月中学校长会议召开前夕,南京高师附中主任陆规亮拟定了一个中学教育改革的方案:(1)对于志愿升学之学生分设文、实两科,明定主次;(2)对于不升学而准备从事职业的学生,设第二部职业科如农、工、商等。这一方案先在江苏中学校长会议上获得通过,后又经全国中学校长会议决议通过,后来虽没有成为正式的法规,但影响颇大。从这一方案中,我们已经可以看到一个纳普通教育和职业教育于一体,普通教育分文、理两组的'综合中学'制度雏形。"[①]

1921年"辛酉学制草案"和1922年的"学制会议"都主张分科制与分校制同时存在,其中"学制会议"为同年11月份颁布的《学校系统改革案》(以下简称《改革案》)提供了一幅详实的蓝图,并将"学制会议"的内容以法律的形式确定下来,《改革案》规定学校系统改革"要适应社会进化之需要,发挥平民教育之精神,谋求个性之发展,注意国民经济力,注意生活教育,使教育易于普及,多留各地方伸缩余地"为标准,规定"中学校修业年限六年,分为初高两级:初级三年,高级三年。但依设科性质,得定为初级四年,高级两年,或初级两年,高级四年。"[②]这就是我国历史上著名的"六三三制"(又称"壬戌学制"),第一次明确提出了初高中分离的办学机制。初级中学施行普通教育,高级中学分普通、农、工、商、师范、家政等科。但得酌量地方情形,单设一科或兼设数科(依旧制设立之甲种实业学校改为职业学校或高级中学农、工、商科)。将实业学校以职业学校代替,并扩充了内容和范围,中等教育采用选科制等。《改革案》中虽未明确提出创办综合中学,

---

[①] 王伦信.清末民国时期中学教育研究[D].武汉:华东师范大学,2001.
[②] 1922年的"决议案"主张采用"四二制",而与会者主张采用"三三制"甚多,最终决定以"四二制"为原则,以"三三制"为例外。同年11月颁布的《学校系统改革案》又作了如上修改。

但其规定在高级中学实施"分科制"与"选科制",明确体现了综合中学的性质。

高中实行分科后,各地师范学校陆续并入中学,改为高级中学的师范科,个别初级中学也有附设师范或其他职业科的。总体来看,这一时期中学获得了较快发展,从中学的学校数量来看,1928年和1912年相比,学校数量增长了1.56倍,学生数量增长了2.62倍(见表2-1)。

表2-1 1912—1928年国内中学教育概况比较①

年份	中学校数(所)	中学学生数(人)	每校学生数(人)
1912	373	52100	139.68
1913	406	57980	142.81
1914	452	67254	148.79
1915	444	69770	157.14
1916	350	60924	174.07
1917	–	–	–
1922	–	–	–
1925	687	129978	189.20
1928	954	188700	197.80

1928年5月,国民政府成立后第一次全国教育会议在南京召开,"会议检讨了'新学制'的得失,通过了《整理中华民国学校系统案》,关于中等教育已不再坚持综合中学为主导模式,形成了单一功能型和综合型并存的中学制度格局。"②1932年,国民政府以综合中学在谋生、任教、求学等方面不能达到目的为由废除了综合中学制度,先后颁布了《师范学校法》《职业学校法》《中学法》,以这些法规为依据,在高中阶段分别设立普通高中、师范学校和职业学校三类。自此之后,综合中学继续存在者便寥寥无几,唯有上海中学③始终保持综合制度,并在师范

---

① 毛礼锐,沈灌群.中国教育通史(第五卷)[M].济南:山东教育出版社,1988:95.
② 王伦信.我国综合中学制度的历史考察与现实思考[J].华东师范大学学报(教育科学版),2001(9):37-44.
③ 上海中学创始于1865年的龙门书院,于1927年开始实施综合中学制度。

科结束后增办工科,可谓硕果仅存[①]。

2. 20世纪20—30年代初我国综合高中发展失败的原因分析

(1) 社会环境的影响

教育是在社会环境中进行的,任何教育变革都不可能脱离社会环境而独立存在。但是,从当时的情况来看,20世纪20年代前后是军阀混战时期,民国政府名存实亡,教育部对各省教育的控制更是有名无实。"当时学校改革法令,曾经把教育改革运动的几项目标列入新机制。在纸面上看,这个新的章程,是教育改革家们的一个重大的胜利。但是软弱无力的教育部的关防大印,并不能使该项法令成为实现改革的国家政策。法令在文字上赞同的一些改革项目,把改革运动中的根本弱点都掩盖起来了——缺乏任何真正的战略使运动具有影响社会的力量"[②]。就教育部自身来看,从1922年至1932年期间共有三十任"教育部"部长,在这种情况下,要运用国家权力坚持和推行一项教育改革是很难想象的。因此,可以说,受国内政治环境的影响,政策执行力不强、教育系统不稳定是综合中学失败的制度性因素。

(2) 课程结构的缺失

综合中学最大的特点就是采用"分科制"和"选科制",加强普通教育与职业教育之间的融合沟通,满足不同资质学生的需求。这些目标的实现主要是通过课程结构来保障的,但是在已有的政策法规中,我们并没有发现有关综合中学课程设置的文件,这就使得学校的课程设置具有很大的主观性和随意性:一方面,缺乏通识性的必修课程,不能保证学生达到基本的知识和技能要求;另一方面,学科结构不合理,科目之间缺乏整合,课程的选择性、多样性不够,使得综合高中徒有虚名。可见,课程结构的缺失是综合高中失败的直接动因。

[①] 沈亦珍.近五十年来中等教育之演进[J].近五十年来之教育[M].台北:复兴书局.1977:305.
[②] 基南.新教育改革运动的发生及其在1922年前的发展[J].璩鑫圭,唐良炎.中国近代教育史资料汇编:学制演变[M].上海:上海教育出版社,1991:1083-1084.

(3)高中教育普及程度低

从英美等国综合高中的发展历程来看,综合高中的发展是在中等教育基本普及之后才进行的。美国的综合高中对学生的入学没有严格限制,对大部分学生来说,进入中学只是其升学或就业的必要准备。而"中国当时四年的义务教育还远未普及,中学生绝大多数不是来自直接从事生产劳动的农工家庭,入学即带有浓厚的入仕求官心理,总希望在将来的技术社会和政治社会组织里取得一定的位置。所以中国中学生预备升学的目的非常明确,用不着'试探'和'指导',况且由于中国社会产业落后,职业科技含量低,一般的职业技能也无需花钱在学校学习,师徒制就可以解决。"[①]

(4)学校办学条件不合理

学校的办学条件包括学校的规模、教学设施、师资队伍等诸多方面,它是学校教育教学得以实施的保障,也是落实课程计划的重要条件。然而,20世纪20年代的中学,不论在学校规模还是师资队伍等方面都不能满足综合高中发展的需求。

①学校规模。从国际上来看,美国创办综合高中是在中学教育大众化的基础之上,当时,学生人数在3000人左右的大型中学已相当普遍。科南特也主张要办较大的综合中学,"一所中学必须有至少百人的毕业班,才能像一所综合学校那样适当发挥作用。"[②]但是在我国,1912年颁布的《中学校令施行规则》中明确提出,"中学校之学生数,须在四百人以下,但有特别情事得增至六百人……一学级之学生数须在五十人以下"。从1912年至1928年每所中学的实际人数来看,当时平均每所中学不足200人(见表2-1),可见当时学校的规模都太小,无法实施分科教育,因而很难与综合高中的教育理念相吻合。

②教学设施和师资队伍。由于当时各种条件的限制,学校教学设施和师资队伍更是不能满足学校教育教学的需求。据1931年国联教育考察团的研究表

---

① 王伦信.我国综合中学制度的历史考察与现实思考[J].华东师范大学学报(教育科学版),2001(9):37-44.
② 科南特.科南特教育论著选[M].陈友松,译.北京:人民教育出版社,1988:39.

明,"此种学校学生及专科教师既为数不多,设备亦甚简陋,分为各科,实最不经济",许多学校中此种分科办法仅虚有其名,盖大多数学校对于切实的职业教育所需要之教师及设备尚付缺如也。

(5)对综合高中的认识不准确

20世纪20年代,综合高中在美国刚刚兴起。我国对综合高中的办学理念、办学目标、课程设置、学校职能等方面的研究都比较少,还缺乏对综合高中的准确定位和深刻认识,因此创办综合高中在国内颇具争议。蔡元培曾指出,"近日,北京大学方鉴于文理分科之流弊,提出'文理合并'之议,而中学教育界乃盛传'文实分科'之说,异哉!"①余家菊也指出,"如欲打破中学现状,以求综合的中学之实现,其手段之卤莽,亦无伦比。……吾所反对者,在因创设综合中学之故,而将原有之单一中学一齐打破也。单一中学,规模较小,办理者易于贯注,其利一。性质单一,校风易于纯正,其利二。各校分立,个性易于发展,其利三。精神此三者皆为不可轻视之点,吾人又何必以无谓的改革而避失此良好之利益乎?甚愿主张中学之必为综合式者之一思吾言也。"②

(二)20世纪80年代以来我国综合高中的发展

中华人民共和国成立初期,我国中等教育的发展基本照搬了苏联模式,实行普通教育和职业教育相分离的"双轨制",综合高中的发展自然被悬置。20世纪80年代以来,随着职业高中的大力发展和就业市场的变化,部分职业高中初步具备了综合高中的性质,在一定程度上促进了综合高中的发展。

1.20世纪80年代以来我国综合高中的发展

如果我们将20世纪20年代我国普职融合的发展看作是综合高中的第一次萌芽与发展期,那么20世纪80年代以来我国综合高中的发展又经历了第二次的萌芽与酝酿期,最终在1999年国家的政策文件中被正式提出。

---

① 蔡元培.德国分科中学之说明[J].高平书编.蔡元培教育论集[M].长沙:湖南教育出版社,1987:215-217.
② 余家菊.进一步讨论学制[J].教育杂志(学制课程),1922(14):14.

(1)酝酿期(1980—1986年)

中华人民共和国成立后,我国教育在"必须彻底地系统地学习苏联的先进经验"的口号下,模仿甚至完全照搬苏联的教育模式,基本采用了普通文化知识教育和中等专业教育相分离的教育模式,如1951年中央人民政府颁布的《政务院关于改革学制的决定》中指出,"中学、工农速成中学和业余中学应给学生以全面的普通的文化知识教育;中等专业学校按照国家建设需要,实施各类的中等专业教育"。1964年刘少奇曾提出"两种劳动制度、两种教育制度"的做法,但是由于受"文化大革命"的影响,并没有落实。"文化大革命"期间,由于对教育性质和形势作出的错误判断,受"学制要缩短,教育要革命""开门办学"等口号的影响,大力缩减中专和技校,盲目发展普通高中,高中阶段教育又回到单一的普通教育轨道上。

1980年国务院批转教育部、原国家劳动总局《关于中等教育结构改革的报告》(以下简称《报告》)。该《报告》重新肯定了刘少奇提出的"两种教育制度,两种劳动制度"的做法,并指出,中等教育结构改革,主要是改革高中阶段的教育。应当实行普通教育与职业、技术教育并举,全日制学校与半工半读学校、业余学校并举,国家办学与业务部门、厂矿企业、人民公社办学并举的方针……在普通高中逐步增设职业(技术)教育课,成绩合格者,在毕业文凭上给予注明;将部分普通高中改办为职业/技术学校、职业中学、农业中学,其中职业/技术学校主要进行职业/技术教育,同时开设有关普通文化课,农业中学、职业中学是普通教育与职业技术教育相结合的中等学校。中共中央颁布的《关于教育体制改革的决定》(以下简称《决定》)中明确提出,要"逐步建立起一个从初级到高级、行业配套、结构合理又能与普通教育相互沟通的职业技术教育体系"。这是在国家的政策文件中首次提出普通教育和职业教育相结合的教育形态。

《报告》和《决定》就其本质而言,是基于大力发展职业教育为基础和前提的,确立了职业教育的内容和途径,为以后职业教育的发展,尤其是职业中学和农业中学的发展奠定了基础。因此,在《决定》发表之后,全国各地加大了对中等职业教育的改革力度,普通中学进一步压缩,职业中学的发展取得了很大的成效。到1991年,全国高中阶段职业技术学校招生占高中阶段招生总数的比例已超过半数,达50.3%,从根本上改变了长期以来我国中等教育结构单一的局面,促进了职业教育的快速发展,基本形成了普通教育与职业教育"双轨"并行的格局。

(2)萌芽期(1987—1999年)

萌芽期可以进一步细分为农村教育综合改革时期和分流教育时期两个不同的阶段。

①农村教育综合改革时期(1987—1992)

1987年原国家教委与河北省合作,在河北省的阳原县、完县、青龙满族自治县(三县均为国家级贫困县)进行教育综合改革实验,主要做法是把普通教育、职业教育和成人教育结合起来,统一规划,在小学开设劳动课,初中以上开设劳动技术课,结合劳动技术课进行职业技术教育,初步探索出一条基础教育与职业基础教育相结合,来推动当地经济和社会发展的路子。1989年原国家教委将农村综合改革实验区扩大到全国的116个县,使得农村教育综合改革在全国范围内得以迅速推广。之后每年召开的农村教育改革工作会议或经验交流与研讨会,都强调坚持农村教育的办学方向。1990年原国家教委制定了《全国农村教育综合改革实验区工作指导纲要(试行)》,对农村教育综合改革实验起到了积极的指导作用。

这些文件中虽然并未直接提到综合中学,但是都强调在普通教育中进行职业教育,在职业教育中进行普通教育的"普职渗透"教育模式,使普通教育与职业教育从基本分离走向初步融合,为综合中学的发展提供了平台[①]。当时,在实践中也涌现出一大批农村教育综合改革的先进典型,先后有山东平度县的"三教统

[①] 需要说明的是,这一时期农村教育综合改革往往是在义务教育阶段进行的,高中教育主要还是实行普职分离的"双轨制"。

筹"、山西临猗县的"五个统筹"、甘肃清水县的"八方统筹"[①]等模式。此外,辽宁海城市、湖南郴县、四川广汉县、山东莱芜市、陕西商洛市等地也是全国农村教育综合改革的典范。需要说明的是,这一时期的相关政策法规都侧重于强调在初中阶段进行农村教育综合改革试验,但是在实践中有不少高中也涉猎其中,如辽宁海城同泽中学、山西运城风陵渡中学等,并取得了显著成效,得到了国家相关部门的充分肯定。

案例2-1 风陵渡中学农科教相结合的特色办学模式

　　风陵渡中学位于晋秦豫三省交界、黄河急拐弯的山西省芮城县风陵渡镇,是一所普通的农村中学。学校学习实践陶行知的"教育与农业携手"的思想,坚持"面向农村,服务社会,面向全体学生,不求人人升学,但求个个成才"的办学方向,坚持在全体学生中开展以农科实验为主要内容的创新实践活动,创设了为当地社会经济发展服务的校本课程,在基础教育中渗透职业技术教育,走"农科教"相结合的特色办学道路,初步形成了既有升学预备教育,又有就业预备教育的综合高中办学模式。

　　学校在农科教结合方面的做法主要有3个:一是坚持在基础教育中渗透农科技术教育。风陵渡中学结合当地农村实际,在教好各门必修课的同时,还开发了校本课程,作为各门必修课的补充内容,比如,数学课增添了数理统计,用来比较土壤肥力等;化学课增添了农药、化肥的使用方法和土壤分析;生物课增添了小麦遗传育种、玉米优良品种的培育、果树嫁接等有关内容;语文课增添了实用写作;物理课增添了电工、农用水泵的使用及故障的排除等;地理课介绍了当地区域气候的特点等相关知识。以上做法达到了利用课堂教学经常向学生进行农科技术教育的目的。二是设立了职教部,以适应社会对各类人才的需求。职教部开设了农业、计算机、文秘、机电修理等专业,学生毕业除了获得学校颁发的高中毕业证外,还可以获得初级技术合格证及职高毕业证。风陵渡中学探索的"三

[①] 周晔.农村"三教统筹"政策之问题研究[D].北京:北京师范大学,2010.

教融合"的农村中学办学模式,是从高三年级起将学生分为升学、就业、特长不同类型的侧重班。侧重班仍然以必修课为主要学习内容,保证文化课的学习时间和质量,保证达到毕业会考要求,侧重内容只是在活动课上体现。毕业会考后,学生可根据自己的兴趣、志愿和条件进行选择。升学侧重班开设有高考课程拓宽加深的选修课,同时为职教生参加对口升学考试创造了条件,为学生提供了又一条升学深造的道路。三是开展成人教育,利用学校校舍设备为农民举办农业技术短训班。在农业产业结构调整中,当地发展苹果、花椒、红枣、芦笋、大棚蔬菜等产业,风陵渡中学便及时组织农民进行技术培训,引导农民改变传统的生产经营方式,科学种养,优化经济结构,提高经济效益。开办农民技术培训班不仅直接为农民传递了科学技术和信息,为当地培养了大批技术人才,而且有力地促进了农村经济的发展,增加了农民的收入。

学校先后承担和完成了国家黄淮流域小麦区域试验等45项科研任务,培养出30多个小麦新品种,10余个大豆、玉米等新品种,探索出苹果、花椒等经济作物栽培新技术10余项。试验成果先后荣获国际金奖1项,国家级奖牌9枚,其中1988年9月,姚引丹、姚引红两位同学培育的80(4)-1高水肥地高产小麦新品种参加全国第四届青少年科技发明比赛,夺得大会设立的唯一特别奖,并获金牌1枚、论文答辩第一名及中国发明协会一等奖。2005年,学生培育出的小麦"风选三号"和"月季不同花色嫁接实验"两个项目还获得山西省农科院专项奖,学校培育的小麦良种远播陕西、河南、内蒙古等省、自治区。

学校既为高等学校输送了5000余名合格新生,又为当地培养出6000余名懂技术、会经营的高素质实用人才,较好地完成了农村普通中学的双重任务。风陵渡中学的办学方向,被原国家教委誉为"农村中学的一面红旗",近10年连续获运城市"教学质量先进校"称号。1993年,原国家教委副主任何东昌同志曾为风陵渡中学题词:"创造升学不慌,种田不愁教改经验的风陵渡中学一定会越办越好。"2006年10月,中国陶行知研究会会长方明以"一所人民群众满意的农村中学"为题,给温家宝总理写信介绍了风陵渡中学的行知教育及为"三农"服务的事迹,温总理看后做了专门批示。2009年,全国人大常委会原副委员长严隽琪、全国政协原副主席罗富和率领中国民主促进会中央委员会教育考察团视察风陵渡中学后,对学校学习实践陶行知教育理论,为"三农"服务的做法和成果给予了高度赞扬。严副委员长还欣然为学校题词:"发扬特色,培养各行各业的俊才。"

②分流教育时期(1992—1999年)

原国家教委1992年颁布的《全国教育事业十年规划和"八五"计划要点》在确定"八五"期间教育发展的基本任务时指出,普通高中办得过快和经济落后的地区,应适当调减规模,或实行高三分流。1993年颁布的《中国教育改革和发展纲要》指出:"中小学要由应试教育转向全面提高国民素质的轨道……普通高中的办学体制和办学模式要多元化。"这是我国政府在政策文件中首次对普通高中办学体制和办学模式做出的明确规定,充分肯定了当时普通高中多样化发展的必要性。1995年,原国家教委召开的全国普通高中教育工作会议对高中办学模式改革提出了指导性意见,这一意见在原国家教委颁布的《关于大力办好普通高级中学的若干意见》(以下简称《意见》)中得到了充分体现,《意见》指出,"普通高中教育在总体上还不能适应我国社会主义现代化建设的需要。主要表现在:办学体制缺乏活力,办学模式单一,还没有形成与社会主义市场经济体制相适应的灵活机制;教育思想、课程结构、教学内容、教学方法、考试制度等在某些方面不能适应社会对高素质、多规格人才的需求;一些地方和学校应试教育的倾向仍较严重,学生课业负担过重;办学效益不高,经费投入不足,办学条件较差,校际间很不平衡,师资队伍不稳、素质亟待提高"。为此,"要继续抓紧普通高中办学模式的改革,改变目前比较单一的升学预备教育模式,逐步实现多种模式办学。一部分普通高中可以升学预备教育为主,有侧重地为学生升入高一级学校打下坚实的基础,为高等学校输送合格的新生;大部分普通高中,可以通过分流,办成兼有升学预备教育和就业预备教育的学校;少部分普通高中可试办成以就业预备教育为主的学校……为了适应社会需要和发展学生的个性、特长,各地可以举办少量侧重外语、体育、艺术以及加强某一学科的特色学校或特色班,培养德智体全面发展并在某一方面具有特长的学生。"就在《意见》颁布后的十多天时间里,原国家教委又专门针对薄弱高中办学模式改革颁布了《加强薄弱普通高级中学建设的十项措施的通知(试行)》(以下简称《通知》),该《通知》特别强调加大对农村薄弱高中办学模式的改革,建议将薄弱高中办成兼有升学预备教育和就业预备教育的学校,或以就业预备教育为主的学校,还可以继承和发扬本校的传统优势办成具有某种特色的学校。

从高中阶段办学模式的发展历程来看,《意见》是《中国教育改革和发展纲要》的具体化,打破了普通高中单一的升学预备功能,明确提出了普通高中的四类办学模式,为我国普通高中的多样化发展提供了思想指导和政策依据。而《通知》则是《意见》的进一步补充,为普通高中的多样化发展提供了具体指导,即以薄弱高中的改革促进普通高中的多样化发展。在这些政策文件的指导下,各地不同程度地进行了普通高中办学模式的探索,如1992年北京市东城综合高中办学模式改革、1992年南通三中综合高中实验改革、1994年浙江省湖州市南浔中学综合型高中实验改革等,其中以上海市于1995年开始在一些普通高中和中等职业学校试办的"双学籍、双文凭"教育最为突出。在此过程中,涌现出诸如宝山中学、向锋中学、罗店中学、向明中学等先进典型。

案例2-2　宝山中学二一分段、高三分流的办学模式

上海市宝山中学创办于1932年,1985年地区教育结构调整后,成为一所独立高中。当初,在全区的高级中学中,行知中学、吴淞中学、罗店中学与宝山中学都是有800名左右高中生的大学校。四所学校中,其他三所均为市、区重点中学。1990年暑期,学校虽然举办了两个重点班,但每年都要招收40名左右未达到普通高中入学分数线的学生。学生学业参差不齐,每年大约有1/3的学生在高考中落榜。1990年下半年,学校开始从片面追求升学率的桎梏中摆脱出来,

遵循"因材施教,适时分流,实事求是"的办学原则,采取"二一分段,高三分科分层次编班"的做法,在课程设置上遵循"保证基础课,重视劳技课,增设选修课"的原则,具体表现为:高一学生必修全工(36课时)、计算机(72课时),高二学生必修制图(40课时)、电子技术(40课时);高一学生选修打字(中级),高二学生选修物理或化学30课时。高三文科班学生选修政治或历史60课时;技能班从1993学年开始,学生要选修广告实务、广告语基础各40课时,电脑操作、实用英语各20课时,下学期选修实用英语、营销基础、工商法规各40课时;理科班继续选修物理或化学60课时。

学校进行的办学模式改革,受到了学生和家长的欢迎和肯定,更重要的是,通过办学模式改革,学校找准了自己的目标定位,即在生源并不理想的情况下,既不盲目地与重点高中攀比,片面追求升学率,又不对学生放任自流,因此取得了比较理想的成绩,不仅使得1993年的高考录取率达到68%,而且使学生在各方面得到了发展,如1991届乔海东虽然高考无望,但被国家安全局录取定向培养;1990届毕业生杨旖、杨旎姐妹俩,由于在校重视劳技课,高考落榜后很快被合资企业录用。

③诞生与摇摆期(1999年至今)

综合高中从两次萌芽到最终在国家的政策文件中正式出现,经历了漫长而曲折的历史过程。1999年,《面向21世纪教育振兴行动计划》(以下简称《计划》)提出"经济比较发达的地区可发展部分综合高中",这是在国家文件中第一次明确提出"综合高中"的概念。此外,教育部1999年的工作要点中也提出要加快农村初中课程、高中综合课程改革,积极扩大综合高中办学模式试点。"教育部还倡导各省市进行综合高中试点,上海、北京、浙江、江苏、山东、广东、河北、福建、湖南等10余个省市都进行了试点。到2000年,黑龙江、吉林、辽宁、山西、安徽、河南、四川、广西、云南等其他大部分省(市、区)也都开始试办综合高中。"[①]遗憾的是,在《计划》提出后的其他政策文件中,我们很少再看到有关综合高中的明确提

---

① 桂建生.论综合高中教育的产生、现状及发展[J].当代教育论坛,2005(2):45-49.

法,如2001年,《国务院关于基础教育改革与发展的决定》和《全国教育事业第十个五年计划》都提出"鼓励发展普通教育与职业教育沟通的高级中学";2001年,原国家计委印发的《国民经济和社会发展第十个五年计划科技教育发展重点专项规划(教育发展规划)》提出:"中等发达程度的地区要通过多种形式加快高中阶段教育发展步伐,积极探索和推广普通高中课程与职业技能教育相结合的综合性教育形式","尽快建立职业技术教育与普通教育之间相互沟通、相互衔接、协调发展的新的教育体系,通过改革考试选拔和质量评估制度,促进职业教育与学历教育相互兼容,为毕业生提供继续学习深造的机会。"2002年,陈至立在全国职业教育工作会议上指出,要建立和完善人才培养的立交桥,"沟通中等职业教育与高等职业教育、职业教育和普通教育之间的渠道……在高中阶段开展职业教育与普通教育相沟通的综合课程教育试验。建立中等与高等职业教育相衔接的课程体系。高等职业学校应优先对口招收中等职业学校毕业生,并可单独组织对口招生考试,对取得相应中级职业资格证书的中等职业学校毕业生,可免试技能考核。"[①]2004年,国务院转发的《2003—2007年教育振兴行动计划》指出,要"积极推进农村中小学课程和教学改革,在实现国家规定的基础教育基本要求时,紧密联系农村实际,在农村初、高中适当增加职业教育内容……多种形式积极发展普通高中教育,扩大规模,提高质量"。2019年,国务院办公厅印发的《关于新时代推进普通高中育人方式改革的指导意见》也提出,"鼓励普通高中与中等职业学校课程互选、学分互认、资源互通,促进普职融通。"从这些文件中可以看出,国家对综合高中的认识还比较模糊,常常以"普通教育与职业教育相互沟通"来替代综合高中,对综合高中还缺乏准确的定位和价值判断。这也在一定程度上影响了综合高中的发展。

尽管这一时期国家没有明确的综合高中政策出台,但是各地都从实际出发进行了有关综合高中办学模式改革的实验,比如,浙江省2001年颁布的《关于进一步完善和推广综合高中教育模式的意见》和上海市2001年颁布的《关于本市

[①] 陈至立.振奋精神,开拓进取,大力推进职业教育改革与发展[J],人民教育,2002(10):6-11.

中等学校进行综合高中试点工作的意见》,都明确提出了综合高中的培养目标和教学基本组织形式;江苏省在综合高中办学模式上初步形成了"'二一分段,高三分流,厂校挂钩,联合办学'的江宁中学模式,有'二一分段,高三分流与就业培训结合'的南京行知实验中学模式,有'全县统筹,二一分段,高三校际分流'的无锡模式。湖南省湘潭市第九中学实行'一年统整,二年试探,三年分流选择'的模式,高三分流采用本校内部分流和跨校分流两种方式。"①

可以说,各地进行的综合高中实验,在很大程度上推动了我国综合高中的进一步发展。2010年我国颁布的《国家中长期教育改革和发展规划纲要(2010-2020年)》(以下简称《纲要》)进一步明确提出,"要推动普通高中多样化发展……探索综合高中发展模式。采取多种方式,为在校生和未升学毕业生提供职业教育"。《纲要》的颁布和实施,为今后我国综合高中的发展提供了思想引领和政策支持。之后,全国关于高中教育多样化发展的研讨和试验如雨后春笋般呈现出来,教育部也确立了黑龙江、南京、上海、新疆为我国普通高中多样化办学改革的试点区域。

2.20世纪80年代以来我国综合高中发展受挫的原因分析

(1)认识上不到位、不准确

从20世纪80年代以来我国综合高中的发展历程可以看出,尽管我国在1999年的《面向21世纪教育振兴行动计划》中提到了"综合高中"的概念,部分学者也从20世纪90年代开始进行了综合高中办学模式的相关研究,也有不少学校进行了实践探索,但是总体上来说,综合高中发展缓慢,甚至有萎缩的现象。不论是教育行政部门,还是学者和办学实践者,都对综合高中缺乏准确的定位和价值判断,致使人们常常用普职相互沟通来替代综合高中,甚至有不少的人认为,综合高中办学的目的就是解决"生源荒"的问题,在高一、高二对学生进行普通教育,高三对一部分升学无望的学生进行职业教育,使他们获得一技之长。大多数

---

① 桂建生.论综合高中教育的产生、现状及发展[J].当代教育论坛,2005(2):45-49.

研究者和实践者还停留在对综合高中的表象认识上,将普通教育与职业教育的简单相加看作是综合高中的本质之所在,并没有从根本上回答综合高中的"综合"究竟是什么,衡量一所高中是否属于综合高中的基本判断标准有哪些、综合高中的创办是否需要自身的课程结构等问题。

(2)课程结构不独立、不综合

课程是学校培养目标得以落实的具体体现,也是教育教学活动实施的最主要依据。然而,遗憾的是,和20世纪20年代综合高中的发展相类似,我国20世纪80年代以来综合高中的发展,也没有在课程上有所突破,教育部在2000年颁布的《全日制普通高级中学课程计划(试验修订稿)》和在2003年颁布的《普通高中课程方案(实验)》都没有体现出综合高中课程的综合性和普职课程融合的特点。因此,无论是江宁中学模式,还是南京行知实验中学模式以及无锡模式等,从本质上来说,都只是为高三升学无望的学生进行职业技能培训而已。纵观20世纪80年代以来我国综合高中的发展,主要以"拼盘式"为主,没有体现和发挥出综合高中的内在优势,这往往使综合高中的学生和普通高中的学生相比在基础知识上处于劣势,和职业学校的学生相比在专业理论上学习不足,专业技能训练不够,最终导致综合高中的发展陷入困境。

(3)"两种学籍制度,两种管理制度"的影响

与"双轨制"相一致,我国高中阶段实行的是"两种学籍制度,两种管理制度"。"两种学籍制度"即普通高中学生学籍制度和职业高中学生学籍制度,"两种管理制度"主要指普通高中和职业高中分别隶属于不同的职能部门,采用不同的管理模式。普通高中隶属于基础教育二司,职业高中隶属于职业教育与成人教育司。在"两种学籍制度"下,不论是各省出台的《普通高中学生学籍管理办法》,还是原国家教委1992年颁布的《职业高级中学学生学籍管理暂行规定》,基本都限制了不同学籍学生之间相互流动的可能。在"两种管理制度"的影响下,基础教育部门和职业教育部门各司其职、各负其责,都是基于各自的立场来设计学校

的课程和实施教育管理。而综合高中作为一种新型的办学模式,不仅强调普通教育与职业教育在课程上相互融合与渗透,还强调师资的综合性,以及在教育过程中给予学生多次选择的机会,延缓学生分化的时间等。这些要素在"两种学籍制度,两种管理制度"的模式下几乎不太可能实现。

(4)考试评价制度滞后

综合高中的性质与任务决定了综合高中既不同于普通高中,也不同于职业高中,因此,综合高中的发展迫切需要建立与其相匹配的评价机制,这也是欧美国家综合高中发展成果的重要经验。如美国通过严格的学分制度,确保无论选修学术课程还是职业课程的学生都可以获得统一的高中毕业证书,以此作为就业或升学的重要保障。英国主要通过资格证书制度不仅为学生提供了不同的发展路向,还为学生在不同发展路向的相互转换创造了条件,实现了普通教育与职业教育的等值性。我国的考试评价制度并没有针对综合高中单独的制度安排,"如果考试评价这一'指挥棒'不变,综合高中的'综合'教育最终而且会迅速地走向升学预备教育,从而与普通高中完全趋同,综合高中即使'名'还存,但却实已亡"[①]。

(5)经费缺乏和师资薄弱

尽管国家倡导发展综合高中,探索综合高中的办学模式,但是从具体的办学实践来看,除课程、学籍和师资等因素外,国家对创办综合高中也缺乏明确的经费支持。从我国综合高中的创办类型来看,目前大致可以分为两类,一类是改制学校,一类是合并学校。改制学校有两种,一种是由普通高中改制而来,这种学校虽然在文化课方面有较大的优势,但是学校缺乏职业技能训练方面的师资和器材;另一种是由职业学校改制而来,此种学校一般是因为生源不足才试办综合高中的,一方面缺乏文化课的教师,另一方面学校的教学设施较为陈旧(合并学校在职业课程的教学仪器方面与这类改制学校相类似),很难满足现代职业技能教育的需求。像黑龙江省安达市,由职业学校改制而来的、具备一定职业训练设

---

① 刘丽群.我国综合高中发展的现实问题与路径选择[J].教育研究,2013(6):65-71.

备的学校,要想在综合高中方面有较好的发展,仅在资金投入方面每校就需要3000万—5000万元。显而易见,巨大的资金缺口和师资的结构性短缺仅依靠学校自身显然是无法解决的。因此,我们可以说,长期以来,国家只是象征性地支持综合高中的发展,而缺乏对综合高中发展的具体政策支持。此外,尽管20世纪80年代以来我国中等教育取得了快速发展,但是高中的入学率依然不高,特别是在2007年之前,我国高中教育的毛入学率都在60%以下。中等教育的普及程度依然不高,在很大程度上也影响了综合高中的发展。

纵观20世纪我国综合高中的发展历程可以发现,过去我国综合高中发展的最大障碍一方面在于认识上不到位,目前,对于究竟要不要办综合高中,在理论界和实践界都还存在争论,更不用说对综合高中的本质内涵与价值理念及认定与评价标准等问题的深层认识了;另一方面,政府对发展综合高中的重视程度不够,还没有建立起与综合高中发展相适应的体制机制,在诸如管理体制、课程结构、师资队伍、招生与升学/就业等方面都缺乏相应的政策支持,严重影响和制约了我国综合高中的发展。

二、我国综合高中发展的现状分析

(一)我国综合高中发展的现状

我国曾于20世纪20年代试办过综合高中,但短暂的几年之后,1932年,民国政府就以综合中学在谋生、任教、求学方面达不到目的为由予以废除。中华人民共和国成立后,综合高中的发展被长期忽视,直至1999年,教育部首次在《面向21世纪教育振兴行动计划》中提出,"在经济比较发达的地区可发展部分综合高中",然而,长期以来,由于我国对综合高中的认识不清晰,定位不准确,致使其发展严重滞后。

21世纪伊始,部分省市零星地开展了普通高中多样化发展教育改革,如南京市在2000年选择8所省重点职业中学在市区试点招收1000名综合高中学生;

宁夏在2000年提出将绝大多数普通高中办成综合高中,采取普通高中、职业高中、综合高中共同发展的思路;浙江省和上海市在2001年分别颁布了《关于进一步完善和推广综合高中教育模式的意见》和《关于本市中等学校进行综合高中试点工作的意见》,都明确提出了综合高中的培养目标和教学基本组织形式。然而,受多方面原因的限制,普职融通教育改革一直进展缓慢,成效甚微。

近年来,随着高中教育普及进程的不断加快,高中教育已基本成为所有完成义务教育的人就学的国民教育机构,实施普职融通教育改革不仅是满足学生多样化学习需求,也是激发学校办学活力、实现高水平普及标准的重要之举。尤其是受《国家中长期教育改革和发展规划纲要(2010—2020年)》的影响,全国各地都从实际需要出发再次对普职融通教育改革进行了探索。如在2010年,北京市开展了国家级教育体制改革项目——高中特色发展试验项目,决定在北京市第一六五中学、北京崇文门中学、北京市第一一九中学开展普职融通教育改革,并在2014年印发了《关于在职业高中开展综合高中班试点的通知》,要求加强职业教育与普通教育的融通与协调发展,构建人才培养立交桥;黑龙江省将综合高中作为普通高中发展的重要类型之一,要求综合类高中既要兼顾升学预备教育,也要实施职业技能教育,为学生的发展提供多种选择;湖南省将普通高中的类型分成精英高中(暂定名)、特色高中、综合高中来发展。2011年,广西壮族自治区按照每市一所的原则,开展了综合高中申报与试点改革;南京市教育局下发了《关于启动普通高中多样化特色化建设工程的通知》,并在43所实验学校中确定了5所开展普职融通实验。2012年,重庆市确立了首批22所综合高中试点学校。石家庄市教育局2016年印发的《深化普职融通育人模式改革工作的意见》和成都市教育局2017年印发的《关于推动普职融通育人模式改革的意见(试行)》基本都是以"课程共建、资源共享、学籍互转、学分互认"为重点,实现普通教育与职业教育融合衔接、相互贯通、合作共赢的普职融通育人模式。

(二)我国综合高中发展面临的问题阐释

1.定位不准确,发展方向不明晰

约翰·W.加德纳认为,综合高中应负责对所有年轻人施行良好的适当的教育,以满足各种不同职业与专业志趣和形形色色学习动机的儿童。科南特认为,综合高中应打破单一的升学预备教育和就业预备教育的局限,根据儿童的个性和特长,提供不同类型的教育,以满足儿童多样化发展的需求。亦即综合高中应具有三重职能,"第一,为所有的未来公民提供普通教育;第二,为准备就业的学生开设良好的选修课程,使他们学到谋生技能;第三,为准备升学的学生开设专门的高级文理课程。"[1]可见,协调普通文化教育与职业技术教育相分离的窘境,满足学生多样化、个性化的学习需求,最终促进教育公平,实现社会民主,是综合高中的本质要求。然而,我国综合高中的产生主要是为了摆脱部分薄弱普通高中与职业高中的生存困境,甚至一些综合高中的发展完全出于校长的一时兴起,出于对政策的盲目追从,其发展始终无法摆脱"唯升学教育"与"唯就业教育"的弊端,再加上我国政府对综合高中的发展举棋不定、定位不准、导向不清,忽视了学生志趣的培养与个性的发展,导致综合高中在发展中既方向不明确,又失去了其独特性,往往生存在普通高中与职业高中的夹缝中。

2.体制机制不健全

(1)教育投入匮乏,师资力量薄弱

教育投入是教育改革与发展的物质保障,制定各级各类学校的办学标准,并在此基础上确立生均教育经费标准和教育财政拨款标准是保障各类教育健康发展的基本前提。我国教育行政部门虽然多次倡导要探索综合高中的发展模式,但对试办学校缺乏相应投入,而综合高中由于其自身的独特性,在教育投入方面必然要明显高于普通高中与职业高中。经过对黑龙江的调查发现,即便是一些由职业学校改制而来的、具备一定职业训练设备的学校,要想在综合高中方面有

---
[1] 科南特.科南特教育论著选[M].陈友松,译.北京:人民教育出版社,1988:10.

较好的发展,每所学校在资金方面也需在3000万—5000万元。因此,教育投入不足已成为制约综合高中发展的主要瓶颈之一。

此外,师资水平是影响学校教育质量的最关键因素之一,也在很大程度上直接决定着学校的改革与发展。我国试办综合高中的学校基本都是薄弱学校,不管是之前的普通高中还是职业高中,师资力量都比较薄弱,改制后,由于受师生比的限制,师资力量不仅没有加强,反而更难适应综合高中发展的需求,进而影响了学校的教育质量,阻碍了学校的发展。

(2)学籍互通、学分互认制度的管理体制尚未建立

从世界范围来看,美国、法国、日本等都在高中阶段设置了"共同核心课程",既保证了每位学生获得扎实的基础知识与基本技能,也为学生的多元选择创造了条件。我国高中阶段实行的是"两种学籍制度,两种管理制度"。"两种学籍制度"即普通高中学生学籍制度和职业高中学生学籍制度;"两种管理制度"是指普通高中和职业高中分别隶属于不同的职能部门,采用不同的管理模式。在"两种学籍制度"下,不论是各省出台的普通高中学生学籍管理办法,还是原国家教委于1992年颁布的《职业高级中学学生学籍管理暂行规定》,都限制了不同学籍学生之间相互流动的可能。在"两种管理制度"下,基础教育部门和职业教育部门各司其职、各负其责,都是基于各自的立场来设计学校的课程,实施教育管理。而普通高中与职业高中在课程设置上的巨大差别又进一步为学生的学籍互通、学分互认设置了障碍。综合高中既强调课程的融合,又强调要延缓学生的分流时间,给予学生多次选择的机会,以达到适性发展的目的,然而由于其课程设置不独立,管理体制不顺,加上"两种学籍制度,两种管理制度"的限制,使得建立学籍互通、学分互认制度尤为困难。

(3)课程简单叠加,缺乏整合

课程是教育目的的具体化,是学校教育教学活动的中枢,是实现培养目标的最主要途径。综合高中由于强调普通教育和职业教育的沟通与融合,注重由强

迫分流向自然分流转化，为了体现综合高中的分流目标，让学生在对自己的能力、性向、兴趣有充分认识的前提下做出自主选择，就必须强调课程的综合化和统整性。然而，我国传统上在中等教育阶段实行的是"两种学籍制度，两种管理制度"的"双轨制"模式，受这种模式的影响，我国综合高中的课程结构既不独立，也不综合，主要表现为普通文化课和职业技术课的简单叠加。普通文化课完全照搬普通高中的课程模式，职业技术课程完全着眼于学生某一技能技巧的培养，这种简单叠加的课程设置忽视了学科之间的相互渗透，没有在内容上做到融会贯通。在格拉伯(Grubb)看来，这种课程设置既不能消除学术课程和职业课程脱节的现象，也不能影响学生的学术或职业追求。更重要的是，随着科目的增多和课程内容的增加，学生负担会越来越重，进而影响学生的自主学习，限制学生的自主发展。

(4)教育评价滞后，学生出路单一

"教育评价事关教育发展方向，有什么样的评价指挥棒，就有什么样的办学导向。"[1]然而受应试教育和功利化倾向的影响，各级地方政府和学校都将本科升学率作为衡量学校教育质量和办学水平的唯一标准，由此产生了高考怎么考学校就怎么教，并将教育窄化为教学，将教学窄化为应试的病态现象，致使教学完全服务于考试，并沦落为考试的工具，严重影响了教育的发展生态。综合高中大多是由一些基础设施差、办学效益低的普通高中或职业高中转型而来，这些学校在以高考升学为标准的教育评价体系中存在着先天性不足，再加上综合高中不仅要强调升学预备教育，也要关注学生职业技能的发展，因此，在以升学考试为主导的教育评价和社会评价中，综合高中的发展既得不到教育主管部门和地方政府的重视，也得不到社会公众的认可，自然而然被"边缘化"。另外，综合高中职业科的学生由于学校学科专业狭窄、设施设备短缺，致使学生专业技能不强，让学生陷入"升学无望，就业无门"的现实窘境，从而使综合高中的发展形成恶性循环。

---

[1]中共中央 国务院.深化新时代教育评价改革总体方案[Z].新华社,2020-10-13.

3.实践经验未被重视,本土研究不足

从1982年到1995年,辽宁海城、江苏锡山、北京东城、江苏南通、浙江南浔、上海宝山等地试办综合高中,还有的地方出现了"双学籍、双文凭"的教育经验。然而,各地的教育改革没有得到应有的制度保障和政策支持,使得综合高中的教育资源匮乏,课程开发无法启动,于是,曾经一度高涨的地方探索逐渐趋于平静。"据统计,到2010年,全国自称综合高中的寥寥无几,且内涵表述各不相同"[1],致使人们常常用普职相互沟通来替代综合高中,甚至不少校长认为,综合高中就是在高一、高二进行普通文化教育,高三对一部分升学无望的学生进行职业教育,使他们获得一技之长的学校。而且从研究的角度来看,我国关于综合高中的研究不仅数量偏少,而且质量不高,大多数研究者仅停留在对综合高中的表象描述上,并没有从根本上回答综合高中的"综合"究竟是什么,衡量一所高中是否属于综合高中的基本判断标准有哪些,以及与综合高中发展相吻合的课程结构和管理体制是什么等问题。

三、我国台湾地区综合高中的发展及其成效

(一)我国台湾地区综合高中发展的现状

早在1994年,我国台湾地区在第七次"教育会议"决议中就提出要在现阶段的高中、高职和五专之外,发展具有多元性和区域性的综合高中,以消除因普通教育和职业教育的过早分离对学生发展产生的不良影响,辅导学生根据兴趣、能力与性向选修适合自身发展的课程。同年10月,我国台湾地区教育行政管理机构成立了综合高中专案咨询小组,制订各项规划工作,并出台了《综合高中试办计划》和《综合高中试办要点》作为综合高中试办的基本依据。1995年我国台湾地区提出将推动综合高中的试办作为未来高中教育发展的重点之一,教育行政管理机构的咨询报告也建议建立以综合高中为主的高级中等教育制度,并最终

---

[1] 袁桂林.关注高中横向定位问题[N].中国教育报,2012-5-11(06).

实现以综合高中为主的学制。同年,我国台湾地区教育行政管理机构就委托相关机构对《综合高中课程规划》《综合高中入学制度》《综合高中学生进路指导》《综合高中行政配合措施》等进行系统研究,并在此基础上,先后颁布了《综合高中实验课程实施要点》《综合高中试办学校行政处理暂行要点》等供各试办学校遵循。各试办学校规划的课程,统一报送台湾师范大学教育研究中心审议通过后实施。1996年,我国台湾地区首次选择18所学校开始试办综合高中。2005年,我国台湾地区综合高中的数量达到162所,约占台湾地区高中学校总数的34.4%。2005年以后,受各种因素的影响,综合高中数量略有下降。截至2019年,我国台湾地区共有综合高中74所,占高中学校总数的14.42%,在校学生31549人,占高中阶段学生总数的4.91%(见表2-2)。

表2-2 我国台湾地区综合高中发展概况

年度	综合高中人数(人)	综合高中学生所占全部高中学生比例(%)	综合高中学校数(所)	综合高中学校数所占全部高中学校数比例(%)
1996	6568	0.60	18	4.28
1997	17167	1.54	44	10.19
1998	34851	4.33	62	14.00
1999	45264	5.67	77	17.04
2000	61711	7.87	121	26.02
2001	74798	9.99	144	30.44
2002	87374	12.08	151	31.99
2003	93690	13.02	159	33.68
2004	103304	14.04	160	33.83
2005	111666	14.85	162	34.39
2006	113767	15.07	158	33.33
2007	110215	14.62	151	31.72
2008	103575	13.76	144	30.19
2009	96396	12.72	139	28.60

续表

年度	综合高中人数(人)	综合高中学生所占全部高中学生比例(%)	综合高中学校数(所)	综合高中学校数所占全部高中学校数比例(%)
2010	89088	11.67	124	25.25
2011	83674	10.89	114	23.22
2012	79519	8.92	111	22.61
2013	73891	8.22	111	22.24
2014	65042	7.94	107	21.27
2015	57481	7.26	102	20.16
2016	50737	6.53	95	18.77
2017	44929	6.03	87	17.03
2018	38118	5.47	77	15.01
2019	31549	4.91	74	14.42

我国台湾地区综合高中依"'高一统整、高二试探、高三分化'之精神,尊重学生的学习选择,提供学生适性选择学术与职业课程之机会,并强化基本学科能力及通识教育,以奠定学生未来发展之基础"[1],既注重学生基础知识的学习,也强调生涯辅导、延缓分化、课程分流。因此,我国台湾地区综合高中自创办以来,其办学理念和办学思想受到教育行政管理机构、学校、学生家长和学生的广泛认可,台湾地区教育行政管理机构也采取了一系列措施积极支持、大力推动综合高中的发展。

(二)我国台湾地区综合高中发展的政策保障

我国台湾地区为发展综合高中采取的政策举措主要包括各种政策法规保障、经费保障、课程设置保障、师资队伍建设保障、访视及评价保障等。

1.综合高中发展的政策法规保障

自第七次"教育会议"决定试办综合高中以来,我国台湾地区教育行政管理

---

[1] 杨思伟.综合高中理想办学模式之研究[C].台北:台湾师范大学,2000:9.

机构于1996年先后颁布和实施了《综合高中试办计划》《综合高中试办要点》等政策文件,对综合高中的内涵、试办学校的基本条件、综合高中的办理模式、招生方式、课程规划、学籍管理、学生出路等做了详细规定。在此基础上,我国台湾地区教育行政管理机构同年8月还颁布了《试办综合高中实验课程实施要点》,围绕课程实施目标,设计了综合高中的课程架构。1998年,我国台湾当局为配合综合高中的快速发展,先后颁布了《综合高中试办学校行政处理暂行要点》《综合高中试办学校成绩考查要点》《综合高中试办学校学生辅导要点》,并修订了《综合高中试办要点》和《综合高中试办计划》。之后,1999年新修订的"高级中学法"将综合高中正式作为高级中学的四种类型之一纳入正式学制,通过此种方法确定了综合高中的性质和地位。

2001年,我国台湾地区教育行政管理机构废止相关试办要点,发布了《综合高级中学实施要点》,对综合高中的办理类型、课程、教材、师资、成绩考核、学生进程等做了详细规定。2002年,我国台湾地区教育行政管理机构发布了《综合高中课程纲要》,该纲要旨在培养学生认识自己、发展潜能与终身学习的能力,进而能尊重与关怀不同族群文化,培养宏观的国际理解能力,并运用科技与信息,主动探索、学习及有效解决问题的基本知能。2004年,我国台湾地区教育行政管理机构发布了《补助办理综合高级中学课程作业规定》,明确规定了对综合高中的补助措施、成效考核,以及办理不良者的退出机制。2005年,我国台湾地区教育行政管理机构为强化综合高中的办学特色,加强与高中和高职课程的统整,修正发布了《综合高级中学暂行课程纲要》,并从2006学年度开始实施。此后,我国台湾地区教育行政管理机构对《综合高级中学实施要点》《综合高中课程纲要》以及《高级中学学生成绩考查办法》等进行了多次修订,使之更能体现综合高中的办学理念,推动综合高中的发展。

2. 综合高中发展的经费保障

我国台湾地区教育行政管理机构为加快综合高中的发展,"自85学年度

（1996年）起开始编列专案经费，87学年度计编列2亿元，88学年度起持续增加经费预算以扩大办理"[1]。2001年，为确保综合高中教育经费的足额投入，《补助办理综合高级中学课程作业规定》进一步规范了综合高中教育经费的拨款标准，并将综合高中的拨款分为"经常门补助款"和"资本门补助款"两类，其中"经常门补助款"以各校办理综合高中规模（班级数及学程数）为依据，"资本门补助款"以综合高中考核结果为依据（见表2-3），共分5个等级（第一年办理综合高中的学校仅给予基本补助款），未达60分者为五等，仅给予经常门补助款。除此之外，台湾地区教育行政管理机构还明确规定了各主管教育行政机构应编列相对配合款，其中"直辖市政府不得少于本部前一年度补助总额之百分之五十；县（市）政府不得少于本部前一年度补助总额之百分之十"[2]，从而不仅确保了综合高中教育经费的足额投入，也使综合高中的经费拨款法制化、制度化。

表2-3　台湾地区综合高中办理学校补助基准[3]

项目			补助标准	说明
经常门			A基数+B基数×（班级数+学程数×1.5）	1.班级数以该学年度全校实际办理班级数为主。 2.学程数以二、三年级实际办理为主。
资本门	新增学程补助		C基数×新增学程数	学程数以主管教育行政机构核定为主
	成效补助	基本补助	D基数×（班级数+学程数×1.5）	检核结果为四等者
		第三级	1×E基数+D基数×（班级数+学程数×1.5）	检核结果为三等者
		第二级	3×E基数+D基数×（班级数+学程数×1.5）	检核结果为二等者
		第一级	5×E基数+D基数×（班级数+学程数×1.5）	检核结果为一等者

注：A、B、C、D、E基数：由主管教育行政机构依年度补助款核定。

---

[1] 杨思伟.综合高中理想办学模式之研究[C].台北：台湾师范大学，2000：9.
[2] 台湾教育行政管理部门.补助办理综合高级中学课程作业规定[Z].2001.
[3] 台湾教育行政管理部门.补助办理综合高级中学课程作业规定[Z].2001.

3.综合高中发展的课程保障

自第七次"教育会议"之后,我国台湾教育行政管理机构就委托台湾师大对综合高中的课程规划进行了专题研究,并于1996年颁布了《试办综合高中实验课程实施要点》,规定了综合高中的课程类别、学分要求及其教学纲要,并协助试办学校设计校订必修科目及校订选修科目。2005年,我国台湾教育行政管理机构在《综合高级中学课程纲要总纲》中进一步规定了综合高中的课程目标、课程类型、课程设置和教学安排,并以此为基础形成了较为稳定的课程架构(见表2-4)。

表2-4 台湾地区综合高中课程架构[①]

科目类别	部定必修	校订必修	校订选修
一般科目	54(27.3%)	0-16(0%-8.1%)	110-144(55.5%-72.7%)
专精科目	—	—	
小 计	54(27.3%)	126-144(63.6%-72.7%)	
可修习总学分数	180-198学分		
活动科目	12-18节(含班会及综合活动,不计学分)		
总上课节数	192-210节		
毕业学分数	160学分		

说明:
①毕业学分数为160学分,包括:1.必修科目均须及格。2.每学年学业总平均成绩及格。
②校订选修110-144学分中应含专精科目至少60学分。
③本表计算百分比时,分母为198学分。

从表2-4可以看出,我国台湾地区综合高中的课程主要由部定必修、校订必修和校订选修三部分组成。要说明的是,部定必修课程仅占总课程比重的27.3%,其中88.9%的课程是共同核心课程。所谓共同核心课程是指所有高中阶段学生都必须学习的课程(见表2-5),主要在高中一年级完成,不仅有助于培养学生具有共同素养和自我探究的能力,也是各类学校课程发展的基础。高二、高

[①] 台湾教育行政管理部门.综合高级中学课程纲要总纲[S].2009.

三阶段学生通过试探分化之后,学校依据学生的兴趣与需要,结合学校的实际情况和自身特点来规划本位课程。学校本位课程可进一步细分为学术学程与专门学程两类,其中学术学程以升大学院校为目标,专门学程以就业或升入技专院校为目标。如此,学校根据不同的学程,逐步构建起以校为本的综合高中课程结构。专门学程的设置,要兼顾专业知能与职业态度的培养,反对过度分化,强调以职群设计为原则,要求每一专门学程至少应包括60学分的专精科目,且包含基本必要的核心科目26—30学分,以使学生在职群内具有升学与就业的基本能力。

表2-5　台湾高中共同核心课程领域、科目及学分数[①]

领域名	科目	学分数	备注
语文领域	中文	8	
	英文	8	
数学领域	数学	6-8	
社会领域	历史	6-10	
	地理		
	公民与社会		
自然领域	物理	4-6	
	化学		
	生物		
艺术领域	音乐	4	任选两科目共4学分
	美术		
	艺术生活		
生活领域	生活科技	4	任选两科目共4学分
	家政		
	相关科目		
体育领域	体育	4	
必修学分数总计		48	

[①] 台湾教育行政管理机构.后期中等教育共同核心课程指导总纲[S].1994.

4.综合高中发展的师资保障

台湾地区教育行政管理机构在《综合高中试办要点》中就明确指出,"主管教育行政机构得视试办综合高中学校教师之需求,加强办理教师在职进修,以增广教师专长。试办学校基于实际需要,得采二校以上合聘教师之方式处理。"[1]《综合高中试办学校行政处理暂行要点》也指出,教师每周基本授课时数及兼代时数可酌予放宽,学校不仅可以与其他学校合聘教师,也可以由其他学校教师支持教学。为落实综合高中的基本理念,充分利用各校师资与设备,达到资源共享的目标,1999年,我国台湾地区教育行政管理机构在《综合高中试办学校学生跨校选修要点》中就学生跨校选修的合作原则、成绩处理、学生管理等做了明确规定,从而有效弥补了试办学校师资短缺的现象。此外,我国台湾地区教育行政管理机构也规划了综合高中教师就近进修机制及补充办法,并"自91学年(2002年)起,协助办理综合高中课程学校专门学程专业科目教师转型为一般课程教师,并于《综合高级中学实施要点》中规定,任课教师每周兼课及代课时数得以放宽至多九小时,并可依实际教学需要与他校合聘教师,或以公假方式支援他校教学,因此藉由积极辅导教师转型及放宽教师授课时数相关规定,将有助于办理综合高中学校在师资方面的调配弹性。"[2]

5.综合高中发展的访视及评价保障

我国台湾地区教育行政管理机构一直高度重视对综合高中的访视与评价。早在1996年,我国台湾地区教育行政管理机构就委托台湾师范大学技术及职业教育中心办理各试办学校辅导访视工作,访视指标包括师资调配、图书设备、招生宣传、课程设置、教学设施、校园空间、学生辅导以及其他配套措施8个层面。《综合高级中学实施要点》也规定,"办理满二年之综合高中学校,第三年须接受评鉴,以后每满二年再接受评鉴一次"[3],评鉴结果将作为综合高中奖励、特别管

---

[1] 台湾教育行政管理机构.综合高级试办要点[Z].1996.
[2] 陈清溪.综合高中实施成效与展望[J].研习资讯,2007(6):103-112.
[3] 台湾教育行政管理机构.综合高级中学实施要点[Z].2001.

考和停办的重要依据,从而使综合高中评鉴工作经常化、制度化,并将评鉴结果作为考核综合高中发展的重要依据。2001年,我国台湾教育行政管理机构还颁布了《综合高中试办成效之检讨及发展改进方案》,要从后期中等教育发展方向及综合高中定位来检视推动综合高中发展的政策,重点包括综合高中试办三届五年的成效、综合高中发展与改进方向、迫切性议题及改进作业之进步与分工等问题,并针对上述问题提出具体改进措施。此后,为"进一步建立综合高中的绩效指标,提供各办理学校作为发展与改进办学的参照标准,以导引各校朝向多元适性教育的理想及提升综合高中办学质量的方向发展。"[①]自2003年起,我国台湾教育行政管理机构设置了综合高中咨询辅导项目,并规定了访视指标,从提供多元课程、强化适性辅导、落实选修机制、符合政策程度(指与教育政策的吻合程度)、学校特色与业务推展5个向度32个指标全面考核了学校的办理成效,考核结果不仅在"综合高中资讯网"上予以公布,还将作为综合高中教育经费拨款的重要依据。

(三)我国台湾地区综合高中发展的成效分析

我国台湾地区的综合高中虽然在发展中历经各种困难,但经过台湾当局和试办学校的共同努力,其不论是在数量扩张还是质量提升方面都取得了显著成效。

1.我国台湾地区综合高中数量的扩张

数量的扩张是我国台湾综合高中最显著的特征之一。从表2-2可以看出,我国台湾综合高中自试办以来其规模在逐年大幅增长,在学校数量方面,2011年与1996年相比已经增长了5.3倍;在学生数方面,从1996年的6568人增长到2011年的83674人,增长了11.7倍。尤其是近年来,随着我国台湾普通中学毕业学生人数的下降(据统计显示,1998年我国台湾普通中学毕业生为36.4万人,2011年下降至31.7万人,下降了13%,而早在2001年,普通中学毕业生就学

[①] 李隆盛.综合高中中的绩效指标与绩效[R].台湾师范大学,2004:7-8.

率就已经达到100%,在普通高中与职业高中招生普遍不足的情况下,综合高中在学校数量和学生人数方面却逐年递增并趋于稳定。

2.我国台湾综合高中质量的提升

(1)提高了教育质量,满足了学生适性选择、多元发展的需要

提高教育质量既是学校教育改革的出发点,也是学校教育改革的最终归宿。台湾综合高中自创办以来,坚持"统整、试探、分化与专精"的基本精神,运用学习辅导、生活辅导、生涯发展规划辅导等多种辅导策略,既引导了学生合理分流,也促进了学生的个性发展,提高了教育质量。首先,从近年来综合高中毕业生的走向来看,呈现出明显的升学取向(见图2-1),这既反映了普通民众对接受高等教育的追求,也符合高等教育大众化的发展趋势。其次,综合高中学生的升学率自1998年的58.99%上升到了2018年的89.8%,上升了30.81%,其中1998年至2003年期间,选修学术科的学生升学率从59.44%上升到76.26%,上升了16.82%。"若与一般高中学生的升学率相较,其差距则从7.20%降至3.45%(一般高中较综合高中为高),显示综合高中选修学术学程之学生的升学率与一般高中学生的升学率逐年接近"[1];选修职业学程学生的升学率从1998年的52.66%上升到2001年的65.73%,上升了13.07%,比职业高中学生的升学率高23.9%。从综合高中学生升入高等院校的类型来看,纵观1998—2001年的数据综合分析,升入"一般大学的为38.59%,科技大学及技术学院为36.42%,二专为22.31%,警察大学为0.12%,军事校院为0.89%,其他学院为1.67%"[2]。由此可见,综合高中的发展既从整体上提升了学校的教育质量,也满足了学生适性选择、多元升学、多样发展的需要。

---

[1]台湾教育行政管理机构.综合高中之昨日、今日、明日[R].2003:8.
[2]台湾教育行政管理机构.综合高中之昨日、今日、明日[R].2003:8.

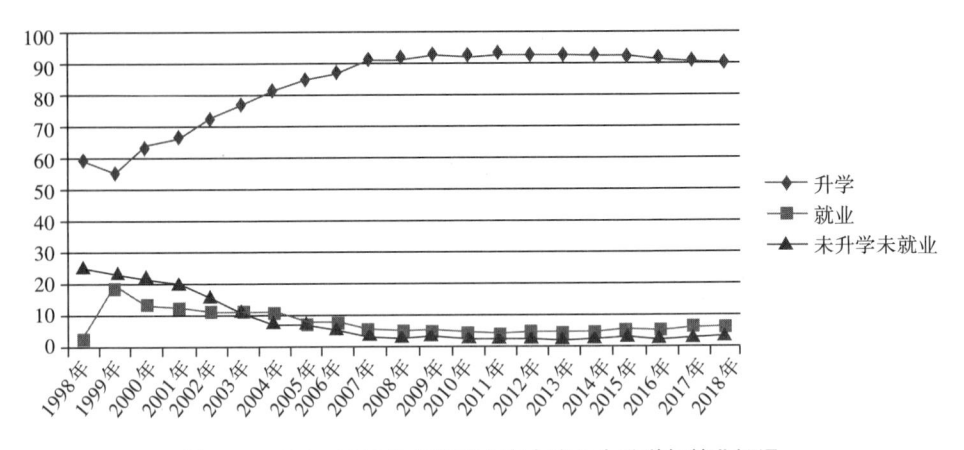

图2-1 1998—2018年台湾综合高中毕业生升学与就业概况

(2)课程设置多元化,选课机制弹性化,满足了学生个性学习的需要

台湾教育行政管理机构在《综合高级中学课程纲要总纲》中明确规定了综合高中课程分为部定必修、校定必修和校订选修三部分,这意味着各校除开设部定必修科目以培养学生的基本能力之外,可在遵循统整、试探、分化与专精基本原则的前提下,自行选择开设具有学校特色的课程。从综合高中校本课程开设的科目数来看,1996年开始试办时为109个,此后逐年增加,至2006年已达到1547个,其中学术学程占总学程的36.3%,专门学程占总学程的63.7%(专门学程中主要集中在商业群、电机与电子群、餐旅群、外语群、家政群等领域,分别占总学程数的21.1%、11.9%、8.8%、6.3%、4.2%)。而且从原则上讲,每所学校至少应提供选修学分1.5倍以上的课程供学生选修,并允许学生跨学程选修。课程设置的多元化与选课机制的弹性化既体现了以校为本、以学生为本的课程设置,也降低了学生学业失败的风险,实现了每一位学生的学习权,为每一位学生提供了挑战高水准学习的机会,还使得每位学生在高中三年可以选修2—3种学程(每学程10学分,共同学分可通用,学生选修相关学程并通过考核,即可在毕业证书上加注学程专长)。如此,综合高中相比职业高中单一的职业训练更能满足学生学习与个性发展的需求。

(3)学生和家长对综合高中高度认可

获得学生和家长的认可、社会的支持是综合高中发展的基本前提。台湾综合高中通过定期举办家长日活动、开家长座谈会等多种形式,不仅使家长充分了解综合高中的基本理念与课程规划,还能够帮助学生选择学校与学程,有助于在家长与学校之间建立互动机制,共同促进学校的发展。我国台湾学者赖显松等人的研究表明,综合高中已经得到了学生与家长的广泛认可,已成为学生与家长选择的重要学校类型之一(见表2-6)。而综合高中学校数量和学生人数的变化也进一步表明,越来越多的学生与家长对综合高中高度认可,并愿意就读于综合高中。

表2-6 学生与家长选择学校类型情况调查表

	普通高中	职业高中	综合高中 学术学程	综合高中 职业学程	其他
学生(%)	63.5	33	13.2	18.7	3.2
家长(%)	57.5	23.8	18.1	21.6	2.2

第三章　综合高中发展模式研究

一、我国综合高中发展的模式

为了克服普通高中和职业高中相互分离产生的种种弊端,我国政府曾提出"大部分普通高中,可以通过分流,办成兼有升学预备教育和就业预备教育的学校",要"在经济比较发达的地区发展综合高中",要"探索综合高中发展模式",但是并没有出台任何有关综合高中的政策法规,也没有制定有关综合高中发展实施细则,缺乏对综合高中的科学引领与规范指导,各地和各校只是结合自身的实际情况进行了初步探索,因而形成了不同的发展模式。这些发展模式从不同的层面来看,有不同的表现形式。本研究基于对综合高中办学主体的考虑,将我国综合高中的发展模式从总体上分为独立办学型和联合办学型两类。

(一)独立办学型

独立办学型是指综合高中的办学主体只有一个,要么是由普通高中转型而来,要么是由职业高中或其他中等职业学校转型而来。这种类型的综合高中在办学上又可具体分为叠加模式、融合模式、分离模式三种。

1.叠加模式

叠加模式是指学生在接受普通文化教育的基础上,对分流到职业班的学生再实施一定时间的职业技术教育。依据学生的分流时间,叠加模式又可以具体划分为"2+1"模式、"1+2"模式等不同类型。

(1)"2+1"模式

"2+1"模式又称"二一分段、高三分流"模式,以普通高中转型而来的为主。这种模式是从高三开始根据学生的学习基础和意向将学生分为普通班和职业班两种。其中,普通班的学生继续学习普通文化课程,准备参加普通高等学校入学考试;职业班的学生在基本完成普通文化课程的基础上再学习1年的职业技术基础知识和专业技能知识,以具备扎实的文化知识和较强的职业适应能力,毕业时参加对口升学或直接就业。

案例3-1 锡山市"2+1"模式

1989年以来,锡山市为适应乡镇企业飞速发展的需要,在全国率先创办出"2+1"办学模式。这种模式的具体做法是:①"高一分段,高二后分流"。高一、高二两年以学习普通高中必修的文化课为主,课时和进度与一般高中相同。高二期末,外语、物理、化学、生物、历史、地理6门学科参加省普通高中毕业会考,语文、数学、政治按实际进度由市组织会考。会考后按学生成绩及志向组织分流,允许成绩较好的学生进行高考准备,并安插到附近条件较好的老完中相应班级就读,其余大多数学生留在本校,继续学习普通高中文化课剩余部分,并接受职业预备教育。②实行"双证书制度"。学生分流进入高三以后,必须完成普通高中文化课的剩余部分,学完语文、数学、政治并参加省会考,9门课程均合格者,发给普通高中毕业证书。与此同时,要求学生必修职业课程,总课时约1000节。学完后接受原劳动局考工办的统一考核,合格者发给中级技术工应知证书。③实行预分定岗实习制度。在分流组班后,利用企业与学生双向选择办法进行预分配,尽早确定毕业生就业去向。在此基础上,由企业指派技术人员协助学校办班,安排学生学习。

"2+1"模式主要出现在20世纪80年代末90年代初,随着原国家教委在1995年提出"大部分普通高中,可以通过分流,办成兼有升学预备教育和就业预备教育的学校"而得到加强。该模式打破了我国普通高中办学模式单一化的现象,克服了普通高中单一升学教育的倾向,使一大批学生从升学的桎梏中解脱出来,获得了一技之长,为将来的就业做好准备。然而,这类学校在教学上往往面临着专业教育师资匮乏、教学设施短缺、教学条件简陋、职业课程的设置不仅范围比较狭窄,而且深度不够等问题,至于学生的实习实践更是无从谈起,从而严重影响了职业班学生的学习,往往使职业班的学生在职业知识和职业技能方面不如职业高中或中等职业学校毕业的学生,很难满足企业对科技人才的需要,在一定程度上影响了学生的就业。近年来,随着普职融通教育理念的提出和普通高中多样化发展的不断推进,综合高中的发展日益得到重视,一些地方政府进一步提出要探索综合高中办学模式,如黑龙江、北京等地将综合高中作为普通高中多样化发展的重要类型之一,重庆市首批也确立了22所中学试办综合高中。然而,在本次试办过程中如何克服上述弊端,还有待在加强研究的同时,政府出台更多、更具体的指导综合高中发展的政策法规。

案例3-2 重庆市22所中学试办综合高中新模式

重庆市从2012年9月起在全市确定了首批22所中学试办综合高中。综合高中学生高一、高二学年统一注册普通高中教育学籍,开设与普通高中相同课程,采用普通高中新课程实验教材,但在第二学年增设1—2门中等职业教育专业基础课程。第三学年对自愿接受中等职业教育的学生在注销普通高中学籍的同时,为其注册中等职业教育学籍,纳入中等职业教育管理范畴。学生毕业时,达到普高教育要求可获普通高中毕业证书,达到中等职业教育要求可获中等职业教育毕业证书,既达到普通高中又达到中等职业教育毕业要求的学生,可获普高、中职两类毕业证书[1]。

表3-1 重庆市首批综合高中试点学校名单(22所)

序号	学校名	序号	学校名
1	重庆市涪陵第十七中学校	12	重庆市茄子溪中学校

---

[1] 重庆22所中学试办综合高中新模式.重庆晚报[N].2012-09-28.

续表

序号	学校名	序号	学校名
2	重庆市第四十七中学校	13	重庆市第四十八中学校
3	重庆市木洞中学校	14	重庆市江津第五中学校
4	重庆市合川盐井中学校	15	重庆市南川水江中学校
5	重庆市綦江三江中学校	16	重庆市大足第三中学校
6	重庆市荣昌永荣中学校	17	重庆市璧山大路中学校
7	重庆市垫江第四中学校	18	重庆市梁平实验中学校
8	重庆市开县陈家中学校	19	重庆市开县丰乐中学校
9	重庆市云阳江口中学校	20	重庆市奉节长龙实验中学校
10	重庆市巫山大昌中学校	21	重庆市石柱民族中学校
11	重庆市酉阳第三中学校	22	重庆市彭水民族中学校

（2）"1+2"模式

"1+2"模式又称"一年整合，二年分流"模式，与"2+1"模式不同的是，"1+2"模式主要以职业高中转型而来的为主。这种模式是在职业高中内部设立了普通高中班（也称综合高中班），一些综合高中班的学生注册普通高中学籍，也有一些综合高中班的学生注册普通高中和职业高中双学籍，但基本都是从高中二年级起根据学生的学习基础和意愿对学生进行分流。流向普通高中班的，完全按照《普通高中课程方案》实施教学，参加学业水平考试，成绩合格者毕业时发给普通高中毕业证书并参加当年的高考。流向职业高中班的，完全依据职业高中各专业的课程设置组织教学，通过考核后发放职业高中毕业证书，学生毕业时既可以参加当年的高等职业院校对口招生考试，也可以直接就业。

案例3-3　北京市实美职业技术学校的"一年整合，二年分流"模式

北京市实美职业技术学校近几年不断探索多元化办学模式的改革，学校在坚持突出职教特色的同时，经北京市教委批准，设立了高中实验班，并正式定专业名称为"综合高中实验班"。"综合高中实验班"为部分因考不上普通高中而又一心想上普通高中的学生提供机遇。进入综合高中实验班的学生在第一学年完全开设与普通高中一样的课程,在第一学年末参加区级统一期末考试,考试成绩排名在中等以上的都可以进入普通高中班,分别选择普通高中文科、理科和普高高加会的专业学习,并按照北京市《普通高中课程方案(实验)》开设相应课程。另一部分考试成绩排名在中等以下的学生可进入职业高中分别选择司法文秘、计算机网络技术、金融事务等专业学习,并按相应专业的要求设置课程。

"1+2"模式是在中等职业学校开办普通高中班的基础上演化而来的。20世纪末21世纪初,随着社会的不断发展和普通高等院校的大规模扩招,加上人们上大学愿望的日益强烈和"统招统分"招生就业政策的彻底转变,使得职业高中生源日益萎缩,甚至一些学校陷入了严重的生源危机。基于此,部分职业高中开始在校内创办了综合高中班。起初,一些综合高中班的学生在入学时可以注册普通高中和职业高中双学籍,后来由于种种原因,大多数综合高中班停办,双学籍也就不允许了。

当然,职业高中综合高中班的停办并不意味着普职融通教育的终止。事实上,1999年,李岚清副总理在第三次全国教育工作会议上的讲话中就指出,"着力调查宏观教育结构,拓宽人才成长的道路,减缓升学竞争的压力,加快非义务教育的发展,构建有利于实施素质教育的人才成长的'立交桥',满足人们日益增长的教育需求"。2002年,时任教育部部长陈至立提出要大力推动职业教育的改革与发展,建立和完善人才培养的立交桥。2002年颁布的《国务院关于大力推进职业教育改革与发展的决定》也强调,要"加强中等职业教育与高等职业教育。职业教育与普通教育、成人教育的衔接与沟通,建立人才成长'立交桥'。扩大中等职业学校毕业生进入高等学校尤其是进入高等职业学校继续学习的比例,适当增加高等职业教育专科毕业生接受本科教育的比例。适度发展初中后五年制高等职业教育;在高中阶段开展职业教育与普通教育相沟通的综合课程教育试验,建立中等职业教育与高等职业教育相衔接的课程体系。"随着高中教育普职融通教育实验的进行,"1+2"模式又呈现出来。甚至有研究指出,"'1+2'形式对两类学生都比较有利。对流向普高的学生,即使三年完全依据普高教育计划实施教育,但职业学校的环境熏陶和职业教育的渗透对学生的职业心理和职业性向的形成也将产生积极的影响。而对流向职高的学生,经过一年文化基础知识的高强度的学习,也为他们奠定了较为厚实的文化底蕴,再用两年时间学完职高类课程和接受专业技能训练并达到相应技能级别是完全可能的,他们在对口升学和就业竞争中,会处于比较有利的地位。"[①]

2.融合模式

融合模式又称"三年一贯,逐步渗透"模式,该模式以普通高中为主,高中三年不分段、不分流,而是将普通教育和职业教育贯穿于整个学习阶段。融合模式具体表现为,必修课程在设置时完全遵循普通高中的课程方案,然后依据学生的兴趣、能力和个性特点,结合学校的自身实际,设置大量的选修课程和活动课程,使学生掌握职业教育的基础知识和基本技能,以满足学生多元发展的需要,为学生的升学与就业提供多种选择的机会和条件。

案例3-4　北京市第一六五中学的"三年一贯,逐步渗透"模式

北京市第一六五中学的普职融通课程结构是与北京国际职业教育学校共同开设的,主要通过普通高中的综合实践活动课、校本选修课、教育主题活动等多个平台,为学生提供职业指导、职业体验、职业研究等多类课程(见表3-2)。

学校的课程开设主要围绕"如何选择适合自己的职业和专业"这一主题进行,具体包括自我认知活动("我的成就故事""职业理想大拍卖"等)、职场探索活动("听职教老师讲座""一日职业体验"等);人生规划活动(制订人生规划书)、研究性学习活动(如何选择适合自己的职业)等。这些活动的开展不仅有助于学生

[①] 袁丽英.综合高中办学模式探讨[J].河南职业技术师范学院学报(职业教育版),2003(03):27-29.

了解社会分工、形成比较明确的职业意识,根据自身特点和兴趣,做出初步的职业选择;也促进了学生学习态度与习惯的改进;更增强了学生参与社会活动的人际交往能力。

表3-2 北京市第一六五中学的"三年一贯,逐步渗透"模式

课程平台		第一学期	第二学期
综合实践活动课	研究性学习	主题:如何选择适合自己的职业和专业	
	社区服务	一日职业体验(寒假)	
	社会实践		职教实训基地体验
校本课程		生涯指导	生涯规划
		了解职业(北国职授课)	金融实务(北国职授课)
			旅游地理(北国职授课)
教育、活动		双语导游职业体验 走进博物馆系列(地质、自然、科技馆等) 培养翱翔学员 礼仪标兵 学习节期间读一本职场人物传记	

该模式虽然较好地体现了普职融合的教育理念,缩小了普通教育与职业教育的差距;然而,由于学校师资、设备等条件的制约,融合模式的课程设置实际上只侧重于学生的生涯发展规划教育,试图帮助学生解决高考填报志愿、选择学校与专业等问题,以便使将来升学的学生找到人生发展的方向,因此,在很大程度上还不能依学生的个性特点和性向使学生合理分流,也就无法为准备就业的学生提供多种类、高质量的职业技术教育。

3.分离模式

分离模式又称"双轨制"模式,该模式以普通高中和职业高中合并型学校或者职业类学校改制型为主,是在同一校园内既有普通高中班,又有职业高中班,普通高中班和职业高中班在招生、课程设置、教学管理与评价等方面都从属于不同的机构,而且学生之间互不流动或者很少流动。

案例3-5　莱芜综合高中的办学模式

莱芜市综合高级中学原为莱芜市第十八中学,始建于1970年,1991年易名为莱芜市第二职业高中,2002年6月正式更名为莱芜市综合高级中学。学生入学后根据自己的学习成绩与意愿分成普高班和职高班,分别注册相应的学籍。普高班完全执行《莱芜市普通高中课程方案》,并参加普通高考;职高班在遵循《教育部关于印发新修订的中等职业学校语文等七门公共基础课程教学大纲的通知》的基础上,根据各专业要求,设置相应的课程结构,学生毕业时可参加对口高职本专科升学或直接就业。目前,学校已开设的专业有计算机应用、机电技术应用、建筑工程施工、汽车运用与维修、旅游服务与管理、护理、会计、学前教育等专业。

从本质上讲,分离模式与我国目前在高中阶段实施的普职分离的"双轨制"并无明显区别,属于一所学校两块牌子的现象。

(二)联合办学型

为了克服普通高中与职业高中在办学过程中的种种弊端,最大限度地发挥普通高中与职业高中的内在优势,避免彼此的不足,加强普通高中与职业高中的内在联系,实施联合办学自然而然成为综合高中发展的一种重要类型,并在实践中得到广泛应用。

1."双证书"模式

"双证书"模式最早是"学校与当地成人学校或职业培训中心挂钩,对学生进行技术培训,学生高中毕业时发给高中毕业证书和技术等级证。"[1]学生学完普通高中的文化课程并参加学业水平考试,成绩合格者获得普通高中毕业证书。与此同时,将部分愿意学习职业技能并提前就业的学生分流到职业高中进行技能培养和学习。也有一部分学校是对高考落榜生再回职业学校进行技能培养,以便为将来的工作打好基础。

---

[1] 徐英杰.综合高中办学模式探索[M].济南:山东教育出版社,2001:49.

案例3-6　银川市建立普通高中和职业学校联合办学机制

针对一些普通高中每年升入一、二本院校学生的比例不到20%~30%,但还有部分学生有接受职业教育、尽早就业的愿望,银川市提出将建立普通高中和职业学校资源共享、学分互认等联合办学机制,逐步形成职业教育与普通教育相渗透、重点职业教育与高等职业教育相贯通、学历教育与非学历教育相补充的职业教育运行体系。

2010年,银川市委、银川市政府出台了《关于加快推进教育改革和发展的若干意见》,提出要探索建立普通高中和职业学校资源共享、学分互认的联合办学机制,实行"3+1"学制,鼓励高考后未升入大学的学生转入中职学校,培训1年合格后,颁发中职毕业证和相应技能证书。

"双证书"模式的关键是建立普通高中与职业高中学分互认办法,并有效提升学生的职业技能。目前,该模式本质上讲只是将一部分升学无望的学生转入职业高中进行了相应的职业技能培训,并没有有效保障转入职业高中的学生享受既有职业高中学生的相应待遇(尤其是在对口升学和减免学杂费方面),也没有有效保障学生获得良好的职业技能。

2.分段分流模式

分段分流模式是指学生先在普通高中学习一段时间的文化课后,再按照学习成绩将一些升学无望的学生转入职业高中,进行职业技术教育,使他们学习到一技之长,以便将来就业。目前,我国的大部分综合高中,如北京市第一一九中学、黑龙江宝泉岭第二高级中学、安达七中、长白山第三高级中学等都基本采用这种模式,学校之间的差别主要表现在学生学习普通高中文化课时间的长短上。例如,一些学校要求学生在普通高中学习一年半,而另一些普通高中则要求学习半年等,因此,又呈现出"2+1""2.5+1"等多种形式。

案例3-7　黑龙江省"高二分流"的课程设置

黑龙江省将"高二分流"类高中作为普通高中多样化发展的一类，并确立了12所国家项目试点学校、12所省级试点学校和9所省级试点预备学校。农垦宝泉岭管理局第二高级中学实行的"高二分流"就属于国家项目试点学校，学校给不想上中专而一心想上普通高中的初中毕业生创造了二次选择的机会，即学生在普通高中学习一年半，在此期间，完全执行《黑龙江省普通高中课程方案》，经过黑龙江省学业水平测试，学科成绩不合格的学生，按照学校与学生及其家长入学时签订的"高二分流"协议内容的约定，将学生分流到同一校区的中专自选一个专业学习，掌握一门专业技能，毕业后可直接就业，也可报考相关专业的高等职业院校。学生就读普通高中时，学校完全按照普通高中课程标准设置课程；分流到中专后，学校按中专课程标准设置课程。

案例3-8　南京市高淳区湖滨高级中学"普职融通"改革

南京市高淳区湖滨高级中学是江苏省三星级高中学校，学校依托优良的办学传统，依据区域位置和生源情况，坚持艺术教育探索，逐渐形成普职融通的特色，将多元发展、普职融通的办学模式做成立校之根基。学校在坚持现有普通高中教育模式的同时，借助高淳中等专业学校的办学经验及教育教学优质资源，结合湖滨高级中学的特点创建部分学生自愿接受的职业技能教育模式。

学校为深化学生的职业认识，增强学生的职业体验，还积极加强与高淳陶艺苑、徽东电子公司、红宝丽集团、金牛机械公司、大地水刀公司等企业的联系，建立了学生社会实践基地。企业利用假期提供实践的机会，促使学生向参观—感受—体验—实践等不同层级发展，以满足部分学生的学习与发展需求，实现了学生对企业的真正了解，增强了学生对职业的感性认识和理性认识，让有技术天赋及有志于技能发展的学生及时介入职业教育及职业实践，从而得到全面发展。

湖滨高级中学实行普通教育与职业教育两种模式并行，以普通高中教育为主,充分发挥学生的个性特长,满足学生的多样化发展需求,拓展学生的成才途径。职业技能教育模式主要是在高一学年结束后,学校根据实际条件,提出拟开设技能专业方向,本着学生自主申报、学校审批通过的原则,由学校选择一批适合职业技能发展的高中学生,在必修普通高中相关学科的同时,兼修职业技能类的相关专业,达到规定学分要求并获得一种职业技能证书方可毕业,学生毕业后可以直接就业,或参加职业类高校的对口单招。

分段分流模式是将学生的高中阶段分为两部分,前一段时间接受普通高中文化课教育,后一段时间让一部分升学有望的学生继续接受普通文化教育,另一部分升学无望的学生则转入职业学校接受职业技术教育。这种模式既没有在教育过程中体现普职融合的教育理念,也没有在课程设置上体现普职融合的特点。

二、主要发达国家综合高中发展模式

(一)美国综合高中发展模式

美国综合高中的诞生以1918年美国教育协会中等教育委员会发表的《中等教育的基本原则》为标志,此后的半个世纪以来,其综合高中的发展也是饱受争议。20世纪60年代之后,受"科南特报告"的影响,综合高中在美国获得了极大成功。目前,美国的高中类型虽然包括学术高中、职业或技术高中、选择性中学(如特许学校、磁石学校等),但综合高中约占美国公立学校的98%,有95%的学生在综合高中就读,综合高中已成为美国高中的绝对主流。

在综合高中内部,又分为学术科、普通科、职业科三个不同的方向,其中学术科主要为学生升入大学做准备;普通科主要发展学生的基础素养,培养学生成为良好的社会公民;职业科主要培养学生就业的知识与技能。综合高中各科之间没有明确的界限,"综合中学开设内容广泛的必修的核心课程和职业或技术方面的选修课程,这样学生在很大程度上可以自主建构个性化的知识结构和能力模式,从而在学校自然地创设了精英学术、职业技术以及普通学历这三种教育环境导向"①,便于学生在各科之间相互流动。

综合中学虽然淡化了普通教育与职业教育的界限,并通过丰富的课程架构为学生提供了多种选择,以实现学生的合理分流,促进教育公平和社会的民主化进程。但同时,综合高中也引起了人们对教育公平和教育质量问题的关注。一方面,大量的研究指出,分化的课程对学生产生了不同影响,"学术科加速了学生成功的可能,而职业科则减缓了学生成功的速度"②;另一方面,许多研究发现,综合高中存在课程泛滥与质量低下的严重问题,如美国文凭项目(The American diploma project)的调查发现,"近40%的高中毕业生没有为升学或就业做好准备"③;美国制造商协会(National Association of Manufacturers)的调查显示,"55%的雇主认为学校在培养学生的工作能力上无能为力"④。

针对综合高中发展中存在的课程泛滥、教育质量不高等问题,一方面,美国各州都制定了职业教育课程纲要,加强了职业教育与普通教育的融合,将职业教育贯穿于学生学习的全过程。以密歇根州为例,为了使学生具有良好的职业道德精神、团队合作能力、解决问题能力、批判性思维能力、技术素养和持续学习的愿望,密歇根州立法机构通过了密歇根职业发展模式(The Michigan Career Development Model),旨在为K-12年级的所有学生提供必要的知识和技能,使他们在将来的职业选择和终身学习中获得成功。其中11—12年级的职业目标主要包括:吸引学生加入17个职业集群、确定职业路径、积累职业知识、参与校外活动、确定毕业后的计划、学习职业知识、修订教育发展计划、完善资料等;另一方面,美国通过《2000年目标:美国教育法》、《不让一个孩子掉队》法案、《改进美国高中的行动议程》、"重新设计高中"项目等,重新规划了高中的结构与功能、课程

---

① 李其龙,张德伟.普通高中教育发展国际比较研究[M].北京:教育科学出版社,2008:51.
② Maureen Hallinan & Warren Kubitschek. Curriculum differentiation and high school achievement[J], Social Psychology of education.1999.(3):41-62.
③ Ready or Not: Creating a high school diploma that counts, The American diploma project, 2004. http://www.achieve.org/dstore.nsf/lookup/ADPreport/$ file/ADPreport.pdf.2010/2/13.
④ 2005 Sikll Gap Report: A survey of the American manufacturing workforce, Delitte development LLC, 2005. http://www.nam.org/s_nam/bin.asp? CID=89&DID=235731&DOC=file.pdf.2010/4/21.

与教学,将学生的个性化学习与职业探索、升学有机结合起来,确保每一个学生在毕业时都具有良好的素质,能为大学的学习、有质量的就业和未来有意义的生活做好准备。如布朗克斯科学高中(Bronx High School of Science)作为美国最著名的重点高中之一,致力于为具有独特天赋和才华的学生提供教育。学校采取严格的小班教学,以每班12人为限。学生除了学习英语、数学、第二语言、全球历史、美国历史、生物、化学、物理等课程外,还开设了荣誉课程、AP课程(美国大学预修课程)以及大量的选修课程,以便于学生学习更为高深的知识,发展多方面的兴趣。以数学和计算机科学选修课程为例,学校开设的课程主要包括AP计算机科学、游戏和应用开发、AP统计、荣誉代数2、荣誉微积分、AP微积分AB、AP微积分BC、多变量微积分、线性代数与微积分方程、数学小组、算法、博弈论等。此外,学校还组织有才华的学生参加"解决未来疑难""思维探索"和"名著阅读"等全国性项目,以进一步挑战自我,发展自我潜能。奥基莫斯高中(Okemos High School)作为一所多民族学校,在1400余名学生中,有7.5%的黑人,2.7%的西班牙裔,14.1%的亚裔,大约有8.9%的学生为贫困学生,但是学校依然以卓越的教育而著称,为学生提供了严格的学术课程和大量的体育、艺术活动。

(二)英国综合高中发展模式

英国长期以来实行普职分离的"双轨制",在1944年《教育法》中,英国把中学分为文法中学、技术中学和现代中学三类,其中文法中学以学术教育为主,而技术中学和现代中学以职业技术教育为主。为了消除阶级差别,促进教育公平与社会融合,在工党的推动下,英国在1976年颁布了《综合高中设置促进法》,在民主和平等力量的感召下,综合中学得到快速发展,与此同时,技术中学和现代中学数量大大减少。据统计,在1980年,英国的综合高中已有3000余所,"各公立学校学生占全部公立学校就读学生的比例,综合中学为85.7%,技术中学和现代中学占不到1%"。[1]目前,英格兰地区有85%以上的学生就读于综合高中,威

---

[1] 李其龙,张德伟.普通高中教育发展国际比较研究[M].北京:教育科学出版社,2008:76.

尔士地区有99%的学生就读于综合高中。

英国综合高中大多采取非选拔性招生方式,对学生的入学没有特殊要求,但在不同学段,学生的学习存在较大差异,在第四学级(10—11年级),英国2008年的课程标准规定了公民、英语、信息技术、数学、体育、科学和宗教7门核心课程,用以保证所有学生都获得一般发展。除此之外,"还设置了艺术类、设计和技术、人文、语言类多门选修课程,合计有50多门GCSE课程(包括学术的和职业的)。学校可以根据自身实际来设定除核心课程之外的选修课程。"[1]第五学级(12—13年级)的录取主要依据学生的GCSE成绩,不同的学校和学科对学生GCSE的科目和成绩要求不同。在第五学级全部采用选修的方式,学生可以根据自己的兴趣、爱好选择不同类型、不同层次的课程,以获得17个学科文凭(具体包括:信息技术,社会、健康与发展,工程学,创意与媒体,建筑与建筑环境,建筑与陆地研究,制造和产品设计,美容美发,企业管理与金融,酒店管理,公共服务,运动与休闲,零售业,旅行,人文与社会科学,语言与国际交流,科学)中的任意一种或几种,以满足自己发展的需要。

英国综合高中虽然将"全人"作为自己的培养目标,但是实践中由于受"人人享受文法教育"理念的影响,综合高中在目标定位、课程设置和教学管理中都存在着追随文法学校的倾向,因此,诸如丹尼斯·劳顿(Dennis Lawton)、杰弗里丹尼斯·沃福德(Walford)等学者所批评的,综合高中在表面上倡导和维护教育平等,但实际上并未摆脱精英教育的阴影。"综合中学的形成并没有改变英国精英教育意识浓厚、职业教育地位尴尬的局面,也不能满足学生的多样化需求,最终导致学生学业的失败。"[2]基于此,英国政府推行了特色学校计划,主要围绕艺术、商业和企业、工程、人文学科、语言、数学和信息处理技术、音乐、技术、体育、科技10个领域展开,以满足不同学生的学习兴趣和学习需求,形成了独具特色的英国中等教育体系。以伦敦的伯纳文特天主教综合高中(Bonaventure's School)为例,

---

[1] 綦春霞.英国高中课程设置及其启示[J].中国教育学刊,2012(5):8-12.
[2] 常宝宁,高绣叶.英国特色学校发展的绩效与启示[J].比较教育研究,2012(3):57-61.

"学校以科学技术教育为中心,通过与工业界和社区的紧密联系,逐步形成了一个创新的课程体系和职业教育计划,学校开设了包括与英国商业与教育技术委员会(BTEC)颁发的毕业证书、BTEC学位证书和KS4相关的课程体系,学生可以根据个人兴趣选择包括历史、地理、音乐、美术、戏剧、资讯科技、体育、商业研究、BTEC音乐和传媒、DIDA(数字应用)等在内的相关课程,逐步形成了以科技为特征的个性化的课程体系。"[1]

(三)日本综合高中发展模式

日本自1994年开始创办综合高中(又称第三学科,综合学科高中),也是将综合高中定位于普通高中和职业高中之外的第三选择。综合高中主要是为学术和职业分化不明确的学生提供一种适性选择的机会。日本政府也高度重视综合高中的发展,将其视为高中教育改革的"先锋",提出每个高中学区范围内应至少设立一所综合高中,要使综合高中发展至1000—2000所的目标。"由于职业高中数目过多,以及低升学率普通高中陷入招生难等困境,地方政府面临高中教育全面改组和整合问题。综合学科高中成为了解决这一问题的重要途径。各都道府县一方面通过整合、合并、撤销等方式削减高中数量,另一方面将一些学校改组为综合学科高中及学分制高中等"[2],大力推动了综合高中在日本的发展。据统计,从1994年到2010年期间,日本综合高中从7所增长到349所,增长了近50倍。"虽说离所谓的短期目标(全国500学区各设一所学校)和长期目标(学生数达高中学生总数的60%)还很远"[3],但是日本综合高中的发展,尤其是近年来在高中学校和学生总数都持续减少的情况下,综合高中的学校数和学生数都保持了稳步增长的态势(见表3-3)。"截至2018年,日本共设有综合学科高中375所,占高中总数的5.6%;其中国立学校有2所,公立学校有349所,私立学校有24所。

---

[1] 常宝宁,高绣叶.英国特色学校发展的绩效与启示[J].比较教育研究,2012(3):57-61.
[2] 金红莲.日本综合学科高中的改革动因及实施过程研究[J].海南师范大学学报(社会科学版),2019(6):89-94.
[3] 陆素菊.九十年代日本中等职业教育的改革动向及其启示[J].华东师范大学学报(教育科学版),2002(4):48-54.

从学生人数来看,综合学科高中共计17.3万人,占高中学生总数的5.3%。"[1]

日本综合高中,一方面强调将课堂学习与实践体验有机结合起来,以增强学生的主体意识,培养学生学习的乐趣;另一方面强调将未来职业的选择纳入学生的综合性学习,以激发学生学习的积极性和主动性,增强学生对未来出路的自觉选择,培养学生的社会适应能力。综合高中通过多元的课程体系、灵活的管理方式和富有成效的选择指导,打破了日本长期以来普通教育与职业教育分离的格局,构建了普职融合的教育发展新体系。与此同时,为了拓展学生学习领域,日本综合高中积极推行"学分互认"制度建设,允许学生跨校选修,以实现教育资源共享和学科的优势互补。"根据《关于高中教育改革推进的调查研究》(2013年度)调研结果,在综合高中校外修读课程学分认定中,实施校际间学分互认的学校有21所,占10%;实施学生在大学、高等专门学校、专门学校、社会教育机构等修得的学分经所在学校审核通过后予以学分认定的学校有45所,占21.5%;实施对取得各类技能审查成绩与资格计入学分的学校有123所,占58.9%;实施对学生在校外参加志愿者活动取得的成绩与资格予以学分认定的学校有38所,占18.2%;实施对企业实习成绩予以学分认定的学校有42所,占19.6%。"[2]

表3-3 日本综合高中发展概况

项目 年份	综合高中数（所）	高中学校总数（所）	综合高中学校所占比重（%）	综合高中学生数（人）	高中学生总数（人）	综合高中学生所占比例（%）
1994	7	5479	0.13	—	—	—
2000	144	5506	2.62	73904	4347311	1.7
2001	163	5505	2.96	85037	4251888	2.0
2002	186	5507	3.38	94793	4121444	2.3
2003	218	5488	3.97	111998	3999933	2.8
2004	249	5476	4.55	124826	3900833	3.2

[1] 金红莲.日本综合学科高中的改革动因及实施过程研究[J].海南师范大学学报(社会科学版),2019(6):89-94.
[2] 李润华.综合高中:日本高中普职融通模式研究[J].外国中小学教育,2016(3):33-38.

续表

年份\项目	综合高中数（所）	高中学校总数（所）	综合高中学校所占比重(%)	综合高中学生数（人）	高中学生总数（人）	综合高中学生所占比例(%)
2005	286	5477	5.22	143972	3788760	3.8
2006	301	5452	5.52	154435	3677030	4.2
2007	322	5383	5.98	161512	3589156	4.5
2008	334	5323	6.27	166886	3550768	4.7
2009	344	5270	6.53	176671	3533423	5.0
2010	349	5116	6.82	181368	3556231	5.1

三、影响综合高中发展模式的要素

早在20世纪60年代，科南特就认为，综合中学与单独设立的职业中学或与专门化的文理科中学都不同，它把升学和就业的各种职能集中于同一教育机构，按照社区内所有青年对教育的不同需求，开设多种课程，具有为所有的未来公民提供普通教育；为准备就业的学生开设良好的选修课程，使他们学到谋生技能；为准备升学的学生开设专门的高级文理课程的三重功能。然而，由于历史文化的差异和教育体制的不同，以及综合高中自身的复杂性，综合高中在各国之间存在较大的差异。

我国自20世纪20年代伊始就开始了综合高中发展的相关探索，但是从综合高中的本质特点来看，无论是20世纪二三十年代，还是20世纪80年代以来我国综合高中的发展，在普通教育与职业教育相互融合、相互渗透上还不够，课程的综合性、多样性与选择性也不到位，尤其是受"两种学籍制度，两种管理制度"的限制，普通高中与职业高中课程设置差异较大，不同学籍的学生在学分互认、相互流动过程中都存在较大障碍，往往使得教育结构刚性有余，弹性不足。因此，从严格意义上来说，我国的综合高中只是具备了综合高中的形态，在很大程度上还不是完全意义上的综合高中。但是，作为一种新的办学模式，我国综合高中也在不断地探索和发展,并形成了自身的特色,借此来保障和促进其发展。

(一)狭隘的思想观念

普通教育与职业教育作为两种不同类型的教育,两者之间并不存在绝对的界限。"因为普通教育和专业教育的宗旨都是全面地发展社会主义的人,它们彼此互相配合,互相充实。普通教育的水平越高,掌握专业教育的前提条件就越有利;反过来,良好的专业教育能促进普通教育的深入和发展。"[1]联合国教科文组织在《学会生存——教育世界的今天和明天》中也指出,"普通教育要真正成为普通的教育,那就必须发展技术教育"[2],不仅让学生接触这些概念和思想,而且使他们理解成人工作世界的变化,并经常把学习与社会生活结合起来。黄炎培先生在其"大职业教育主义"观念中也提出,办职业教育必须要联络和沟通所有的教育界和职业界,在各级各类教育中开展职业教育。如果把职业教育理解为一种专门职业的技能训练,"它将会牺牲使职业在理智上有益处的敏感的观察和紧凑、机灵的计划等特性"[3],损害儿童现在发展的可能性,削弱儿童对将来适当职业的充分准备。

然而,近年来,随着普通高中与职业高中在目标定位、教育内容、学生出路选择等方面的差异,人们往往将普通教育只限于传统科目,将职业教育等同于某种专门职业的技能训练,造成了普通教育与职业教育的分离,形成了普职二元结构。更重要的是,随着高中教育的全面普及和高等教育招生规模的不断扩大,受"君子劳心,小人尚力""劳心者治人,劳力者治于人"等思想观念的影响,我国高中教育普遍存在重学术教育轻职业教育、重理论学习轻实践体验的倾向,对职业教育仍有较强的歧视,往往把职业教育视为"劣质教育""失败者的教育",与学生学习成绩差、学习能力不强相联系,致使职业教育生源质量下降,社会认可度偏低。有调查显示,"只有不到5%的家长希望孩子到中、高职学校学习,只有

---

[1] B.C.列德涅夫.普通中等教育内容结构问题[M].诸惠芳,余方,译.北京:人民教育出版社,1984:52.
[2] 联合国教科文组织国际教育发展委员会.学会生存——教育世界的今天和明天[M].北京:教育科学出版社,1996:237.
[3] 约翰·杜威.民主主义与教育[M].王承绪,译.北京:人民教育出版社,1990:326.

10.5%的学生愿意到中、高职学校接受职业教育。"[1]综合高中虽然强调融普通教育与职业教育为一体,但是由于学校属性不明晰,办学目标不具体,往往在人们心中成为"不伦不类"的"第三种选择"。

(二)片面化的教育理念

在约翰·W.加德纳看来,一所学校之所以称之为综合中学,"是因为它在统一的行政管理和同一的校舍(或校舍楼群)中,为所在市镇或居住区的全体中学适龄儿童提供中学教育。它既负责教育可能成为原子科学家的男孩,同时也教育可能在18岁时就结婚的女孩;既负责教育未来的船长,也教育未来的工业界巨头;既教育聪明的儿童,也教育不大聪明的、但是有着各种不同职业与专业志趣和形形色色学习动机的儿童。"[2]由此看来,综合高中就是要满足不同学生的发展需要,为不同性向的学生施行良好的适当的教育。因此,按照加德纳的理解,综合高中的综合,不仅包括学生的综合,还包括培养目标的综合、师资设备的综合等。我国台湾学者黄政杰也把综合高中的综合主要归纳为课程综合、学生综合、师资综合、设施综合和进路综合五部分。尽管对综合高中的判定标准存在差异,但是实现普通教育与职业教育的等值与融合既是综合高中的本质要求,也是综合高中区别于功能单一的升学预备型高中与就业预备型高中的最明显特征。

我国综合高中的发展打破了长期以来形成的普职分离的壁垒,既满足了因中考无望而一心想进入普通高中的学生的愿望,使他们获得1—2年学习普通高中文化课的机会,也迎合了普通高中部分学生因高考无望而厌学、辍学的现象,使他们有机会学习一定的职业知识和职业技能,做到即使榜上无名,也能脚下有路,为他们将来的就业奠定基础,从而使我国中等教育从普职分离逐渐向普职融合转化。然而,不可否认的是,目前我国综合高中在普通教育与职业教育的相互融合上依然具有浓厚的形式化色彩。首先,从培养目标来看,综合高中实际上依

---

[1] 陈颖.我国中等职业教育发展的历史脉络与现实困境[J].教育经济评论,2018(7):91-108.
[2] 科南特.科南特教育论著选[M].陈友松,译.北京:人民教育出版社,1988:26-27.

然摆脱不了为升学教育作准备的职能,职业教育仅服务于那些经"二次选拔"升学无望的学生,甚至对这些学生的职业教育在一定程度上也演化为职业培训;其次,从学生生源来看,综合高中的学生基本都是中考的"失败者",基础知识不扎实、基本能力相对比较薄弱;再次,从课程设置来看,综合高中的普职类课程依旧泾渭分明,普职融合在课程设置上具体体现为普通文化课程与职业技术课程的简单叠加,缺乏真正将普通教育与职业教育融为一体且要求每一个高中生必须学习的"共同核心课程";最后,目前综合高中的师资、设备等都还无法满足普职融合教育的需要。种种迹象表明,当下我国综合高中所谓的普职融合在很大程度上还停留在表面上,只是具备了初步形态,还不具备实质性特征。

(三)分割的教育管理体制

综合高中由于延缓分化、多元选择的本质属性决定了其课程设置、学生管理、教师配置等方面既不同于普通高中,也有别于中等职业学校;既要满足部分有升学意愿学生的学习需求,也要顾及部分有就业意愿学生的技能发展。

综合高中在教育管理中虽然具有独特性,但我国中等教育阶段实行的是普职分离的"双轨制",普通高中隶属基础教育司(下设普通高中教育处),职业高中(中等职业学校)隶属职业教育与成人教育司。基础教育司主要负责制定普通高中教育的人才培养目标、办学标准、课程规划及其相关发展政策;而职业教育与成人教育司具体负责中等职业教育和高等职业教育的发展。与之相对应的,各省市的教育主管部门依次通过基础教育处(科)、职业教育与成人教育处(科)负责各自的工作。这种条块分割的教育管理体制由于在职能、分工、管理等方面的差异,就人为地将学生分为不同的类别,形成了彼此分割、互不融通的招生管理、学籍管理、课程设置、教育投入机制。以教育投入为例,高中教育经费虽然是国家、社会、个人多元分担的教育投入机制,但政府投入依然占据着支配性的地位,即便在同一地区,由于普通高中、综合高中、中等职业学校在办学定位、课程设置、教学实践等方面的差异,在教育经费投入上也存在较大差别。目前,教育部对普通高中与中等职业学校生均教育经费的拨付都有明确的规章制度。在具体落实上,以江苏省为例,其于2010年和2012年印发的《关于建立健全中等职业教育经费保障机制的通知》和《关于建立健全普通高中经费保障机制的通知》中明确规定,普通高中年生均公用经费财政拨款标准分地区,其中苏南地区不低于1000元,苏中地区不低于900元,苏北地区不低于800元;公办中等职业学校年生均财政拨款基本标准提高到6000元(含免学费补助),其中生均公用经费拨款基本标准不低于1000元,而综合高中则由于定位模糊,长期以来一直存在严重的办学经费短缺问题,致使课程设置严重滞后,教学设施得不到改善,师资队伍不能有效补充等,严重影响了综合高中的深入发展。

(四)单一化的课程设置

高中阶段是学生个性形成、自主发展的关键时期。高中教育的根本目的"在于使人日臻完善;使他的人格丰富多彩,表达方式复杂多样;使他作为一个人,作为一个家庭和社会成员,作为一个公民和生产者、技术发明者和有创造性的理想家,来承担各种不同的责任。"[1]而课程是教育思想和教育观念的直接体现,是实现培养目标和提高人才培养质量的关键。因此,高中阶段必须通过设置丰富性、多样化的课程体系,使"每一位学生都能找到适合自己学习的课程门类,都能找到自己感兴趣的学习科目,这为学生的选择和个性发展提供了广阔的空间。"[2]基于各自办学模式上的考虑,我国综合高中在课程设置上各不相同,既注重了学生普通文化课程的学习,也为不同性向、不同能力的学生开设了具有升学导向或就业导向的课程,以便学生根据自己的意向做出相应选择。这种差别主要表现在学生分流时间和分流专业上,比如,有些学校采用"2+1"模式,有些学校采用"1+2"模式;有些是校内分流,有些是校际分流,而且分流后的专业各不相同,等等。尽管综合高中的课程在设置上过于依赖普通高中课程方案,但它打破了普通教

---

[1] 联合国教科文组织国际教育发展委员会.学会生存——教育世界的今天和明天[M].北京:教育科学出版社,1996:2.
[2] 杨明全.美国高中课程多样化个案研究[J].教育学报,2013(4):37-43.

育和职业教育自成体系、各自为政、泾渭分明的现状,既致力于使学生获得扎实的基础知识和基本技能,又致力于为学生的升学或就业作准备,初步构建了重基础、有层次、多样化的课程结构。

然而,从本质上来讲,我国综合高中的课程设置并没有摆脱"双轨制"的束缚,职业教育主要以就业预备教育为主,过于注重专业知识和专业技能的学习,对普通文化课程的学习重视不够,导致学生很难适应快速变化的社会对不同岗位的需求。普通教育主要以升学预备教育为主,学校完全遵循"考什么,开什么"的基本原则,课程往往沦为为考试服务的工具,所有普通高中基本都设置"同一类型"的课程,执行"同一化"的教学,完全实施"无差别的教育",造就同一化的、无个性的人。可见,在一定程度上,我们的课程"不要把所有孩子都限死在统一的文化中,好像他们将来注定要过同一种生活似的"[1]。这种高度分层、高度统一的课程设置不仅"预先假定并使教师和教学内容之间僵硬的等级制度合法化"[2],也没有考虑各种不同个性、气质、期望和才能学生的学习需求。

(五)被动性的学生分流

卢梭认为,"一个人一旦达到有理智的年龄,可以自行判断维护自己生存的适当方法时,他就从这时候起成为自己的主人。"[3]这种自行判断本质上就是自我选择的过程。传统上,由于种种条件的制约,人们往往将学生的考试分数作为学生分流的唯一依据,这种做法既不科学,也不合理,更不符合现代教育的基本理念。因为"未来的学校必须把教育的对象变成自己教育自己的主体。受教育的人必须成为教育他自己的人;别人的教育必须成为这个人自己的教育……它(教育)已不再是从外部强加在学习者身上的东西,也不是强加在别的人身上的东西。教育必然是从学习者本人出发的。"[4]

---

[1] 埃米尔·涂尔干.社会分工论[M].渠东,译.上海:三联书店,2000:5.
[2] 麦克·扬.未来的课程[M].谢维和,王晓阳,译.上海:华东师范大学出版社,2003:21.
[3] 卢梭.社会契约论[M].何兆武,译.北京:商务印书馆,2008:5.
[4] 联合国教科文组织国际教育发展委员会.学会生存——教育世界的今天和明天[M].北京:教育科学出版社,1996:200-201.

我国在中等教育阶段实行的是"两种学籍制度,两种管理制度"。虽然从理论和政策层面允许普通高中的学生转入职业高中,但事实上,由于两类学校在课程上的巨大差别,再加上外在条件的影响,这种流动是很难实现的。综合高中的产生和发展,既为学生提供了多样化的课程,也允许学生在学习一段时间的普通文化课之后,根据自己的意愿选择职业类课程或者转入职业高中继续学习,一些地方也在尝试建立普通高中和职业高中的学分互认机制,以便为学生的相互流动创造条件。因此,相对以往并非"一考定终身"却胜似"一考定终身"的中等教育入学招生考试方式与教育管理模式,综合高中已经赋予了学生相对的自由选择权,在整个高中教育改革与发展中迈出了一大步,使学生的分流趋向合理。

有研究认为,"美国综合中学之所以能发挥自由、民主、多元、弹性的精神,最重要的因素就是学生辅导必须要加强。"[1]然而,我国综合高中对学生的辅导教育,尤其是生涯辅导教育重视不够。这与我国综合高中学生的选择权有关。仅仅就分流方式而言,我国综合高中依然没有摆脱以考试选拔为主的被动分流,分流方式过度依赖于学生的学习成绩,与综合高中所倡导的"改变机构分流为课程分流、校际分流为校内分流,在为所有学生提供共同教育的基础上,同时开设升学导向课程和就业导向课程的高级中等学校,通过统整、试探、分化等历程,帮助学生选择适性的课程,建立个别化的课程计划,进而发挥教育效果,提升教育质量,促进教育民主,以达到延缓分化、适性发展的目的"[2]还相去甚远。

(六)"同一性"的办学模式

社会的发展和科技的进步,推动着人才队伍的结构性变化。随着我国社会经济与文化的发展,传统的"双轨制"教育弊端已经逐渐显现,且很难适应现代社会对人的多样化需求,引发人们越来越多的批评和指责。基于此,通过优化重组,探索具有自身特色的、开放灵活的综合高中办学模式成为我国各地中等教育

---

[1] 李然尧.美英综合高中之研究及其对实施综合高中之启示[D].台北:台湾师范大学,1998:376.
[2] 常宝宁.我国综合高中的发展及其课程结构设计研究[D].北京:北京师范大学,2012.

改革与发展的重点。

从我国综合高中的发展历程可以看出,经过多年的探索,我国综合高中逐步形成了办学模式多样化的格局,主要表现在:一是学校类型方面,既有以普通高中为主来发展综合高中的,也有以职业高中为主来发展综合高中的,还有通过普通高中和职业高中的联合办学来发展综合高中的。二是学制方面,虽然大部分学校的学制均为三年,但也有部分学校实行了"2+2""2.5+1"的制度。即使在实行三年制的学校,彼此之间又有差异,既有"二一分段、高三分流"模式,也有"一年整合,二年分流"模式,还有"三年一贯,逐步渗透"模式、"双轨制"模式、"双证书"模式等。三是课程设置方面,尽管大部分综合高中的课程设置采用了普通高中和职业高中课程简单叠加的方式,但是其中结构和做法各具特色,主要表现为各校在开设职业类课程时的类型不同、层次不同、重点不同。一些学校只开设了简单的学生生涯发展规划类课程,一些学校的学生则要转入职业高中相应的专业,接受系统的专业学习和考核。

我国综合高中办学模式形式上的多样化与灵活性并没有从根本上改变其同一性的内在属性。尤其是受传统文化的影响和人们对高学历的追求,"加之高校的持续扩招,'普高热'已悄然而生,越来越多的人想搭普高这趟快车。"[1]综合高中依然没有摆脱长期以来形成的"唯升学化"的教育观念和"唯分数论"的分流方式,在很大程度上只是为那些暂时搭不上普通高中这趟快车的人提供了一种可能,并尽可能使他们通过一定时间的学习进入普通高中的行列,从而继续为他们的升学作准备。如何赋予职业高中和普通高中同等的社会地位,在为所有学生提供共同基础教育的前提下,根据学生的性向,提供灵活、多样的教育体系,搭建人才培养的"立交桥",是我国综合高中长期追求的目标。

(七)单一的学生出路选择

综合高中集升学教育与就业教育于一体,既为具有升学倾向的学生提供普

---

[1] 罗生全,赵正,程洪明.综合高中办学模式改革探析[J].辽宁教育研究,2004(2):67-68.

通文化教育，也为具有就业倾向的学生提供职业技术教育。学生出路选择的多元性既满足了学生的学习需求，也保障了学生的多元化发展，成为欧美等发达国家中等教育的最重要类型。

我国的中等教育是在"双轨制"学校教育制度下发展的。在"双轨制"学校教育制度下，学校类型的差别往往会成为层级的差别，因为进入不同类型学校的学生会被贴上不同的标签，赋予不同的职能和意义，并在很大程度上直接决定了其今后的发展道路。更重要的是，在普职分离的"双轨制"教育制度下，受学生出路单一化的影响，学校教育要么单一地成为为高考升学服务的工具，要么单一地成为为工厂"订单式培训"的工具。其结果是，一部分普通高中的学生常常因"升学无望，就业无术，致富无能"，沦为社会的"边缘人"；职业高中的毕业生由于狭隘的专业训练只能适应静态的社会，已远远不能符合现代社会对职业流动的需求，造成了教育资源的极大浪费。在这种情况下，综合高中的出现，不仅有效弥补了"普职分离"的窘境，也为学生的出路提供了多元选择。即，通过普通文化课的学习，部分学生通过高考可进入普通高等院校继续学习，部分学生可以在高考结束后接受一定时间的职业技能培训，通过考核后获得职业技能等级证书，以满足他们就业的需要；通过普通文化课和职业技能课的学习，部分学生可以参加对口升学考试进入高等职业院校继续学习，部分学生可以在掌握相应技能的基础上直接就业，从而打破了学校"唯升学教育"与"唯就业教育"的弊端，促进了学生的多元化发展。

尽管综合高中为学生的出路提供了多元化的选择，但事实上这些选择仍受制于诸多条件，比如大部分综合高中毕业的学生不能参加对口升学考试，对口升学的比例太小等，这就迫使综合高中的学生要么准备参加普通高考，要么准备直接就业。可见，目前的制度设计还存在诸多缺陷，要想促进我国综合高中的快速发展，就必须对相应政策进行调整与修订。

第四章　综合高中课程结构设计

高中教育在整个国民教育体系中具有独特的地位和价值,它既与义务教育相衔接,是面向大众的基础教育的重要组成部分,承担着为学生终身发展奠定基础的重要使命,同时它又与高等教育和劳动力市场相衔接,不仅担负着为高等院校输送合格毕业生的历史重任,还要使部分步入社会的青少年具有就业的技能和本领。事实上,我国中等教育对学生的分流通过初中的毕业升学考试早已成形,而且从相关规定来看,国家和各省的规定都明确要求学生一般不准转专业和转学[①],这就意味着一旦进入某类学校或者职业学校中的某类专业,即使发现与自己的兴趣不相吻合,也基本没有转学和转专业的机会。这种教育从本质上来说,是通过招生考试选拔适合教育的儿童,而不是创造适合每个儿童的教育;是在限制人才,而不是培育人才。综合高中则恰好相反,通过改变机构分流为课程分流,改变被动分流为主动分流,追求民主、自由、平等的教育理念,不仅注重全人的发展的教育理念,而且培育了学生的民主精神,从而促进了学生的个性成长和社会的和谐发展。

2001年,时任教育部副部长王湛在全国基础教育课程改革实验工作会议上的讲话中指出,为了适应信息时代对人才的要求,世界上许多国家,特别是一些发达国家,无论是反思本国教育的弊病,还是对教育发展提出新的目标和要求,往往都从基础教育课程改革入手,通过改革基础教育课程,调整人才培养目标,改变人才培养模式,提高人才培养质量。这些国家都把基础教育课程改革作为

[①] 如《职业高级中学学生学籍管理暂行规定》要求"学生一般不得转专业、一般不得转学";湖南、广州、江西等省的《普通高中学生学籍管理办法》规定"中等职业教育学校(包括技工学校、职业学校、中等专业学校)学生不得转入普通高中"。

增强国力、积蓄未来国际竞争实力的战略措施并加以推行。我国也在2001年颁布了《国务院关于基础教育改革与发展的决定》(以下简称《决定》)和《基础教育课程改革纲要(试行)》(以下简称《纲要》),规划了21世纪初期我国高中教育的基本蓝图。为保证《决定》和《纲要》的顺利实施,教育部于2003年颁布了《普通高中课程方案(实验)》(以下简称《课程方案》),《课程方案》是《决定》和《纲要》在高中阶段的最直接体现,尽管《课程方案》采用了模块化的课程设计,增加了选修课程,但它是为已经经过分流的普通高中学生设计的,很少涉及职业教育的因素;至于目前强调的普职融合,更多地只是在文化课的基础上增加了部分职业类科目,既没有考虑课程内容的统整性和顺序性,也没有顾及课程结构的合理性。那么,这种课程结构是否能满足当下我国综合高中发展的需要呢?综合高中的发展还有没有制定自身课程结构的必要呢?

一、综合高中课程结构及其重要性

课程的概念,就如同课程问题一样,在不同的历史背景和不同的情景下,课程的内涵和外延可能有很大的差别。"澳大利亚课程专家史密斯(D.L. Smith)与洛瓦特(T.J. Lovat)在考察西方国家百年来一些有影响的课程改革和课程定义后发现,当经济比较繁荣时,政府和公众往往很少关注学校课程,这时课程专家有可能把重点放在学生个人的经验上,并编制各种可供选择的课程计划;而当经济不景气时,许多人都会指责学校课程,把年轻人找不到工作归咎于学校课程内容不合社会需求,这时国家往往会注重课程目标的具体性。"[①]可见,课程的目标和内容是随着社会的变化而不断变化的,反映了不同利益群体的价值需求,也是不同利益相关者之间相互博弈与妥协的结果。对课程的不同界定,反映了某种层面的哲学假设和价值取向。

对学校教育工作者来说,课程是实现教育目的最直接、最有效的方式,也是

---

① 施良方.课程理论——课程的基础、原理与问题[M].北京:教育科学出版社,1996:7-8.

选择教学内容、实施教学活动的前提和依据,并在很大程度上制约着教学内容、教学方法和教学组织形式的选择。与此同时,"课程所提出的内容和目标是教学活动的前提,但是,这只是计划中的东西,只有在教师和学生围绕着这些内容和目标展开教学活动时,课程才算付诸实施了"[①]。教育部原副部长王湛同志在全国基础教育课程改革实验工作会议上的讲话中也明确指出:"课程之所以重要,因为课程集中体现了教育思想和教育观念;课程是实施培养目标的施工蓝图;课程是组织教育教学活动的最主要的依据。综观中外教育改革,无不把课程改革放在突出位置,把课程作为提高人才培养质量的关键来加以改革和建设。"

(一)课程结构是制约综合高中发展的主要瓶颈

综合高中在我国起步晚,发展缓慢,与英美等国综合高中的形成又有很大差异。

我国综合高中就其形成来说主要有两种,第一种是由一些办学效益差、招生困难的中等职业学校改制或合并而来的。近年来,随着学生数量的减少和国民素质的不断提升,越来越多的家长都希望自己的子女能够接受高等教育,尤其是接受名牌大学的高等教育。然而,接受大学教育的基本前提是进入普通高中(职业高中只有5%的对口升学率),"进入一所好高中就等于一只脚已经跨入了一所好大学的门槛"已成为大多数家长的共识。在这种价值观的引导下,中考的重要性在某种程度上已经超越了高考,为了能使孩子进入重点高中,各种择校和应试教育在义务教育阶段肆无忌惮地蔓延,给义务教育的正常教学带来了破坏性的影响。可见,随着人们认识的提高和对教育重视程度的不断增强,中等职业学校在人们心目中的地位愈加低下,部分职业学校面临着严重的生源危机。在这种情况下,一部分职业学校通过自行改制或者与其他普通高中合并,创办了综合高中,以满足因中考失利却有强烈升学愿望的学生的需求。但是由于各种条件的限制,这类学校在高一,甚至高二的培养目标、课程设置、教学组织和教学评价

[①] 李秉德.教学论[M].北京:人民教育出版社,1991:150.

等方面完全照搬普通高中的课程标准,完全忽视了学生的知识基础和能力水平,使得基础教育阶段本来就"繁、难、偏、旧"和偏重书本知识的现状在综合高中表现得最为突出,从而进一步加重了学生厌学、辍学现象,影响了教育质量,导致学校办学效益不高。

第二种是由一些办学质量差的普通高中改制而来。这类学校由于升学率低,大部分学生会成为高考的牺牲品。为了使部分毕业生摆脱"升学无望、就业无能"的尴尬局面,学校在高三阶段为部分学生开设了职业类课程。从学校的课程结构来看,主要表现为叠加式,忽视了课程内容的统整性和顺序性;从课程内容来看,主要表现为职业技能的培训,把职业教育等同于某种技能培训,严重扭曲了职业教育的本质与内涵;从教学实施的过程来看,这类学校往往在教学设施、专业师资等方面都存在缺陷,严重影响了职业类课程的教学。

尽管我国在1983年就提出了"双重任务说",近年来,加强普职融通,构建人才培养"立交桥"的呼声日益高涨,应该说,这些倡导既是基于对国际国内形势所做出的正确判断,也是世界中等教育发展的必然结果。正如奥尔森所认为的,"政府的基本服务只有通过强制才能被提供……组织为获取共同物品或收益而工作,国家只是组织的一个特殊形态。"[1]因此,在缺乏制度约束的条件下,对每一所学校、每一位学生来说,他们都是理性人,都会基于自身利益最大化的考虑,遵循"考什么、教什么、学什么"的基本原则,至于职业教育的课程则往往沦为表面化、形式化。因此,如何将普职融合的教育理念渗透到综合高中的课程中,构建与学生需要、兴趣和个性发展相吻合的课程结构,已成为制约综合高中发展的首要因素和最主要原因。

(二)综合高中的发展要以课程结构的构建为突破口

有学者认为,"不论时代需要一种什么样的教育,也不论教育家们如何阐发

---

[1] 曼瑟尔·奥尔森.集体行动的逻辑[M].陈郁等,译.上海:格致出版社,1995:121.

他们的教育主张,它都必须回答:教什么?"[①]而"教什么"是在遵循课程目标和课程内容的前提下进行的,或者说,学校的教育目标和教育内容主要是通过课程来体现的,因此,加快构建符合素质教育要求的新的基础教育课程体系,是整个基础教育改革的核心内容,也是促进素质教育取得突破性进展的关键环节和核心问题。作为基础教育中的最后一个关键环节,高中教育是学生个性形成、自主发展的关键时期,高中教育的改革和发展自然要以课程改革为核心内容。综合高中要突出其特色,就必须要建立与其发展相适应的课程结构,也只有构建多样化的、多层次的、灵活的课程结构,才能达到普职融合、延缓分化、多元选择与适性发展的目的。

1.课程设置是教育目的的具体化

课程设置是在一定的教育目标和教育理念指导下,依据学校的类型和性质,合理选择各种课程类型和不同课程类型在整个课程结构中的比重的过程。课程设置"既考虑了国家的意志和社会的需要,也考虑了学生自身的发展需要,比如学生的天赋、学生的兴趣、学生的认知特点等。"[②]对于综合高中来说,其独特的本质特点决定了在课程设置上它既不同于普通高中,也不同于职业高中,而是要将职业教育和普通教育相融合、必修课程和选修课程相结合,加强核心科目的学习。在普通教育中渗透职业教育,在职业教育中加强普通教育;使"必修"中有选择,"选修"中有规范、有质量,以满足不同层次学生的学习需求,为学生的多元化选择提供可能。这就需要重新调整课程结构,打破目前课程结构单一、学科体系封闭、科目缺乏选择等现象,构建重基础的、多样化的、有层次的、综合性的课程结构,精选对学生终身发展有重要意义的内容进入课程,不仅要满足学生个性发展的需要,也要体现综合高中的本质内涵,是综合高中的办学目标和学校的培养目标在学校层面的具体体现。

---

① 刘旭东.现代课程的价值取向研究[M].兰州:甘肃教育出版社,2002:127.
② 王嘉毅.课程与教学设计[M].北京:高等教育出版社,2007:12.

2.课程是学校教育教学活动的中枢

如果说哥白尼曾把太阳看作宇宙的中心,杜威把儿童视为学校教育教学活动的中心,那么我们就可以将学校的课程看作是学校教育教学活动得以开展的中枢。在课程结构形成以前,教育工作者往往依据当代社会生活、学生的需求和学科专家的建议来确定培养目标,选择课程内容,但是在课程形成之后,就成为教育教学活动中最具有实质性的东西。不仅对学校教育教学活动的开展起着指导性的作用,而且在很大程度上制约和规范着学校的教育教学活动,是学校教育教学活动得以开展的基本依据和具体体现。因此,课程结构的构建在很大程度上直接制约着学校教育目标的实施。综合高中作为一种新兴的学校类型,体现的是延缓分化、普职融合、适性发展的基本思想,不仅要求课程结构具有足够的灵活性,为学生的多元选择和自主选择提供可能,同时要求课程要具有统整性与多样性,只有灵活多样的课程结构,才能保证教学的多样性,也才能开展丰富多彩的教学活动,为不同层次、不同兴趣、不同需要的学生发展服务。

3.课程实施是实现教育目标的最主要途径

在我国基础教育阶段,占主导地位的教育文化是"考试文化",由此导致的结果是,"每一阶段教育的任务都是为下一阶段做准备,并最终为升大学做准备。241年前,卢梭曾把只为将来做准备的教育愤怒地斥为'野蛮的教育'。"[1]综合高中的发展从理念和课程设置上已经打破了这种"考试文化"的限定,为不同兴趣、不同需要的学生设置了个性化的课程方案。然而,课程方案的设置只是达到教育目标的蓝图,这一蓝图能否实现关键还在于课程的实施。因此,在一定程度上来说,课程实施比课程设置更为重要。诚如富兰所认为的25/75规则,"解决方案的25%是好的指导性理念;75%则是确定如何在各地逐一实施这一理念。"[2]古德莱得(J.I.Goodlad)也认为,"改革很多时候被视为失败,其实不然,因为它们

---

[1] 钟启泉,崔允漷,吴刚平.普通高中新课程方案导读[M].上海:华东师范大学出版社,2003:62.
[2] 迈克尔·富兰.教育变革新意义[M].赵中建等,译.北京:教育科学出版社,2005:291.

从来就未得到实施。"[1]可见,"许多重大的课程改革之所以总是'轰轰烈烈开幕,凄凄惨惨收场',其主要原因在于这些改革的倡导者过多地沉迷于描绘改革的理想蓝图,过度关注课程方案的设计是否科学,很少关心课程改革在现实中遭遇的问题,很少关注课程实施过程,从而使得许多改革方案并未在教育实践中得到广泛采用,运作的程度也不够理想,课程方案中的许多因素根本就没有实施,或者在实施中走了样。"[2]可见,综合高中的发展不仅仅是要设计出理想的课程结构,而且要确保理想的课程在学校层面得到最大程度的实施。因此,多样化的、有层次的、综合性的课程结构在教育教学中的落实,是保障学生延缓分化、自主分流、适性发展的前提,也是培养学生健全人格和民主精神的前提。也就是说,综合高中的发展,首要的是要关注其独特的课程结构及其在学校层面的落实。

二、我国综合高中现行课程结构分析

既然综合高中的课程结构对综合高中的发展起着决定性的作用,那么,我国现阶段综合高中的课程结构是否能够满足综合高中的发展需要呢? 如果不能,又存在着什么问题呢?

(一)我国综合高中课程结构的现状

近年来,虽然各级政府和学校都从不同的角度探索了综合高中的发展模式,但是由于缺乏综合高中课程设置的相关政策文件,各地、各学校在综合高中的课程设置中都存在着很大的差异。我们通过对我国30余所综合高中的相关调查(约占我国综合高中总数的6%—7.5%),初步将我国综合高中在课程设置方面的情况分为以下几类。

1.初步融合模式

初步融合模式是指在进行普通文化课教育的同时,将职业技术教育的内容

---

[1] P.W.Jackson.Handbook of Research on Curriculum[M].New York:Macmillan Publishing Company.1992:403.
[2] 钟启泉.课程与教学概论[M].上海:华东师范大学出版社,2003:114.

穿插在普通文化课之中,普通文化课和职业技术课的教学是同步发生的。普通文化教育和职业技术教育相互结合、相互促进。目前,山西风陵渡中学、北京市第一六五中学等学校基本采用这种模式。

案例4—1　风陵渡中学课程设置

风陵渡中学在遵循《运城市普通高中新课程实验工作方案(试行)》的基础上,按照市里统一要求,在高一、高二阶段开设的基本都是必修课程。需要说明的是,这些必修课程(限制性选修课)在全市,甚至全省都是高度统一的。风陵渡中学课程设置的特色主要表现在以下几方面。

(1)将普通文化课程与农科教课程相结合。在课程设置上主要表现在:在高一重点开设了《农作物育种》《苹果树栽培》《家禽家畜饲养》等一般劳技课程,每周一课时,作为风陵渡中学的必修课程;高二开设了《果树管理》《农副产品的贮藏与加工》《电脑》等技术层次较高的课程,每周两课时;高三侧重于职业培训,使学生毕业时除掌握一般劳动技术外,还掌握1—2门实用技术。

(2)设置特长课。学校为了适应学生的个性差异,满足学生的多样化发展,每天设有一课时的特长课,专门用于满足学生特长的发展,主要涉及书法、绘画、音乐、体育等方面。

(3)学科拓展教学。语文、数学、英语、物理、化学等学科的老师除完成日常的教学任务外,每位学科教师每周都还要完成一节相关学科的渗透性的内容(学校实行的是6天制),其内容侧重于普通教育与职业教育的融合,以拓宽学生的基础,增强学生学习的实效性。

案例4—2　北京市第一六五中学的课程设置

北京市第一六五中学的普职融通课程结构是与北京国际职业教育学校共同开设的,主要通过普通高中的综合实践活动课、校本选修课、教育主题活动等多个平台,为学生提供职业指导、职业体验、职业研究等多类课程(见表4-1)。

学校的课程开设主要围绕"如何选择适合自己的职业和专业"这一主题完成了多项活动课程,主要包括自我认知活动("我的成就故事""职业理想大拍卖"等)、职场探索活动("听职教老师讲座""一日职业体验"等);人生规划活动("制定人生规划书")、研究性学习活动("如何选择适合自己的职业")等。这些活动的开展不仅有助于学生了解社会分工、形成比较明确的职业意识,根据自身特点和兴趣,作出初步的职业选择;也促进了学生学习态度与习惯的改进;更增强了学生参与社会活动的人际交往能力。

表4-1 北京市第一六五中学普职融通课程结构

课程平台		第一学期	第二学期
综合实践活动课	研究性学习	主题:如何选择适合自己的职业和专业	
	社区服务	一日职业体验(寒假)	-
	社会实践	-	职教实训基地体验
校本课程		生涯指导	生涯规划
		了解职业(北国职授课)	金融实务(北国职授课)
			旅游地理(北国职授课)
教育、活动		双语导游职业体验 走进博物馆系列(地质、自然、科技馆等) 培养翱翔学员 礼仪标兵 学习节期间读一本职场人物传记	

这种模式从本质上讲是将职业技术类课程穿插在普通文化课之中,但是鉴于目前普通文化课和职业技术课在课程内容上相互分离,所以这里所谓的融合,也只是普通教育和职业教育在表面上的融合,并没有在课程内容上达到真正的融会贯通。

2.分段分流模式

分段分流模式是指学生先在普通高中学习一段时间的文化课后,根据学生的学习成绩,将一些升学无望的学生转入职业高中,进行职业技术教育,使他们学习到一技之长,以便将来就业。目前,我国的大部分综合高中(如北京市第一一九中学、黑龙江宝泉岭第二高级中学、安达七中、北京实美学校、太原市综合高中、长白山第三高级中学等)在课程设置上采用的都是这种模式,学校之间的差别主要表现在学生学习普通高中文化课时间的长短上。例如,一些学校要求学生在普通高中学习一年半,一些学校则要求学习半年等。

案例4-3　黑龙江省"高二分流"的课程设置

黑龙江省将"高二分流"类高中作为普通高中多样化发展中的一类,并确定了12所国家项目试点学校、12所省级试点学校和9所省级试点预备学校。农垦宝泉岭管理局第二高级中学实行的"高二分流"就属于国家项目试点学校。学校给不想上中专而一心想上普通高中的初中毕业生创造了二次选择的机会,即学生在普通高中学习一年半,在此期间,完全执行《黑龙江省普通高中课程方案》,经过黑龙江省学业水平测试,如果学生的学科成绩不合格,则按照学校与学生及家长入学时签订的"高二分流"协议内容,学生将被分流到同一校区的中专自选一个专业学习,掌握一门专业技能,毕业后可直接就业,也可报考相关专业的高等职业院校。学生在普通高中时,完全按照普通高中课程标准设置课程,分流到中专后,则按中专课程标准设置课程。

案例4-4　北京市实美职业技术学校课程设置

为了满足部分学生因考不上普通高中,却一心想上普通高中的愿望,在多元化办学模式改革中,经北京市教委批准,北京市实美职业技术学校设立了高中实验班,并正式将专业名称确定为"综合高中实验班"。学生入学后所学内容跟其他学校的普通高中课程完全一样,在第一学期末参加区级统一期末考试,考试成绩排名在中等以上的学生都可以进入普高班,分别选择普通高中文科、理科和普高高加会的专业学习;另一部分考试成绩排名在中等以下的学生可进入职业高中分别选择司法文秘、计算机网络技术、金融事务等专业学习。进入普通高中的学生按照《北京市普通高中课程方案》设置课程,进入职业高中的学生则按相应专业的要求设置课程。

分段分流模式是将学生的高中阶段分为两部分,前一段时间接受普通高中的文化课教育,后一段时间让一部分升学有望的学生继续接受普通文化教育,另一部分升学无望的学生则接受职业技术教育。这种模式既没有在教育过程中体现普职融合的教育理念,也没有在课程设置上体现普职融合的特点。

3.分离模式

分离模式是指在同一所学校内普通教育和职业技术教育仍然是相互独立的,普通教育完全执行普通高中的课程标准,职业技术教育完全执行职业高中相关专业的课程标准。目前,莱芜市综合高中、武汉市第三职业教育中心等学校基本采用这种模式。

案例4-5　莱芜市综合高中课程设置

莱芜市综合高级中学原为莱芜市第十八中学,始建于1970年,1991年易名为莱芜市第二职业高中,2002年6月正式更名为莱芜市综合高级中学。综合高中学制三年,学生注册有普通高中和职业高中两种,普高班完全执行《莱芜市普通高中课程方案》,并参加普通高考;职高班在遵循《教育部关于中等职业学校七门公共基础课程教学大纲》的基础上,根据各专业要求,设置相应的课程结构。目前,学校已开设的专业有计算机应用、机电技术应用、建筑工程施工、汽车运用与维修、旅游服务与管理、护理、会计等。

分离模式与我国目前在高中阶段实施的普职分离的"双轨制"并无明显区别,属于一所学校两块牌子。

(二)我国现行综合高中课程结构存在的主要问题

基于对我国综合高中课程结构的现状分析,不难发现,我国综合高中在课程设置上还存在课程简单相加、课程内容缺乏整合、学生学业负担过重等问题。

1.课程简单叠加,缺乏整合

综合高中由于强调普通教育和职业教育的沟通与融合,注重由强迫分流向自然分流转化。为了体现综合高中的分流目标,让学生在对自己的能力、性向、兴趣有充分认识的前提下作出自主选择,就必须强调课程的综合化和统整性。然而,我国传统上在中等教育阶段实行的是"两种学籍制度,两种管理制度"的"双轨制"模式,受这种模式的影响,综合高中在我国不仅起步较晚,而且发展缓慢,即使目前存在的450余所综合高中也绝大多数是"拼盘式"的。在课程设置上主要表现为普通文化课和职业技术课的简单叠加。不仅在普通文化课设置上存在分科课程占绝对主导地位、综合课程微乎其微的现象,而且在职业类课程设置中更是着眼于当下市场的需要和学生就业的考虑,专业面过于狭窄,过于注重某种单一技能的训练。

这种科目本位的课程设置,往往过于关注学科自身的逻辑结构和知识体系,而忽视了学科之间的相互渗透,在课程内容上不仅没有做到融会贯通,也没有设计出一套真正融合了普通教育与职业教育的综合课程体系。正如麦克·扬(Michael Young)所认为的,"现行高级水平课程是一种高度孤立型的科目专门化形式,它使得学习者的注意力完全集中到个别科目,并分别对待……新的知识越来越产生于科目和学科的交界处,而不仅是彼此孤立的科目内部。因此结论是,高级水平课程允许学生仅仅根据个人偏好来选择一组科目,这无论对于劳动就业还是攻读大学的跨学科学位都是准备不够的。需要的新型高级水平课程是,要像对待科目的内容一样重视对待科目之间的关系……未来的高级水平课程需要平衡专业化的学习包括以科目为基础的学习和应用的学习,所有学生都要学习共同的核心课程。核心课程会帮助学生从特殊的兴趣和专业化引导到更广泛关注的问题,从而成为未来社会的合格公民。"[1]"加强学科的综合性。就一门学科而言,注重联系儿童经验和生活实际;就不同学科而言,提倡和追求彼此关

---

[1] 麦克·扬.未来的课程[M].谢维和,王晓阳,译.上海:华东师范大学出版社,2003:146.

联,相互补充。"[1]

2. 课程标准单一,缺乏弹性

2010年,尽管我国高中教育的毛入学率已经达到了82.5%,高等教育毛入学率达26.5%,但是升学恶性竞争的现象却愈演愈烈。大部分综合高中由于对自身的定位不准确、认识不到位,再加上目前综合高中课程标准的空缺和高等院校入学考试的高度统一化,综合高中在教学中自然就产生了向普通教育"一边倒"的现象,以普通高中的课程标准作为自身课程设置的指南,以普通高中学生的学业标准作为衡量综合高中学生学业标准的依据,而普通高中的课程标准是"精英化教育时代"的产物,不仅不符合高中阶段大众化教育的需要,更不吻合综合高中学生的学习需求,忽视了学生的已有基础,自然导致教学效率低下,甚至引起了学生的厌学和辍学。2004年,重庆市北碚区勉仁职业教育中心通过对该校综合高中学生化学学习状况的调查就表明,"有接近30%的学生不怎么喜欢学习,有25%的学生上课时注意力能保持10—20分钟,50%的保持20—30分钟,其主要原因是学生基础太差听不懂。"[2]

综合高中的学生和普通高中的学生相比,在生源上有很大差别。目前,进入综合高中的基本上是考不上普通高中而又具有强烈升学愿望的初中毕业生,这部分学生往往基础知识不扎实,本来就"繁、难、偏、旧"的普通高中课程内容对他们来说自然更是难上加难,而为了提高升学率,学校在教学过程中往往采取"应试教育"的方式,使得综合高中中绝大部分学生成了"应试教育"中的"牺牲品"。

从学校的实际情况来看,二中录取学生的分数线要比一中低200多分,学生在学习基础课的态度上也差一些,从而导致基础知识不扎实。从二中近年办学实践来看,经过高一到高二一年半的学习,因为学习困难,确实有一部分学生流

---

[1] 朱慕菊.走进新课程 与课程实施者对话[M].北京:北京师范大学出版社,2002:20.
[2] 重庆市综合高中办学模式实验与研究课题组.综合高中办学的实践与探索[M].重庆:重庆大学出版社,2005:135-136.

失。即便我们采取了分层教学,学生考试都分A、B卷,每年流失的学生也在20%左右。(黑龙江宝泉岭第二高级中学校长访谈)

赞科夫早在20世纪60年代开展的教学与发展实验中,就提出"高难度进行教学"的原则,他同时指出,困难的程度要靠掌握难度的分寸来调节,"如果不掌握难度的分寸,那末儿童由于不能理解所提供的教材,就会不由自主地走上机械记忆的道路。那样一来,高难度反而从一种正面的因素变成反面的因素。"[①]赞科夫认为,高难度并不是任意的一种难度,而是要能认识现象的相互依赖性及其内在的本质联系的那种难度。可见,对于不同类型、不同基础的综合高中学生来说,按照统一的普通高中课程标准进行教学不但效率不高,而且也没有必要。实践证明,适当降低综合高中普通文化课的难度和要求,不仅有利于从学生实际出发进行教学,也有助于提高教学效率。

3.课程内容繁多,学生负担沉重

目前,从我国综合高中课程设置的情况来看,基本采用学术课程和职业课程简单叠加的形式,鉴于学术类课程和职业类课程在目标定位和价值取向上的差异,人们会有不同的认识,在实践中采取不同的模式,而采用普通文化课和职业课简单叠加的模式,既不能消除学术课程和职业课程脱节的现象,也不能影响学生的学术或职业追求。另外,学校在职业课程的设置上往往从人力规划的观点出发,"将人视为'培养人力工具'的手段,对于个人人格的养成,潜能的开发疏于照应,培养成'单面向的人'不利个人终身的发展,不符合教育的理念。"[②]这种课程在麦克·扬看来是孤立的、狭窄专业化的、高度分层的"过去的课程",在这种课程中,随着知识的不断分化和专业化,科目越来越多,学生的负担会越来越重。我国的基础教育长期以来一直存在着分科过细、科目过多、缺乏整合的现状,新一轮的基础教育课程改革虽然强调课程的综合性,但是并没有取得理想的效果。

---

① 赞科夫.教学与发展[M].杜殿坤等,译.北京:文化教育出版社出版,1980:45.
② 李然尧.美英综合中学之研究及其对实施综合高中之启示[D].台北:台湾师范大学,1998:322.

有调查显示,"新课程"改革实施后,普通高中中"90%以上的学校领导和教师认为,新课程实施导致工作量明显增加,以至于教师不能把主要精力放到备课和课堂教学这些重要的事情上来,直接影响了教学的质量。这种情况又导致学生学习的负担过重。"[①]

综合高中缺乏自身的课程结构,仅仅采用普通文化课和职业技术课简单叠加的形式,即在普通文化课的基础上再增设几门职业类课程,只做加法不做减法,必然会加重学生的学业负担。学生每天为上课疲于奔命,学生的自主发展、自由发展也就只能流于形式了。

4.课程内容顺序混乱,缺乏系统性

综合高中虽然以融合普职教育为特色,非常注重加强普通课程与职业课程之间的联系,但是"联系"并不意味着课程之间的简单叠加,"而是怎样使得学校或学院的课程目标体现在它的所有活动中,并使得这些活动共同指向每个学习者的目标。换句话说,'联系'的要求强调学校或学院整个课程及其组成要素的相互依赖。"[②]

简单叠加的课程设置之所以不会改变学科之间,尤其是普通课程与职业课程之间的严密壁垒,是因为学科课程内容的选择往往遵从学科本位的逻辑框架,从本学科自身的角度出发,将课程设置的重点放在学科的完善上,而忽视了与其他课程的联系,进而使整个课程结构缺乏系统性,各学科之间的教学内容往往前后不衔接。这种现象在目前综合高中的课程设置中较为常见,严重影响和制约了综合高中正常的课堂教学。

在课程内容方面,往往会存在前后不一致的情况,职业学科中往往会用到数学、物理等方面的知识,但是这些知识点在高中低年级往往涉及不到,即使涉及了,涉及的深度也不够,给职业科的教学带来很大不便。如:建筑学科专业计算

[①] 首都师范大学首都基础教育发展研究院.北京市普通高中课程改革[M].北京:首都师范大学出版社,2009:28.
[②] 麦克·扬.未来的课程[M].谢维和,王晓阳,译.上海:华东师范大学出版社,2003:100.

中要用到高中三角函数知识,但数学中还没学到,所以专业课程学习内容前后顺序就要作些调整。(黑龙江宝泉岭第二高级中学教师访谈)

通过上面的分析我们可以看出,以"叠加"或者"拼盘"为主的课程结构不仅不符合我国综合高中发展的需要,而且已经成为制约我国综合高中发展的关键性因素。反过来说,我国综合高中的发展,首要的是要打破课程屏障的阻滞,构建与综合高中发展理念相吻合的课程结构。

(三)综合高中课程结构设计面临的问题阐释

21世纪是知识与信息的时代。进入新世纪以来,世界各国纷纷进行了教育改革,并把教育改革看作是提升国家竞争力的重要手段和有效途径。然而,长期以来,我国基础教育,尤其是普通高中,千校一面、盲目攀比的"同质化、趋同化"倾向异常严峻,为了适应信息时代的发展需要和现代社会对人才的多样化需求,中央政府把推动高中教育的多样化发展,探索综合高中的发展模式作为现阶段我国高中教育发展的核心。我们知道,综合高中的发展要以自身课程结构的构建为突破口和出发点,但就目前来说,综合高中的课程结构在设计过程中还存在不少问题,这些问题的出现既有根深蒂固的思想观念的影响,也有教育管理体制等方面的制约。

1.思想观念方面:重学术类课程,轻职业技术类课程

中国传统上只注重伦理道德教育,不重视技术教育。早在战国时期,孔子以六艺为教学内容,其中就没有技术教育;《礼记》作为我国一部重要的典章制度书籍,记有"凡执技以事上者,祝史射御医卜及百工。凡执技以事上者,不贰事,不移官,出乡不与士齿。仕于家者,出乡不与士齿。"[1]先秦诸子百家中,唯独墨家比较重视对自然科学的研究和应用技术的探讨。尽管《韩非子》中有"当世之显学,儒墨也"之说,但是墨家自始至终没有成为主导思潮,尤其是汉武帝独尊儒术以

---

[1]《礼记·王制》

后,墨家就逐渐衰落了。以后历代学校教育都根据科举的要求,以儒家经典为内容,从不传授生产劳动技能。"虽然中国古代有闻名于世的'四大发明',技术上有许多创造,但那都是民间靠原始形态的教育传播的,即依靠父传子、师传徒的方式进行的……学校教育不传授这些技术,并且蔑视技术,知识分子不去总结这些技术,因而缺乏典籍文献的记载与整理,很难流传下来。"①

"学术和职业课程的分化根源于一种文化,在这种文化中,体力劳动与较低的社会地位联系在一起,在经济上脑力劳动和体力劳动相分离。"②中国当下的社会经济转型还没有完成,在转型过程中逐渐形成了一个以高学历、高文凭为特征的社会,不同的学历和文凭资格不仅对社会流动,而且对进入不同的社会阶层都具有重要的价值和意义。在这种价值观念的引领下,学校的学术教育"在升学恶性竞争的推波助澜之下,更是走向极端;有关'生活适应'的课程,只要是联考不考的,就成了牺牲品;非正规课程所应该形成的潜移默化的教育功能也几近荡然无存。学生、老师、家长、学校一切努力只为了争取好的学术成绩以进好的学校。"③

可见,重学术教育轻职业教育的观念不仅受传统教育思想的影响,也受当下社会价值观念的制约。综合高中反对对学生过早分流,强调普职融合,表现在课程上自然要求打破长期以来形成的普通高中只注重学术教育,不注重职业教育的倾向,加强对学生的职业引导,在普通教育课程中涉猎职业技术教育。因此,综合高中在进行课程结构设计时,首先要转变重学术类课程而轻职业技术类课程的思想局限,将职业类课程和学术类课程放在同一位置、同等看待。在此基础上,才能促进普职教育的有机融合,才能防止职业类课程在教学过程中的形式化倾向,从而更好地促进学生个性的发展。

---

① 顾明远.中国教育的文化基础[M].太原:山西教育出版社,2004:105.
② 麦克·扬.未来的课程[M].谢维和,王晓阳,译.上海:华东师范大学出版社,2003:77.
③ 李然尧.美英综合中学之研究及其对实施综合高中之启示[D].台北:台湾师范大学,1998:369.

2.管理体制方面:两种学籍制度,两种管理制度

从教育管理体制的基本形态来看,大致有三种组织形态,即中央集权制(法国、日本)、地方分权制(美国、德国)、中央和地方合作制(英国、日本)。从管理体制的发展趋势来看,中央集权制国家开始注重教育发展的多样化和个性化,而地方分权制国家开始注重教育的统一化和规范化。从总体上来看,虽然集权制国家和分权制国家在教育行政管理体制方面朝着相反的方向发展,但其本质上都在探索中央和地方在教育行政管理体制上的黄金分割点。因此,他们的目标又是同一的。课程管理体制作为教育行政管理体制的下位概念,自然要遵从教育行政管理体制,并随着教育行政管理体制的变化而变化。

我国高中阶段实行的是普通教育和职业教育分离的"双轨制",以"双轨制"为基础就形成了两种不同的学籍制度和两种不同的管理制度。在学籍方面主要表现为普通高中和职业高中学生的学籍不同,而且从国家和各省的相关规定来看,只允许普通高中的学生流向职业高中,职业高中的学生不能流向普通高中。因此,普通高中和职业高中学生之间的流动是一种单向流动。即便如此,从普通高中流向职业高中的学生也是微乎其微,这一方面与人们将职业教育看作是"二流教育"有关;另一方面,"以课程差异为标志的高中教育自身条件和普通高中与职业高中学生前期成绩等为标志的客观条件使普通高中与职业高中无法兼顾两种取向,特别是职业高中学生由于前期成绩和教师质量差异等原因不能顺利完成普通高中课程的学习,普通高中更由于升学气氛浓郁,时间紧等因素难以学习职业高中的课程。"[1]从管理的角度来看,普通高中与职业高中分别隶属于两个不同的部门、遵循两种不同的管理制度,"普通高中与职业高中之间横向协调困难。致使出现了这样的情况,有的地方职业高中已经很少,甚至达到倒闭的边缘,学校还是在那里硬撑着。"[2]

综合高中强调普职融合的基本理念,并允许学生在普通科与职业科之间双

---

[1] 袁桂林,秦玉友.农村普通高中与职业高中关系调查研究报告[J].山东教育科研,2002(9):3-7.
[2] 袁桂林,秦玉友.农村普通高中与职业高中关系调查研究报告[J].山东教育科研,2002(9):3-7.

向流动。然而,"两种学籍制度,两种管理制度"的教育管理体制往往使得部门之间各司其职、各行其是,缺乏横向的联系,为普通高中和职业高中学生之间的相互流动设置了壁垒,为综合高中课程结构的设计带来了体制性障碍。

3. 学生出路方面:统一的高考制度

高考制度是连接大学和高中的枢纽,对于大学新生的选拔和高中教育教学都具有重要的协调和指导作用,并肩负着促进教育发展和教育公平,乃至社会公平的历史重任。有学者认为,"高考制度的恢复实际上并不只是使教育恢复了正常秩序,更是带动了整个社会由乱而治。"[1]当然,从本质上来说,高考只是手段,不是目的,其真正的目的是在保持公平、公正的前提下为社会选拔合格的人才。理想的模式是既关注学生的考试成绩,又参照学生的综合素质评价,在高考成绩和综合素质评价之间找到黄金分割点,但是在现实中却很难操作,尤其是在我国"经济尚不够发达、接受大学教育尚为社会稀缺资源,升学竞争激烈,人们的道德水平还未高到能公正无私地推荐考核的现实条件下,以统一高考成绩来决定录取与否无疑是最公平可行的办法,具有一定的必然性。"[2]然而,随着社会的不断发展和社会对人才的多样化需求,现行高考制度的弊端也日益显现出来,在基础教育阶段,尤其是高中阶段,"为高考而教,为高考而学""考什么、教什么、学什么""一切为了高考"等"应试教育"的弊端日益严重,在"应试教育"的影响下,学校的教育教学活动都围绕高考来开展,而与高考无关的职业类课程在教学中不仅得不到校长、教师、学生以及家长的认可和重视,甚至大部分人会认为职业课程的学习会影响学生的高考成绩,反对开设职业课。这种做法本末颠倒,使本来为选拔人才服务的高考制度成为各学校用于提高升学率的目标,既不利于创新型人才的培养,也严重影响了学生的健康发展。

作为一种新型的高中类型,综合高中在办学过程中自然面临着升学竞争的巨大压力,尤其是要在课程设置和教学中渗透和加强一些职业教育的内容,强调

---

[1] 功德无量选英才——恢复高考二十周年三人谈[J].教师博览,1997(12):4.
[2] 刘海峰.在理想与现实之间——三论坚持统一高考[J].高等教育研究,1998(2):66-70.

统整、试探、分化的课程设置,从而提供学生多次选择的机会,延缓学生的分流时间,引导学生适性发展,虽然这些理念与基础教育的价值导向相吻合,是符合儿童身心发展基本规律的,但是这些内容在目前的高考中并没有得到很好的体现。如果我们把某个地区或者整个社会看作一个集团,学校和学生便是这个集团中的一员,便产生了正如经济学家奥尔森所说的,具有相同利益的个人所形成的集团,并不一定有进一步扩大这种集团利益的倾向。"在严格坚持经济学关于人及其行为的假定条件下,经济人或理性人都不会为集团的共同利益采取行动。"[①]也就是说,学生学习职业类课程对于某个地区或整个国家来说是非常关键的,但是对于具体的某一个学校或者学生个体来说,能通过高考进入一流大学是最符合其利益需求的。因此,在这种情况下,职业课程的设置得不到应有的重视,在实施中往往流于形式、形同虚设。可见,现阶段如何构建综合高中的课程结构,使其做到普职兼备,并使这类课程具有足够的吸引力,既是综合高中发展的重点所在,也是综合高中发展中面临的难点所在。

4.教育内容方面:职业技术课与普通文化课之间的失衡

1998年,法国教育家梅里厄(P. Merieu)领导的委员会在《高中教什么》的调查报告中规划了高中课程改革,提出了"共同文化"的概念,他认为高中教育要具有两个要素:一是"共同文化";二是"逐步分化的学程教育"。"共同文化应该以高中毕业目标的形式表现出来,它是各类高中的唯一参照。共同文化包括理解世界、具备公民资格、获得面对社会生活一般要求的技术能力、可以进行高等教育的方法能力和民主社会所需要的基本素质。共同文化体现在高中所教授的所有学科中,是学生必须具备的技能和文化知识。其工具性和文化遗产性维度在每一个获取步骤中都应该系统地结合在一起。"[②]我国高中教育长期以来实行的是普通文化教育和职业技术教育相互分离的"双轨制"模式,普通高中以升学预备教育为主,注重学术类课程的开设,职业高中以就业预备教育为主,注重职业类

[①] 曼瑟尔·奥尔森.集体行动的逻辑[M].陈郁等,译.上海:格致出版社,1995:5.
[②] 李其龙,张德伟.普通高中教育发展国际比较研究[M].北京:教育科学出版社,2008:151.

课程的开设。这种分化的课程制度既为普通高中和职业高中学生的相互流动设置了障碍,也夸大了普通教育与职业教育之间的差别,强化了教育分层,阻碍了超越学术和职业教育边界的理论与实践相结合的创新性学习。

在教育过程中,尤其是基础教育中,如果把教育的目的和内容看作是为升学和就业作准备,难免会带有功利主义的色彩,从而忽视学生"共同文化"的学习和学生个性的发展。因为升学教育和就业教育是随着工业经济的产生而提出的,学习和劳动是分离的,而未来的社会是一个学习型社会,学习和劳动是融为一体的。正如联合国教科文组织出版的《学习与劳动》一文所指出的,"如果有一个问题是其他所有问题的焦点的话,那么这个问题肯定是:在教育实践中确定并建立普通教育过程同劳动世界之间的连接。而目前的现状则似乎表明,教育和劳动这两个世界仍然相互漠不关心。"[1]

我国2003年颁布的《普通高中课程方案(实验)》虽然提出了模块课程,并加大了选修课程的课程比重和课时分配,但从本质上来说,新课程方案并没有摆脱把课程"默认"为学术性课程的狭隘范畴,职业类课程在课程方案中也没有得到应有的重视和体现。

综合高中作为一种新型的办学模式,既要完成工业化社会对教育的要求,也要面对信息化社会和学习型社会的挑战,完成信息化社会和学习型社会中教育的使命,关注不同类型、不同层次学生的发展需求,强调全人发展的课程价值观和普职融合的课程理念。要体现普职融合,首先得确定学术性课程与职业性课程的课程类型和课时比重,在学术性课程和职业性课程之间寻找平衡点。然而,由于受传统文化和价值观念等因素的影响,人们往往会侧重于加强学术性课程在课程结构中的比重,职业类课程往往得不到重视。因此,如何在学术性课程与职业性课程之间找到新的平衡点,直接影响着综合高中课程结构的构建。

---

[1] S·拉塞克,G·维迪努.从现在到2000年教育内容发展的全球展望[M].马胜利等,译.北京:教育科学出版社,1996:162.

三、综合高中课程结构设计的理论基础与现实依据

(一)综合高中课程结构设计的理论基础

1.课程统整理论

早在19世纪后期,赫尔巴特的追随者就提出了学科关联的理念,孕育了统整课程在学校教育中的意义和作用。20世纪30年代,随着进步主义思潮的兴起,强调以儿童为中心,将儿童的兴趣、经验和社会议题作为依据,设计活动课程、经验课程,以增加统整的可能性。因此,课程统整在很大程度上源于进步主义,源于以儿童为中心的课程设计;在此基础上,德雷克(S.M.Drake)将雅克布斯(Jacobs)的十种课程统整类型进一步划分为多学科模式、科际整合模式及跨学科模式三种;瓦斯(F.F.Vars)提出了核心课程是超越关联课程和融合课程的观念,并区分了"结构核心课程"和"无结构核心课程",这些研究在很大程度上突破了长期以来人们往往将课程统整仅仅理解为学科领域重叠部分的重新安排的局限,进一步拓展了课程统整的内涵和外延。作为20世纪后期新进步主义运动的典型代表,比恩(James A.Beane)在总结前人研究的基础上,提出了以问题取向和学生本位为组织中心,力倡真正超越学科本位的课程统整。

比恩认为,课程统整不同于多学科课程或科际整合课程,因为多学科课程或科际整合课程虽然并不遵循一种严格的学科中心形式,但仍然保留着科目的领域和学科的区分。课程统整主要包括经验统整、社会统整、知识统整和课程设计统整四部分。从设计层面来说,课程统整始于与现有的生活和经验相关的主题,然后借由与此主题相关的大观念或概念,展开课程的计划,其核心是通过主题组织课程经验和知识,以协助学生将知识带离分科的间隔,让知识置于情景脉络之中,以便学生更容易接近和感受到它的意义,更好地将这些经验和知识统整到他们已有的意义系统之中,并加以应用。因此,作为课程设计的课程统整,在规划课程设计时,由教师和学生共同合作设计就显得至关重要,只有由教育者和学生

共同认定重要的问题和议题,并围绕这些主题来组织课程,才能使课程对教师和学生产生真正的意义。因为在学生参与课程规划的同时,会使学生的个人经验成为课程设计的一个重要层面,这样的课程是"着眼于生活本身的课程,而非在科目领域界限中精熟片段的资讯。"[1]比恩认为,这种基于协同合作的课程统整既不会影响学生在标准化测验中的表现,也不会影响其对学校教育中分科课程的学习,还是将民主带入学校生活中,通过课程来增进共同价值或共同利益的主要形式。

学习本身是一种经验的重组和意义不断建构的过程,比恩虽然并不反对学校的某部分方案可以围绕分立的科目来组织课程,因为分立的科目课程常常意味着向更高层次的专业分化的追求。因此,课程统整并不意味着知识学科的消失,知识学科也不是课程统整的"敌人",它们所扮演的是一种资源供给者的角色,提供主题情境、相关议题和活动的资源。可见,课程经过统整后,知识学科的合法性会更突显。但是"在中小学,以议题为中心的通识教育,必须包含近乎课程的整体。"[2]"课程统整是以民主社会的教育为设计的核心,其所聚焦教育之经验为学生所有,由学生出发,并试图与外在世界联系。"[3]因此,全国性通识课程的存在并不是要求所有的年轻人能从同一套课程中学到完全一样的知识,而是建立一套共同参与的事务,与人们的生活息息相关,即对每个学生来说都是具有重大意义的东西,以帮助学生寻求自我和社会的意义。

2.基于课程统整理论的综合高中课程设计

联合国教科文组织的研究认为,"为了使青年适应与今天截然不同和难以预料的未来,我们非常重视对世界性问题的了解、预见能力的训练和向各类内容中引入的新型教育,如和平与合作的教育、参与和团结的教育等。为避免不同类型的内容和教育活动(正规的、非正规的、非正式的)之间相互割裂,应该特别注意

---

[1] James A. Beane.课程统整[M].单文经,译.上海:华东师范大学出版社,2003:22.
[2] James A. Beane.课程统整[M].单文经,译.上海:华东师范大学出版社,2003:106.
[3] 蔡清田,许素秋.James A. Beane课程统整论之评析[J].中正教育研究,2004(10):49-68.

它们之间的横向连接和纵向结合。"[1]课程统整理论正是强调要打破学科界限,坚持课程即学习者的经验,以儿童的经验为中心,由师生共同设计课程,建构意义,促进社会民主。这一课程理念在很大程度上反映了综合高中的本质要求,因为"综合高中"的综合,其中的一个重要寓意就是课程的综合化,综合高中课程的设计必须反映和体现综合高中的课程理念,即通过对普通教育和职业教育的整体设计,引导学生适性发展,从而构建学生个性化的课程计划。

(1)综合高中的课程设计要体现普职融合的统整性

近年来,世界各国在基础教育课程改革中都非常重视课程结构的灵活性和均衡性,强调为学生的自主选择提供机会,加强学术课程和职业课程之间的融合。如香港课程发展议会(2001)发布的《学会学习》文件,倡议学校课程应采纳较宽松的学习领域、重视共通能力的学习成果、鼓励跨领域的学生学习经验、按课程的宗旨和校内的条件规划校本课程。这些课程改革,意味着学校课程中的学科独立性消减,而跨学科学习的课程设计有所增加。[2]我国在《普通高中新课程方案(实验)》中也提出,为了适应社会需求的多样化和学生全面而有个性的发展,要构建重基础、多样化、有层次、综合性的课程结构,并进一步提出普通高中课程由学习领域、科目、模块三个层次构成,要在普通高中实施综合实践活动课,这都意味着在我国普通高中课程中统整取向的增强。综合高中作为我国高中教育发展的另一种形态,其最大的特点就是强调普职融合,在学生分流上实现由被动分流向主动分流的过渡。因此,综合高中课程结构的设计,要首先反映综合高中的基本理念和价值取向,即在课程设置上要体现普通课程和职业课程的有机融合,而绝不是普通课程和职业课程的简单叠加。

(2)综合高中的课程设计要体现学生的学习经验

比恩认为,"人们对于自己和其世界的观念,诸如觉知、信念、价值等都来自经验的建构。我们从经验反省中所习得的观念,成为未来面对问题、议题和情境

---

[1] S·拉塞克,G·维迪努.从现在到2000年教育内容发展的全球展望[M].马胜利等,译.北京:教育科学出版社,1996:5.
[2] 陈建生.课程统整初探[J].教育曙光,2008(3):88-98.

的资源。"①因此,他认为课程就是学习经验,课程设计要以儿童和社会问题为中心,由师生共同设计。传统上,课程都是由学科专家依据自身学科的结构体系和概念框架编写的,体现了学科发展的逻辑序列,却忽视了学生的学习经验;或者对学生的学习经验关注不够,使得课程的成人化取向较为严重。综合高中课程结构的设计要在一定程度上打破学科课程的界限,注重学生学习经验和学习兴趣,让学生积极参与到课程的设计和建构中,正如人本主义课程论所认为的,"能够影响一个人行为的知识,只能是他自己发现并加以同化的知识。因此,课程的功能是要为每一个学生提供有助于个人自由发展的、有内在奖励的学习经验。"②

(3)综合高中的课程设计要以学生为本,以学校为主

在我国,中小学课程的编制常常被认为是专家的事,学校教师、学生几乎没有参与课程编写的机会。在这种情况下,课程内容的选择和组织常常是学科专家根据自身学科发展的逻辑框架建构的,并没有注意到学生的兴趣和所关心的事情,因此,课程内容存在"繁、难、偏、旧"问题,脱离学生生活实际也就在所难免。尤其是对综合高中学生来说,学生的学习能力、学习兴趣、个性特点等差异很大,学习内容在横向上横跨普通教育和职业教育两大领域,在纵向上要求为不同能力、不同志趣的学生设置个性化的课程结构,以满足不同学生的学习需求,这就使得综合高中的课程比其他类型的高中涉猎面更广、设计难度更大。在这种情况下,课程结构的设计必须立足学生,构建以学生为本、以学校为主的课程新框架。以学生为本意味着课程内容的选择要充分考虑学生的兴趣、能力和需要;以学校为主意味着课程结构的设计要符合学校的特点,凸显学校的特色,赋予学校更大的课程自主权。

(4)综合高中的课程设计要关注不同学生的发展需要,有利于实现社会的民主化

纵观英美等国综合高中的发展,都是以反对学生过早地分化、促进社会民主

---

① James A.比恩.课程统整[M].单文经.译.上海:华东师范大学出版社,2003:9.
② 施良方.课程理论——课程的基础、原理与问题[M].北京:教育科学出版社,1996:87.

为目的的。我国综合高中的发展也要打破由于种种背景不同而造成的学生的过早分流,以及因过早分流产生的新的不平等。比恩认为,"课程统整展现的价值或重要性表现在:强调民主实践、关注更多知识的获得、日常生活知识及通俗文化的认识、社会议题的批判分析等等。"[1]如果学校要在维护和扩展社会民主生活上扮演重要角色,那么这类议题应该在通识教育课程的内容与组织中占有重要地位,通过课程设置的民主化促进社会的民主化。因此,综合高中的课程设置就是要以合理和理智的方式去考虑整个社会所共有的问题,打破课程内容设置的城市化取向和职业课程地位低下的局面。通过课程统整,可以向不同特质和不同背景的学生提供共同的和可供分享的教育经验,让民主融入课堂,促进学生相互了解,增进共同的价值观念,这样有助于实现社会的民主。

(二)综合高中课程结构设计的现实依据

1.主要发达国家/地区综合高中的课程结构

(1)美国综合高中的课程结构

综合高中最初于20世纪20年代产生于美国,20世纪60年代以来,受"科南特报告"的影响,综合高中在美国获得了极大成功。近年来,综合中学约占美国公立学校的98%,有95%以上的学生在综合高中就读,综合高中已成为美国高中的主流。

在课程方面,由于美国是分权制国家,全国既没有统一的学制(美国高中既有三年制的也有四年制的),也没有统一的课程标准。各州政府甚至学区和学校拥有较大的课程自主权,因而各学区、各学校在课程设置上就有很大的差别。"依据美国国家教育统计中心之分类,美国综合中学之课程共可分为30大类:①农业,②建筑与环境设计,③地区与人种研究,④商业,⑤沟通,⑥计算机与资讯科学,⑦消费者、个人与杂项服务,⑧教育,⑨工程,⑩外国语,⑪卫生保健,⑫家政,⑬工艺,⑭法律,⑮文书,⑯文理/普通学科,⑰图书馆与档案科学,⑱生活科学,

---

[1] James A. Beane.课程统整[M].单文经,译.上海:华东师范大学出版社,2003:113-114.

⑲数学,⑳军事科学,㉑多科/科际研究,㉒公园与娱乐,㉓个人与社会发展,㉔哲学、宗教与神学,㉕自然科学,㉖心理学,㉗公共服务与保护服务,㉘社会科学,㉙行业与工业,㉚视觉与表演艺术。"① 但是近年来,联邦政府越来越重视必修课在教育中的作用和影响,强调加强文化课教育,提高学生的学术水平。为此,1983年,《国家处在危险之中:教育改革势在必行》报告提出了所有获得高中文凭的学生都要学习四年的英语、三年的数学、三年的科学、三年的社会研究、一年半的计算机科学等五项基础课。1994年颁布的《美国2000年教育目标》法案在继续强调上述五门核心课程的基础上,新增了公民和教育、经济、艺术3门课程,使必修课的课程达到8门。目前,尽管各州的必修课程不尽统一,但是对核心课程的认定趋向一致,美国的四年制高中基本都确立了以英语(4年)、数学(3年)、科学(3年)、社会研究(4年)、体育与健康(1.5年)等学科为中心的共同核心课程,而且在学分要求上也大致相同,如夏威夷州和福罗里达州均为24学分、华盛顿州为23.5学分、宾夕法尼亚州为22学分。其中加州惠特尼高中(Whitney High School)、宾夕法尼亚州诺克中学(South Butler County School District)和夏威夷州的课程设置如表4-2所示。

表4-2 美国部分州和学校综合高中课程设置情况②

课程	宾州的诺克中学	加州惠特尼高中	夏威夷州
英语	4	6	4
社会研究	4	4	4
数学	3	6	3
科学	3	4	3
体育	1	4	1
健康教育	1(含有1/2学分的安全教育)	1	1/2

---

① 黄政杰.综合高中课程规划之研究[R].台北:台湾师范大学教育研究中心,1995:8-9.
② Graduacation Requirements For Classes graduating in 2010, 2011, 2012[EB/OL].http://www.waipahuhigh.org/apps/pages/index.jsp.

续表

课程	宾州的诺克中学	加州惠特尼高中	夏威夷州
艺术/人文	2		
生涯辅导教育			1/2
外国语		2	任选一门修习2学分
美术			
生涯辅导和技术教育（Career and Technical Education）			
任意选修	4	15	6
高级项目（Senior Project）			
必修学分 注：每学分要求完成18周，每周200分钟（每节课40分钟，即每周5节），或60小时之课程。相对于我国的5个学分。文中以后出现的学分，如果没有特殊说明，均已换算成我国的学分制单位，即18学时为1个学分。	18	31	16
学分总计	22	46	24

从表4-2可以看出，必修学分数在诺克中学占总学分数的80%左右，在惠特尼高中为67.4%，在夏威夷州为66.7%。但事实上，美国高中学生修得的学分中，选修课程占到了一半甚至更多。其实不仅是选修课，即使是学术类必修课程对不同的学生而言也各不相同。"学校大多把它们分成不同的水平来设置，如'基础''普通''先进'和'高级'四级，或'普通''先进'和'高级'三级。其中，高级也称为'大学先修课程'（advanced plancement）。学生可以在指导教师、家长的帮助下，根据自己的学业水平和发展意向选择不同层次的课程内容。"[1]这种课程设置赋予了学生较大的课程自主权，既满足了不同兴趣与性向学生的需求，也满足了不同知识水平、不同潜能学生的发展需要，有助于构建适合学生个性发展的个性化的课程计划。

---

[1] 李其龙,张德伟.普通高中教育发展国际比较研究[M].北京:教育科学出版社,2008:55.

（2）日本综合高中的课程结构

日本自1994年开始创办综合高中（又称"第三学科"或"综合学科"），也是将综合高中定位于普通高中和职业高中之外的第三选择，主要是为学术和职业分化不明确的学生提供一种适性选择的机会。日本政府也高度重视综合高中的发展，将其视为高中教育改革的"先锋"。从1994年到2010年期间，综合高中从7所增长到349所，增长了近50倍。日本综合高中快速发展，尤其是近年来在高中学校和学生总数都持续减少的情况下，综合高中的学校数和学生数都保持了稳步增长的态势（见表4-3）。

表4-3 日本综合高中发展概况[①]

	综合高中数（所）	高中学校总数（所）	综合高中学校所占比重（%）	综合高中学生数（人）	高中学生总数（人）	综合高中学生所占比例（%）
1994	7	5479	0.13	—	—	—
2000	144	5506	2.62	73904	4347311	1.7
2001	163	5505	2.96	85037	4251888	2.0
2002	186	5507	3.38	94793	4121444	2.3
2003	218	5488	3.97	111998	3999933	2.8
2004	249	5476	4.55	124826	3900833	3.2
2005	286	5477	5.22	143972	3788760	3.8
2006	301	5452	5.52	154435	3677030	4.2
2007	322	5383	5.98	161512	3589156	4.5
2008	334	5323	6.27	166886	3550768	4.7
2009	344	5270	6.53	176671	3533423	5.0
2010	349	5116	6.82	181368	3556231	5.1

①日本综合高中的课程类型

日本综合高中的课程设置主要由高中共同必修科目、综合高中必修科目、综合选修科目和自由选修科目四部分组成。

[①] 日本文部科学省.高中教育的现状[EB/OL].http://www.mext.go.jp.

《高等学校学习指导要领》中规定,共同必修课程是普通高中、职业高中以及综合高中等各类高中学生都必须学习的共同基础课程。在日本,高中只有一种课程标准——《高等学校学习指导要领》,它规定了日语综合、数学Ⅰ、交际英语Ⅰ、体育和保健等课程为必修课程,共计31个单位①,从而可以确保任何地区的高中生都可以在一定程度上学习到该课程的基础知识和基本技能。

综合高中必修科目是综合高中学生都必须学习的课程,共有三种。一是产业社会与人类。类似于生涯辅导教育,该课程是使学生明确在现实社会中的自我生存方式,培养学生职业选择的态度和能力,是对学生进行合理分流的试探性先修课程,主要包括职业与社会、日本的产业发展与社会变化、进路与自我实现等内容。二是信息基础。该课程是让学生理解信息化社会的进展,掌握计算机及其应用的基础知识和技术,主要包括社会的信息化与人类生活、计算机的历史和特征、计算机的构造和软件运用等内容。三是课题研究。该课程由学生自己设定研究题目,自我研修,以培养学生提出问题、解决问题的能力。

综合选修课程是"依照不同类科组群,开设具体系及专业性的科目群,是一种多元的科目组成,学生可参考学校提供的一套科目而自由选修,原则上不限制一定非套装选课不可。"②例如,学生可以从海洋资源、生物生产、艺术、环境科学等科目群中选择既符合自己需要又具有相关性的课程。一般来说,"选修人文、国际、自然等系列课程的学生主要是面向大学升学,选修信息、福利、生活、商务等课程的则主要面向专门学校(高职)升学和就业,而食品、生命、工业等则主要适应就业"③。

相对其他三种类型的课程而言,自由选修课的形式和内容更加灵活、多样,往往是学校依据自己的特色和实际情况自行设定的、学生可以自由选择的课程。

②日本综合高中课程设置

---

① 1个单位数是授课35次,每次50分钟,相当于我国的2个学分。
② 杨思伟.综合高中理想试办模式之研究[R].台北:台湾师范大学教育研究中心,2000:19.
③ 范伟,陆素菊.日本综合高中的发展经验及其对我国中职学校改革的启示[J].职教论坛,2010(19):89-91.

《高等学校学习指导要领》是日本高中课程开设的唯一政策性指导文件，它既规定了各类高中课程开设的共同要求，也为不同类型、不同学校的课程开设提供了广阔的可供选择的空间。尤其是20世纪80年代初期开始实行的综合制/分组选修课程（见表4-4），既兼顾了学科的系统性，也满足了学生的个性化要求，为综合高中的产生起了先导作用。

表4-4　日本高中课程架构

科目	必修课程	选修课程	
	共同课程	学科/分组选修课程	学校自主选修课程
单位数	31(45%)	23(28%-55%)	20(0-27%)
小计	45%	55%	
毕业最低单位数	74		

从表4-4我们可以看出，日本高中阶段学校往往具有较大的课程自主权，有55%左右的课程是由学校自主设置的。这就使得即使在综合高中内部，不同学校之间在课程设置上也存在较大的差异。总体来说，综合高中一年级都是以共同必修课为主；从二年级起，课程内容分为学科选修和自由选修等几种，学生依据"组群"来选修科目，如日本筑波大学附属阪户高中开设的"以农业科教育为基础的'生物资源组群''生态研究组群'；以工科教育为基础的'机械技术组群''机械电子组群'；以家庭科教育为基础的'食物营养组群''服饰服装组群'及以商业科教育为基础的'国际流通组群'、'商业服务组群'"[1]。需要说明的是，在日本，即使是共同必修课程，科目和内容也不是完全一致的，新的课程方案提出了必修课程的多样化和选修化（见表4-5）。

---

[1] 服部次郎.实施综合学科的成果与课题[J].综合高中国际学术研讨会[C].台北:台湾师范大学教育研究中心,1998:69-89.

表4-5　日本高中共同核心课程领域、科目及单位数[①]

领域名	科目	单位数	备注	领域名	科目	单位数	备注
日语	日语综合	4	可减少为2个单位	外国语	外语I	3	可减少为2个单位
数学	数学I	3	可减少为2个单位	地理历史	世界史A	2	世界史A、世界史B中的1科以及日本史A、日本史B、地理A、地理B中的1科
理科	科学与人类生活	2	科学与人类生活和物理基础、化学基础、生物基础以及地学基础中的1科或者物理基础、化学基础、生物基础、地学基础中的3科		世界史B	4	
	物理基础	2			日本史A	2	
	化学基础	2			日本史B	4	
	生物基础	2			地理A	2	
	地学基础	2			地理B	4	
公民	现代社会	2	3科中选择1科	艺术	音乐I	2	4科中选择1科
	伦理	2			美术I	2	
	政治经济	2			工艺I	2	
体育保健	体育	7-8			书法I	2	
	保健	2		信息	信息科学	2	2科中选择1科
家庭	家庭基础	2	3科中选择1科		社会信息	2	
	家庭综合	4		综合学习课程		3-6	可减少为2个单位
	生活设计	4					

[①] 日本文部科学省.高等学校学习指导要领[S].2009.

在日本的政策文件中虽然找不到综合高中与普通高中、职业高中在课程设置上的明显区别,但是在学校实际办学的过程中,仍然可以发现综合高中的课程设置有其自身的特点。

一是具有自身的必修科目。从上面的分析我们可以看出,日本的综合高中都开设有"产业社会与人类""信息基础和课题研究"等课程,其中"产业与社会"可以说是综合高中的最具特色的课程。从2010年开始,所有的综合高中都开设了"产业与社会",相比而言,普通高中和职业高中开设的仅为1.3%和2.1%。

二是综合学科选修弹性大。所有综合高中开设的科目都很多,"大致会超越120个科目以上,日本教育当局统计,普通科大致只开41—45个科目,职业科高中则只开设26—30个科目"[①]。

2.我国综合高中课程设置的需求调查

我国《国家中长期教育改革和发展规划纲要(2010—2020年)》明确提出要探索综合高中的发展模式,如何探索?该从哪里找到突破口?从上面的分析我们可以看出,世界各主要发达国家/地区在综合高中发展中都建立了与之相适应的课程结构,用于保障和促进综合高中的发展。我国长期以来实行的是普职分离的"双轨制",现阶段要发展综合高中,不仅要考虑该如何建立,而且迫切需要建立与之相适应的课程结构,对这一问题的基本回答首先要明确学生和社会的需求是什么。

(1)学生需求研究

高中课程的设置不仅要取决于社会和教育发展的需要,更取决于作为学习主体的学生的需要。正是基于此,本研究首先从宏观层面分析了普通高中学生对职业技术教育以及职业技术类课程的态度和看法,以解了学生的现实需求。

①学生对职业高中的选择需求

中等教育之所以被誉为"人生的十字路口",就是因为在中等教育阶段为人

---

① 杨思伟.日本综合学科的检讨与启示[J].综合高中国际学术研讨会[C].台北:台湾师范大学教育研究中心,1998:169-189.

的发展提供了多种选择的可能,基于此,英美等国通过改变机构分流为课程分流的方式,引导学生自由选择、自主发展。我国在高中阶段实施普职分离的双轨制,普通教育与职业教育在培养目标、课程设置等方面差异明显,学生一旦进入其中的一轨,就限制了其再次流动的可能。那么在现实中,学生是如何看待这种分流的呢?

表4-6 普通高中学生专业选择情况统计表

		如果让你重新选择一次,你会选择职业高中吗		χ^2统计值
		不会	会	
来源地	城市	91.3%	8.7%	χ^2=7.611 P=0.022
	县城	88.7%	11.3%	
	乡镇及以下	85.6%	14.4%	
性别	男	83.4%	16.6%	χ^2=11.773 P=0.001
	女	89.7%	10.3%	
年级	高一	84.7%	15.3%	χ^2=5.475 P=0.065
	高二	89.4%	10.6%	
	高三	86.6%	13.4%	
学习成绩	前15%	92.8%	7.2%	χ^2=47.651 P=0.000
	16%—30%之间	91.8%	8.2%	
	31%—60%之间	88.1%	11.9%	
	61%—75%之间	81.5%	18.5%	
	75%以后	73.2%	26.8%	

从学生的来源地来看,不同来源地学生在选择职业高中中存在明显差异,一般而言,农村学生选择职业高中的比例最高,县城学生次之,城市学生最低。从学生的性别构成来看,男生选择职业高中的比例明显高于女生,而且二者在统计学意义上差异显著;从学生的年级分布来看,高一、高三的学生选择职业高中的比例略高于高二,但是差异不明显。从学生的学习成绩分布来看,学习成绩越好的学生选择职业高中的比例越低,其中学习成绩前15%的学生选择职业高中的

比例仅为7.2%,而学习成绩在75%以后的学生选择职业高中的学生比例高达26.8%,这也在一定程度上进一步印证了职业教育是"劣质教育"的事实。

学习成绩虽然是学生教育分流的事实性依据,但是即便在经过教育分流的普通高中,学生的教育选择也较为多元。从普通高中学生选择职业教育的意向来看,有19.6%的学生表示是喜欢职业技术类课程,有18.4%的学生表示想学习一门技术,有10.6%的学生表示是不喜欢普通高中的课程,15.9%的学生表示是普通高中的压力太大,因高考升学无望选择职业技术类课程的学生仅为14.6%,还有20.9%的学生是由于其他原因。由此可见,普通高中的学生依然具有多方面的教育需求。如果仅把学生的学业成绩作为学生分流的唯一依据,让学生分别进入学术轨或职业轨,而且两轨之间并不衔接,这种分流方式与教育管理方式不仅不符合高中学生自身的需要,也不符合国际中等教育发展的主旋律。

②学生对职业类课程的态度

受高考升学的影响,许多学校对职业技术类课程本着"能少开尽量少开,能不开就不开"的原则,但是从学生自身来说,他们是如何看待职业技术类课程的?学生认为自身应不应该学习职业技术类课程呢?

调查发现,有8.2%的学生对职业类课程非常喜欢,62.1%的学生表示比较喜欢或喜欢,表示不喜欢甚至一点也不喜欢的占29.7%。进一步的研究发现,学生的来源地、年级和学业成绩并不影响学生对职业技术类课程的看法(见表4-7),这也意味着职业课程的学习不再是农村学生、学业成绩不良学生的"专利"。事实上,加强学校教育与社会生活、生产实践的关联一直是马克思教育思想的重要内容。我国政府长期以来也高度重视在普通教育中加强与增进职业教育,《国家中长期教育改革和发展规划纲要(2010-2020年)》《关于推进中等和高等职业教育协调发展的指导意见》《制造业人才发展规划指南》等政策文件都明确提出要鼓励有条件的普通高中根据需要适当增加职业教育的教学内容、开设职业指导课程,采取多种方式为在校生提供职业教育。一些优质高中也开设了职业类课程,诸如北京十一学校开设的机械技术、电子技术、汽车设计、建筑设计与制作、服装设计与制作,北京师范大学附属中学开设的木工金工、服装设计与实践、摄影及图片处理等。

男女学生在对待职业技术类课程上存在明显差异($\bar{X}_{男}$=2.82±1.111,$\bar{X}_{女}$=2.97±0.963;F=-2.486,Sig.=0.013),女生相对男生而言选择职业课程的比例明显较低,因为受生理条件、文化观念、社会角色等因素的影响,性别角色在劳动力市场上存在较大差异。对于女性而言,"'工作安全性'、'工作环境'、'工作时间'等因素都对职业选择有正面的作用,而在男性样本的回归中,这些因素的作用却大部分不显著"[1],导致男女生在职业课程的选择上差异显著。

表4-7 不同背景学生对职业技术课的态度

		学生对职业课程的态度					χ^2统计值
		非常喜欢	比较喜欢	喜欢	不喜欢	一点也不喜欢	
来源地	城市	8.4%	25.0%	32.6%	25.9%	8.1%	χ^2=11.200 P=0.191
	县城	8.3%	26.8%	34.5%	24.4%	6.0%	
	乡镇及以下	8.1%	28.6%	35.5%	24.0%	3.9%	
性别	男	12.0%	30.1%	28.4%	23.2%	6.3%	χ^2=29.044 P=0.000
	女	5.9%	26.0%	38.4%	25.3%	4.5%	
年级	高一	10.6%	27.8%	33.3%	21.9%	6.4%	χ^2=11.260 P=0.187
	高二	7.9%	26.1%	35.4%	25.7%	4.9%	
	高三	5.4%	30.2%	34.9%	25.5%	4.0%	
学习成绩	前15%	7.5%	24.2%	36.6%	25.8%	5.9%	χ^2=23.129 P=0.110
	16%—30%	6.2%	27.2%	34.8%	28.9%	3.0%	
	31%—60%	7.4%	29.5%	34.2%	23.8%	4.8%	
	61%—75%	12.8%	25.6%	35.1%	19.0%	7.6%	
	76%以后	9.4%	30.9%	30.9%	22.8%	6.0%	

虽然职业类课程与高考的关联性不强,但是仍有64.4%的学生认为在学校学习一门职业技能比较重要或非常重要,有66.5%的学生表示如果学校开设职

---
[1]陈永伟,周羿.职业选择、性别歧视和工资差异:对我国城市劳动力市场的分析[J].劳动经济研究,2014(2):49-75.

业类课程自己会选修。"不要为高考而教课,不要每天都那样,压力太大了,每天加一节放松类的课";"普通文化课占的时间少一点,适当重视其他课";"文化课与技术类课同比学习";"音体美全面发展,文化课与职业类课程平衡开设";"课余时间多一点,学习少一点,学习职业类课程多些";"希望高中的课程能轻松些,多开设一些培养学生技能、交流合作的课程";"课程内容太多,课程可以减少些内容,除了基本课程外,其他个别职业课程多开一些";"不应该采用目前全国大部分地区的应试教育,高考考什么,我们就学什么的态度是非常大的弊端,我觉得高中学校开设职业类课程很重要,那样才是真正的全面发展,真正的素质教育"……(摘自学生的日志)

③学生对职业类课程的学习需求

既然大多数学生对职业技术类课程有着较强烈的学习动机和学习意愿,那么学校该如何开设职业技术类课程?职业技术类课程在学校总课程中该占多大的比重呢?

表5-8 学生对职业类课程占总课程课时比重的看法

		你认为学校目前开设的职业课程在课时上					χ^2统计值
		非常多	比较多	有点多	有点少	非常少	
来源地	城市	15.4%	24.4%	35.9%	20.5%	3.8%	$\chi^2=6.731$ P=0.566
	县城	6.3%	29.2%	27.1%	33.3%	4.2%	
	乡镇及以下	12.0%	25.6%	26.9%	30.6%	5.0%	
性别	男	16.4%	24.5%	28.9%	27.0%	3.1%	$\chi^2=6.325$ P=0.176
	女	8.6%	26.8%	28.7%	30.1%	5.7%	
年级	高一	12.3%	25.3%	30.1%	27.4%	4.8%	$\chi^2=5.411$ P=0.713
	高二	12.9%	24.7%	25.3%	32.4%	4.7%	
	高三	7.7%	30.8%	36.5%	21.2%	3.8%	

续表

		你认为学校目前开设的职业课程在课时上					χ^2统计值
		非常多	比较多	有点多	有点少	非常少	
学习成绩	前15%	9.5%	20.3%	29.7%	35.1%	5.4%	χ^2=12.669 P=0.697
	16%—30%	10.4%	28.6%	26.0%	31.2%	3.9%	
	31%—60%	12.0%	29.6%	30.6%	26.9%	0.9%	
	61%—75%	12.7%	23.8%	28.6%	27.0%	7.9%	
	76%以后	17.4%	23.9%	28.3%	21.7%	8.7%	

总体来看,有12%的学生认为学校开设的职业课程非常多,28.8%的学生认为学校开设的职业课程有些少,还有4.6%的学生认为职业课程太少。进一步的分析表明,学生对职业类课程占总课程比重的看法并不受学生性别、年级、学习成绩以及相关背景变量的影响。说明在普通高中里,学生对课程的需求是多元化的,学生的性向和志趣不同,对职业类课程的需求就不尽相同。我国2003年颁布的《普通高中课程方案(实验)》及其2017年修订的方案,都强调了通用技术教育和信息技术教育的重要性,并规划了具体的课程内容,设置了6—24学分的学习要求(约占总学分比重的6.8%—16.6%)。可以看出,新课程方案基本与学生的学习需求相吻合。但是在实践中我们发现,由于与高考的关联度不大,有31%以上的学生认为学校和教师都对通用技术课程的重视程度不够。"学校开设一些像电焊之类的课程,但是没有设备,教师就在黑板上演示一下。"(摘自一线教师座谈)。甚至在与学校教师的访谈中我们也了解到,大部分学校由于高考不考,通用技术课都没有开。至于通用技术课学业水平考试,由于考试方式和评价机制过于简单,也基本处于形同虚设的状态。"会考都能过,第一次有一大部分通过,通不过的主要是每次考试有作弊的,老师抓住几个,这个教育局也知道,但是为了能过,睁一只眼闭一只眼就过去了"(摘自一线教师座谈)。

(2)社会需求研究

任何一种课程改革都是一项宏伟工程,涉及不同的职能部门和利益主体,他们的意见和建议都应该得到尊重,并得到不同程度的反映。正是由于此,美国每次高中课程改革都需要大量地走访和调研企业主、高校教师、教育专家、课程专家、一线教师、学生及其家长、社会相关人士(包括科学家和高中毕业生)。我国基础教育"新课程"设计过程也分为:基础教育现况调查;社会需求调查;学科课程国际比较;学科发展状况研究;教育与心理学对学科学习的启示等五部分。[①] 综合高中要设计合理的课程结构,其在社会需求方面的调查对象自然也要包括企业主、科学家、教育学家、学生家长等方面的人士。然而由于各种条件的限制,本研究在社会需求方面的调查相对比较薄弱,仅仅反映了山东费县普通高中学生家长对在学校实行职业技术教育的态度和看法。

通过访谈我们发现,大多数学生家长认为,在高中阶段应该让学生接受一定数量的职业技术教育。

在我们县,每年有一大部分人都考不上大学,我觉得(在普通高中)要学一点(职业技术类课程),对将来就业好,但这个咱(我)具体不太懂(学生家长访谈,2011-10-20);现在家长们都看开了,学什么最终还不是为了生活,如果不是那个材料(指考上好大学),还不如趁早学点技术,能早赚钱。现在高中生到处都是,没有一点技术,就业很难。像我们临沂技术学院学生出路还好,县里一部分高中毕业考不上大学的孩子就到那里去学习。职业技术学院里也有2—4年的,学习好的可以边学专业课边学高考的文化课(学生家长访谈)。

这一观点也得到了国内相关研究的支持。

据《人民日报》报道,宁海县高级职业技术中学新生入学都一个多月了,还有人陆续找校长,希望把子女转到宁海县高级职业技术中学。据该校校长介绍,"学校今年计划招生800名,却有1800人报名,其中超过普通高中录取线的412人,有112人具备上全县最好中学的资格,'新科状元'叶轩含和金云巧今年中考

[①] 吕立杰.国家课程设计过程研究——以我国基础教育"新课程"设计为个案[M].北京:教育科学出版社,2008:139—141.

分数可以上当地普通高中的名校,却乐意就读职校。"①从霍益萍等人对全国普通高中的实际调查来看,综合高中模式的基本理念得到足够的支持。"如在'高中需要培养学生的选择能力'问题的问答中,232份校长问卷在五点利可特量表中所得的平均分值为4.14,标准差为0.574;6962份教师问卷在同一问题上的平均分值为4.11,标准差为0.775。两者都显示出强烈而集中的肯定倾向,而试探、选择,让学生找到适合自己个性和能力的发展目标,正是综合高中的核心价值所在。在收到的5012份有效家长问卷中,对于'希望孩子在高中就掌握一些实用技能'问题回答所得的平均分值为4.27,标准差为0.949,说明家长也非常希望学校能够提供一种兼顾学术和技术能力的融合性教育环境。"②

上述研究均表明,随着社会的不断发展和人们思想认识的不断提高,相关社会人士,尤其是部分学生家长已经认识到在高中阶段对学生进行普职融合教育的重要性和合理性,综合高中的思想和理念已经初步得到他们的认可和支持。

四、我国综合高中课程结构设计

从世界主要发达国家/地区综合高中的发展来看,尽管不同国家高中教育的类型不同,课程设置差别很大,但是就某一国家/地区而言,它们在高中阶段都设置了各种类型的学生都必须学习的共同必修课程,以及能体现学校类型和特征的其他课程。我国教育部颁布的《普通高中课程改革方案(实验)》虽然强调实施模块课程和学分制,构建重基础、多样化、层次性和综合性的现代高中课程新体系,以满足不同学生的学习需要,适应社会发展的多样化需求;但是新课程在设置上并没有突破"双轨制"的局限,在整个课程结构中很难找到职业教育的内容,并没有设立相应的职业类课程,为学生进行职业教育留下一席之地。即使是仅占4学分的通用技术课,在实践教学中也往往得不到重视,成为可有可无或者其他学科教学的"替代品"。一方面,现行的普通高中课程结构中缺乏职业教育的

---

① 浙江省宁海县:高分生为啥不上普高上职高[N].人民日报.2008-10-23.
② 霍益萍.普通高中现状调研与问题讨论[M].上海:华东师范大学出版社,2010:159.

内容;另一方面,职业高中的课程过于侧重于应用性和专业化,在课程内容上过于简单,基础性不强。

职业中学侧重于应用,侧重将来作为技工人员所应有的素质修养、基本常识的相关知识,比如在专业基础课上:语文侧重于应用文写作,如合同、协议写作等,数学侧重于专业课所需基本知识,英语侧重于常用交际用语,政治侧重于心理健康+哲学与人生+法律基础的"三门合一",计算机应用基础侧重于计算机基础知识和能力培养;课程内容上,职业高中简单得多,毕竟职业高中生源基础薄弱,为突出应用性,好多理论性的知识点只简单地说明,不必深究。职业中学就是培养实用型技术工人,它和市场当前需求联系紧密,市场往往决定了你上的课程。(黑龙江宝泉岭第二高级中学教师访谈)

由此可见,我国新一轮的普通高中课程改革并没有从根本上打破普通教育和职业教育相分离的壁垒,更不可能从根本上实现普职融通,搭建起人才培养的"立交桥"。

综合高中既不同于普通高中,也不同于职业高中。它不仅强调延缓学生的分流时间,变校际分流为校内分流、被动分流为主动分流,更强调普通教育和职业教育的融合性、学生选择的自主性和多元性。综合高中的这些理念不论是在普通高中还是职业高中的课程体系中都是无法体现和实现的。综合高中的教育理念必须体现在综合高中的课程结构中,并与综合高中的课程结构相一致,因为课程是实现教育目的最重要的手段。要构建综合高中的课程结构,首先要在明确综合高中课程价值取向的基础上,遵循综合高中课程设置的基本原则,借此设计综合高中的课程目标和课程结构。

(一)综合高中课程结构的价值取向与课程设计的基本原则

1.综合高中课程结构的价值取向

课程价值取向是有关课程问题在哲学层面的思考,是人们对课程总的看法和认识。从本质上讲,它是要回答"什么知识最有价值"的问题,当然这种价值既包括社会价值,也包括个人价值,是社会价值与个人价值的内在统一。就社会价值来说,课程往往被看作是认知的对象,是知识的载体,是独立于学生主体而存在的,其主旨与推动社会民主化、促进经济发展和政治进步相联系;就个人价值来说,课程往往被看作是学生的学习经验或学习活动,是学生在对所从事的学习活动的思考中形成的,是学生的内在体验,其主旨是与学生的需要和兴趣相吻合,建立在学生已有的经验基础之上,适应学生的个性发展。因此,它既要立足现实,从学生的实际需要出发,又要引导学生从低层次需要向高层次需要发展,"使人日臻完善;使他的人格丰富多彩,表达方式复杂多样;使他作为一个人,作为一个家庭和社会的成员,作为一个公民和生产者、技术发明者和有创造性的理想家,来承担各种不同的责任"[①],从而将个人的需要同社会的要求紧密结合起来。可见,课程价值取向对课程的发展具有引领性和统摄性的作用,通过对课程目标、课程内容、课程结构、课程实施、课程评价等的影响,调控着课程活动的全过程。因此,有学者认为,"课程价值取向是课程的核心,没有课程价值取向的变革就没有课程本质上的变化。"[②]

综合高中创办的目的是延缓学生的分流时间,促进普职融合,为学生的多元选择创造条件,从而引导学生适性发展。因此,综合高中的课程结构绝不是对已有的普通高中课程方案的简单修补,而是要从根本上打破长期以来普职分离的现状,强调课程的统整性、多样性和选择性,构建既注重基础又灵活多样的课程结构,既满足当代社会对人才的需求,又能促进学生的个性发展。基于此,综合高中课程的价值取向主要表现在以下几方面。

---
① 联合国教科文组织国际教育发展委员会.学会生存——教育世界的今天和明天[M].北京:教育科学出版社,1996:2.
② 李广,马云鹏.课程价值取向:含义、特征及其文化解析[J].东北师大学报(哲学社会科学版),2010(5):167-171.

(1)满足不同学生的学习需要,体现民主的教育思想

联合国教科文组织的研究指出,"几乎没有证据可以证明:选拔的程序能够正确地预测一个人是否具有某种特殊职业所需要的才能。一般来讲,这种选拔程序所测验的东西只限于与等级制课程有关的一个狭小的活动范围。这样的选拔方式很少考虑从社会和经济方面来的障碍,而往往把这种障碍说成是由于个人无能,作为拒绝使用的可靠理由。"①可见,以往被动的分流方式更多的是移植和复制了社会中已有的阶层结构,是已有的社会阶层在教育体系中的重演。因为所有对工业化或正在进行工业化的国家的分析都说明,那些获得"更多"教育的人也是走在社会发展前列的人②,"学生接受什么类型的教育和接受什么质量的教育,不仅受地区的经济环境影响,也受父母的社会资本、经济资本和文化资本的影响。"③而一旦进入彼此分离的普通高中或职业高中,学生的学习也就是相互分离的、互不联系的。即在普通高中里,学生的学习是以学术性课程为主,以达到进一步升学的目的;在职业高中里,学生的学习是以职业技能训练为主,以满足某一岗位对职业技能的要求。这种现象与1996年"迪尔英报告"(The Dearing Report)认为的"那些在高级证书考试中失败或者表现不佳的人参加职业课程会更好"的观点不谋而合,正如英国课程专家麦克·扬所认为的,"这种做法从本质上讲就等于假设所有学得较慢的学生应该学习职业课程,而不是继续学习普通教育课程。并且同普通高中相比,职业高中往往面临着地位不高、处境尴尬的局面。在职业高中学习的学生往往被贴上素质不高、能力不强、自信心不足等社会标签。因为学术学习与职业学习的分离反映了体力劳动和脑力劳动分离的持续的社会功能,并再生了更广大社会的差别。"④可以说,按照学习速度的快慢程度将学生划分成不同类型的做法实质上造成了新的教育的不平等。

---

① 联合国教科文组织国际教育发展委员会.学会生存——教育世界的今天和明天[M].北京:教育科学出版社,1996:106.
② Deng Z, Treiman D J.The impact of cultural revolution on trends in educational attainment in the people's republic of China. American Journal of Sociology,1997(103):391-428.
③ 李子建,萧今,卢乃桂.经济转型期的高中教育——地区比较与学校类型比较[M].北京:教育科学出版社,2009:121.
④ 麦克·扬.未来课程[M].谢维和,王晓阳,译.上海:华东师范大学出版社,2003:71.

综合高中在课程设置上打破了普通教育和职业教育泾渭分明的界限,延缓了学生分流时间,极大地缓解了中等教育阶段升学的恶性竞争,减少了家庭经济和社会背景等变量对学生升学的影响,尤其是随着各地高中招生"名额分配"办法的实施,甚至在一些地区(如黑龙江安达市)划片招生的实施,使得高中常态编班成为可能。一方面,依据常态编班,借由包容、多元、弹性的课程设置,经过试探性的学习和适当的专业引领,学生就找到了自己的"兴奋点",依据自己的爱好、兴趣和潜能,选择适合自己的教育,变被动分流为主动分流,实现了教育过程的民主化;另一方面,综合高中的课程设置打破了阶层分化的"双轨制"教育,学生在统整和试探阶段都比较系统地学习了学术性课程和职业性课程,不仅为学生在学术科和职业科之间的相互转化提供了便利,而且有助于学生之间相互了解、彼此尊重,更重要的是使其比较理智地看待社会中的分工合作和职业差异。通过课程来增进共同价值或共同利益,形成自由、民主、平等的教育理念,培养具有民主精神的社会公民。

(2)以学生经验为基础,体现终身学习的教育价值观

联合国教科文组织的一项研究指出,"一所学校如果不顾学生的才能、兴趣和智力程度,仅满足于严格回答社会要求(有些要求在制定时缺乏长远观点,其方法也有问题),那么它最终既不能满足个人的需要和愿望,也不能满足社会的需求。"[1]21世纪是知识经济的时代,人类知识总量正在以几何级数递增,"我们再也不能刻苦地一劳永逸地获取知识了,而需要终身学习如何去建立一个不断演进的知识体系——'学会生存'"[2]。由此可见,随着社会的发展,基础教育的课程目标越来越由知识本位让位于能力本位,越来越关注全人的发展。早在20世纪70年代,联合国教科文组织的丛书《从现在到2000年教育内容发展的全球展望》中,就已经明确提出了与传统不同的教育目标的新三级层次。研究认为,传

---

[1] S·拉塞克,G·维迪努.从现在到2000年教育内容发展的全球展望[M].马胜利等,译.北京:教育科学出版社,1996:171.
[2] 联合国教科文组织国际教育发展委员会.学会生存——教育世界的今天和明天[M].北京:教育科学出版社,1996:2.

统的三级层次为"知识—实用技术—态度和技能",而新的三级层次为"态度和技能—实用技术—知识"。当然,"新的三级层次绝不忽视在各层社会生活中传播的越来越多的信息,它与科学自身的发展及其对社会和个人生活产生的作用协调一致。现在人们知道,具有坚实行为素养的人(关心变化和革新,有批判精神和团结精神,富于责任感和思想自主的人)更适合于学习和更新自己的专业和文化知识。他们在需要时知道如何通过图书馆和计算机获取新信息。行为和能力也是在掌握和实践知识的过程中形成的。"[1]

综合高中的课程结构以统整的课程理论为依据,强调以学生的学习经验为基础并着眼于学生终身学习的课程结构的设计,这种课程结构既要符合学生的年龄结构和认知特点,又要有利于完成基础教育的使命,为学生的基本学习打下坚实基础。这种学习是人们为生存下去、充分发展自己的能力、有尊严地工作和生活、充分参与发展、改善自己的生活质量、作出有见识的决策并继续学习所需要的。因此,从本质上来说,综合高中的课程目标就是要将原来让部分学生升学、部分学生就业的目标调整为让每一个学生都兼顾升学与就业的目标。需要说明的是,综合高中就业的目标,并不是为学生的直接就业服务的,而是为学生未来作出合理的职业选择作准备的,是为学生进一步接受专业知识或就业培训奠定基础的。正如国际社会在宗迪恩会议上所赞同的,既要为人们今后的学习打下坚实基础,又能使人们获得积极参加社会生活的基本能力。

(3)注重基础性,体现统整的课程理念

基础教育是科教兴国的奠基性工程,对于提高国民素质、培养各级各类人才、促进社会主义现代化建设具有基础性、全局性和先导性的作用。作为基础教育的最后一环,高中教育是在义务教育之上的较高层次的基础教育,其课程应是在义务教育课程基础上的进一步分化,我国2001年颁布的《国务院关于基础教育改革与发展的决定》和《基础教育课程改革纲要(试行)》中都明确提出了"高中

---

[1] S·拉塞克,G·维迪努.从现在到2000年教育内容发展的全球展望[M].马胜利等,译.北京:教育科学出版社,1996:145.

以分科课程为主",但是分科课程并不意味着课程无需整合,基础教育的课程仍要体现其基础性,而基础性在课程结构上的重要反应之一就是课程的整合。事实表明,课程整合的思想和理念在我国《普通高中课程方案(实验)》中已充分反映出来。

《普通高中课程方案(实验)》通过设置学习领域、综合科目和模块课程,已经在课程统整方面迈出了坚实的一步。比如通过设置学习领域,以学习领域为单位构建课程,力图促进同一领域或相关领域内科目之间的整合;通过设置综合实践活动、艺术等综合课程,力图促进科目层面的课程整合;通过模块的综合化,力图促进科目内知识的整合。由此可以看出,此次普通高中新课程方案在遵循以分科课程为主的同时,在课程结构设置、课程内容组织等方面都尽可能地体现了课程统整的理念和思想。正如有学者指出的,"既重视学习领域和课程设置的综合,又重视科目内容内各模块的综合,是普通高中新课程方案的一大特点。"①然而,通过分析普通高中的课程结构后会发现,此次普通高中的课程整合对职业技术类课程很少关注,或者说关注不够,致使学生在对未来职业作出选择时显得有点盲目,不知所措。据大多数老师反映,大多数学生在高考结束后填报志愿时,对什么是电子技术专业、什么是财经商贸专业、什么是机械专业、什么是公共管理专业等几乎一无所知,学生对志愿的填报要么过度地依赖于教师和家长,要么就是追求名校、追求热门,而对专业所需的基本知识和基本技能,以及所学专业将来从事的工作方向和工作性质等完全缺乏相应的了解。因此,很难从自己的兴趣和需要出发作出相应的选择。

按照贝拉克(A.Bellack)对课程研究中要厘清三种主要关系的看法,我国《普通高中课程方案》则主要关注了同类学科之间的内部关系和大的知识领域之间的关系,而对知识与社会事务之间的关系关注不够。综合高中体现普职融合的教育理念是由综合高中的性质特点决定的,这就意味着它不仅关注大的知识领域之间的关系和同类学科之间的关系,还特别强调知识与社会事务之间的关系。

---

① 钟启泉,崔允漷,吴刚平.普通高中新课程方案导读[M].上海:华东师范大学出版社,2003:100.

因此,和普通高中相比,综合高中课程整合的内涵更为丰富、范围更为宽广。也就是说,它在参照我国普通高中学习领域、科目、模块课程设置的同时,进一步强调普通教育与职业教育的融合,将职业技术教育的内容引入现行课程体系,从而进一步加强了教育与社会生活的联系。这种引入并非是在已有课程基础上的简单叠加,而是通过进一步的统整与融合,逐步渗透并内化到已有的课程结构之中,逐步缩小了普通教育与职业教育之间的差距,拓展了学生的职业视野,协助学生作好生涯抉择,以便更好地促进学生发展。

(4)多样化和选择性的生态课程观

长期以来,我国在基础教育阶段实行的是国家统一的课程管理体制,实行的是"同一型课程"或"一元化课程",而对课程的多样性和选择性认识不足、重视不够。"一元化课程正是单一封闭的,热衷于整体划一,即统一的目标、统一的要求、统一的内容、统一的时间、统一的形式、统一的评价标准……这种同一性、划一性符合了工业化进程标准化、一体化的要求。而当今社会正从工业化向后工业化转变,标准化让位于个性化,统一性让位于多样性。学校课程如果不能适应这些变化,很好地朝着多样化方向转变,仍然坚持统一的观点,不仅与多元文化的要求相背,而且更不能满足学生多样化发展的需要。"[1]"把儿童的整体生成仅仅变为行为功能的增加,使儿童只能进行机械的输入输出的过程。这种教育把人的生长变成了呆板的机械性变化,从而抑制了学生的全面发展,剥夺了学生的自主精神和创造性。"[2]"造成目前学校教育在发展儿童的自主精神、个性和自律性方面极为不充分,它妨碍了儿童的人格形成。"[3]因此,这种"同一型"或者"一元化"的课程理念和课程设置必然是落后于现代社会变革的,与现代社会对人才的多元需求不相吻合,必然会被现代社会所淘汰。

高中阶段作为学生个性形成和自主发展的关键时期。要实现学生个性发展

---

[1] 陈时见.课程发展的多元价值选择[J].全球教育展望,2003(8):11-12.
[2] 金生鈜.理解与教育——走向哲学解释学的教育哲学导[M].北京:教育科学出版社,1997:25.
[3] 瞿葆奎.教育学文集·日本教育改革[M].北京:人民教育出版社,1991:454.

和自主发展,作为学校教育工作最直接、最具体的课程首先要为这种发展提供条件、创造机会,使具有不同学习需要、学习兴趣、学习能力的学生都得到最大程度的发展,这样的课程必然是多样的和可供选择的。反过来说,课程的多样化和选择性是学生自主发展、多元发展的重要条件和有力保障,能为学生的全面发展和个性发展留有足够的时间和空间。当然,课程的多样化和选择性并不是同一的,课程的多样化是课程选择性的前提条件,没有课程的多样化,课程的选择性也就成为无源之水、无本之木;同样,如果课程只有多样化、缺乏选择性,这样的课程充其量只是形式上的多样,并不能从根本上促进学生个性发展的。综合高中不仅强调课程内容在普通教育和职业教育之间相互融合,也要求为学生在学术科、普通科和职业科之间的流动创造条件,允许学生多次选择,构建适合学生个性发展的课程结构。和普通高中相比,综合高中更加注重课程的多样化和选择性,是一种生态化的课程观。

①培养目标的多样化促使课程的多样化

综合高中是一种变校际分流为校内分流、被动分流为主动分流的高中类型。从它对学生的分流方式来看,可以划分为学术科、普通科和职业科三类。这三类在培养目标上有很大的差异,学术科主要是为学生的升学作准备,职业科主要是为学生的就业作准备,而普通科介于学术科和职业科之间。培养目标的差异必然会导致课程结构上的差别,也就是说,在综合高中内,学生既可以选择准备升学的学术性课程,也可以选择准备就业的职业性课程。当然,一些分流意向并不明确的学生可以暂时不做出选择。以学术科、普通科和职业科为不同主线就形成了不同的课程结构体系。如果按此思路作进一步分析,在学术科里又可以划分为人文社科类、自然科学类、语言类、艺体类等不同领域;职业科里又可划分为机械制造类、电子技术类、农林牧渔类等领域(见图4-1),每一领域由于培养目标的不同,又会形成不同的科目,学生可以根据自己的兴趣和需要选择不同领域的课程。当然,各领域的课程之间并不是截然分离的,学生可以根据自己的兴趣选择不同领域的课程进行学习。

②学生的知识水平和能力志趣促使课程的多样化

长期以来,我国在基础教育阶段实行的是国家规划的课程,学生在课程中是没有选择权的。所谓的选修,只不过是选择不同的科目,更多的时候只是文理分科的标志,学生连选科的权利都没有,更不用说在学科内选择具体的学习内容了。这样导致的结果就是"一部分学生吃不饱,一部分学生吃不了"。综合高中的课程设置要从学生的实际需求出发,使不同爱好、不同兴趣、不同能力的学生都得到最大程度的发展。因此,在借鉴普通高中模块化课程设置的同时,需要进一步根据学科的逻辑结构和内在序列,将某一具体的学科划分为补偿型、拓展型和专精型三种,以此为基础设置模块课程,就使学科结构既相对独立完整,也具备了层级结构,并与国家的相关政策文件相吻合。因为我国2001年颁布的《基础教育课程改革纲要(试行)》中就明确提出,为了使学生在普遍达到基本要求的前提下实现有个性的发展,课程标准应该有不同水平的要求。具有层类结构的模块课程,既为学生根据自己的知识水平和能力志趣选择不同层级的课程提供了可能,也为学生的自主学习创造了条件,从而构建了适合学生个性发展的课程结构,最大限度地促进了学生的发展。

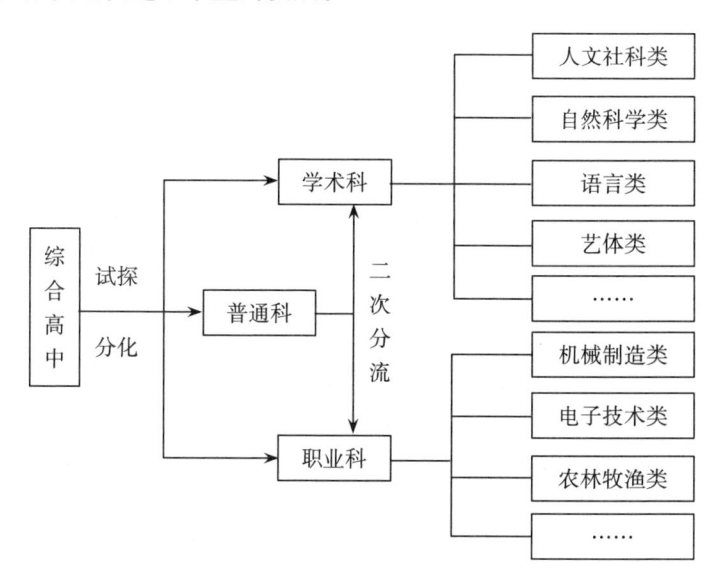

图4-1 综合高中结构示意图

③学分制的实施促进了学生的自主选择

学分制是在现代学校教育选课制度的基础上建立起来的,也是国际高中课程改革普遍采用的课程管理制度。按照学生对课程选择权限的大小,综合高中的课程设置可以依次划分为共同必修课程、综合高中必修课程、分科必修课程、学科性选修课程和自由选修课程五类。必修课程是国家为确保教育质量规定的每位学生必须达到的最低要求;分科必修课程是学生选择某一领域后在该领域必须研习的课程,是学生在该领域学习其他课程的基础;学科性选修课程是学生在同一领域内,甚至同一学科内选择不同模块的课程;自由选修课是学生完全依据自己的需要和爱好选择的课程。每门课程都会赋予一定的学分,学生选修某门课程,通过考核后,就会获得相应的学分。"学生既可按自己的意愿将这些学分配置到同一领域甚至同一学科,也可自由配置到多个领域或多个学科,这大大提高了学生选学课程的灵活性和自由度,完全避免了对学生毕业流向的硬性规定。"①

2.综合高中课程设计的基本原则

课程设计的原则是课程编制人员在对课程设计过程合乎规律的认识的基础上而制定的用以指导和规范课程设计的基本要求,对课程编制的全过程有着巨大的指导和引领作用。从课程设计原则的范畴来看,可以划分为宏观层面、中观层面和微观层面三个层次。一般来说,宏观层面的课程设计原则主要体现的是课程编制要遵循的总的指导思想,如课程编制要符合辩证唯物主义和历史唯物主义的指导思想,要符合国家课程的变化趋势,要体现本国的国情等;中观层面的课程设计原则是在总的课程思想的指导下,对课程结构进行总的设想,如课程设计中学习领域和学科的确立、课程类型和门类的划分等;微观层面的课程设计原则是对课程具体的设计行为进行规范,如某一具体学科内容的组织与选择。基于以上的分析,我们可以看出,综合高中课程结构的设计应遵循的基本原则是属于中观层面的指导原则,是依据综合高中的课程目标,在综合高中课程理念和

---

① 钟启泉,崔允漷,吴刚平.普通高中新课程方案导读[M].上海:华东师范大学出版社,2003:98.

课程价值取向的指导下,对综合高中进行课程规划时应遵循的一般性要求。

(1)以学校为本,赋予学生参与课程编制的话语权

贺拉斯·曼(Horace Mann)认为,"估量科学或文化造福于一个社会,不应过多地着眼于这个社会拥有少数掌握高深知识的人,而在于广大人民掌握足够的知识。"[1]综合高中正是基于对不同学生的考虑,强调普职融合和适应学生个性发展的课程设置,给学生的选择留有足够的时间和空间,以有利于学生的自主选择和多样化发展。这就要求学校要具有较大课程自主权,能够根据学生的兴趣和需要自主开设相应课程。我国近年来实行的国家课程占80%、地方课程和校本课程占20%的三级课程管理体制赋予了学校一定的课程自主权,然而,我们注意到,学校在开设课程上的权限依然非常有限。为此,教育部已经启动了新一轮普通高中课程标准修订调研,这次调研的重要任务之一就是进一步增加地方课程和校本课程在整个课程结构中的比重。据教育部基础教育二司原司长郑富芝介绍,修订后的课程标准可以考虑让国家的课程占60%,把40%的权利放给地方和学校,让校长有开设课程的权利。可以看出,国家的课程政策在逐步为学校自主开设课程提供便利。

综合高中之所以较普通高中更加强调以校为本的课程设置,是由综合高中的性质特点决定的。综合高中强调以选课代替分科,为学生在普通教育和职业教育之间的流动提供便利。其中在职业课程的设置上,鉴于目前学校在教学设施、师资队伍等方面存在巨大差异,因此,综合高中的课程设置既要立足于本校的实际情况,又要凸显学校的特色,是一种将原来自上而下的课程设置模式转化为自下而上与自上而下相结合的模式。将课程设置的主导权下放到学校层面,由各校依据自身特色、学生需求、师资结构、社区特点等因素,以优势学科为中心,不断加强与其他课程的联系,并将这一领域渗透到学校的方方面面,逐步构建自身的课程结构和管理体制,形成独特的校园氛围和校园文化,从而提高教育

---

[1] 理查德·D.范斯科德,理查德·J.克拉夫特,约翰·D.哈斯.美国教育基础——社会展望[M].北京师范大学外国教育研究所,译.北京:教育科学出版社,1984:12.

质量。与此同时,学校的课程设置并不能一味地为了迁就学生或者追求市场的需求而放弃教育的公共性。如果因此造成学生在基础知识和基本能力上的缺陷,那么代价将是惨重的。

尽管以校为本的课程设置明确了学校在课程设置中的权限与作用,但是以校为本的课程设置并不一定建立在学生的学习经验之上。正如杜威所认为的,"已经归了类的各门科目是许多年代的科学的产物,而不是儿童经验的产物。"[①]这样的课程设置往往与学生看到的、感觉到的和爱好的东西缺乏联系,使课程成为单纯的形式和符号。因此,一些课程编制专家,不管是施瓦布,还是比恩和比彻姆,都非常强调学生在课程编制中的作用,要求赋予学生参与课程编制的话语权,让学生真正参与到学校的课程设置之中。正是基于此,综合高中在课程设置上要求赋予学生更多的话语权,以使学校的课程设置更符合学生的兴趣和经验,并建立在学生的认知发展水平之上,最大限度地促进学生的发展。

(2)兼顾升学与就业,合理规划必修课程与选修课程

有学者认为,"近几年来美国综合中学发展的趋势是:所谓兼顾'升学'与'就业'的功能,不再是某些学生偏向'准备升学',所以学术科目要求标准较高,职业科目可以忽视;某些学生偏向'准备就业',所以职业科目必须加强,而学术科目的要求标准可以降低;而是每一位学生都要兼顾'升学'与'就业'的功能,无论准备升学或就业都一样要提升学术科目的成绩标准,同时也都要能深入了解某一领域的职业生涯。"[②]从综合高中的发展趋势我们可以看出,综合高中正在由部分学生升学、部分学生就业的目标调整为让每一个学生兼具有升学与就业的目标,以提高学生的基础知识和基本能力,增加学生对工作世界的认识。

综合高中在课程设置上必须体现和服务于上述目标。一方面通过共同的必修课程来保障学生必须达到的基础知识和基本技能;另一方面,通过大量的选修课程为学生在某一领域的发展提供可能。而且相对于必修课程,选修课程在学

---

① 约翰·杜威.学校与社会·明日之学校[M].赵祥麟等,译.北京:人民教育出版社,2005:113.
② 李然尧.美英综合中学之研究及其对实施综合高中之启示[D].台北:台湾师范大学,1998:269-270.

生的专业定向、自主发展等方面往往具有更大的作用。苏联教育家B.C.列德涅夫也非常强调选修课程的开设,在他看来,不论是必须选修的还是自由选修的,都是必要的,"因为这些课程能极大地促进学生的兴趣、爱好和才能的发展,有助于他们对职业的选定,也可以使劳动教学和学生公益劳动的某些最合适的形式在学校中得以实施。"[1]以英国为例,学校除了"设置国家课程所规定的核心课程之外,还开设有生物、化学、物理、地理、历史、电子科学等诸多学术性的课程,而且有些课程还分为不同深度、不同种类。单就外语而言,就开设有几十种。同时,学校还设置大量的音乐、美术、戏剧、艺术设计和体育课程,鼓励学生积极参加各种课外活动和竞技项目,提高学生的综合素质。此外,信息技术、酒店管理、家政服务等各式各样的实用性课程也被列入中学生的修习科目中。"[2]本研究中我们之所以将综合高中的课程按照学生选择权限的大小进一步划分为必修课(包括共同必修课和综合高中必修课)、分科性必修课、限制性选修课和自由选修课四类,目的就是要做到必修中有选修,选修中有必修,必修和选修有机结合。这样的课程设置不仅能有效缩小了学术科和职业科之间的巨大差距,为学生的多次选择创造了条件,也是提高全体学生素质,培养各级各类人才的重要保障。

(3)统整、试探、分化与专精的课程配置

依据综合高中的性质特点和综合高中课程设置的基本理论可以看出,综合高中是兼顾了学生的升学教育与就业教育,在课程设置上有效融合了普通教育和职业教育。这种融合主要表现在两个方面,一方面,综合高中在提供学生学术性课程的同时,通过加强职业课程的学习,使学生能清晰地了解自己的职业性向,养成基本的职业素养,形成正确的职业观;另一方面,除提供职业课程外,通过学术性课程的学习,拓宽了学生的基础知识和基本能力,为学生的进一步学习和发展奠定了坚实基础。在各阶段课程的主要配置表现为:

在统整阶段,综合高中和普通高中的课程设置基本相同,都以共同的核心课

---

[1] B.C.列德涅夫.普通中等教育内容结构问题[M].诸惠芳,余方,译.北京:人民教育出版社,1984:194.
[2] 陈时见,杨茂庆.高中课程的国际比较——侧重2000年以来的课程经验、问题与趋势[M].重庆:西南师范大学出版社,2010:311.

程为主。这一阶段所授予的知识范围应使人能够积极参加社会生活,进行对所有的人或绝大部分人来说都是共同的各类活动,即"对各类职业都具有稳定性的一种教育,这种教育是从事任何一种职业,或所有各种职业都必须接受的基础教育。"[1]

在试探阶段,综合高中和普通高中的课程设置大部分相同,不同的是在综合高中增加了职业试探性课程。这些职业试探性课程有助于学生了解自己的职业性向,了解在某一领域中进一步学习所必备的基本知识以及某一领域将来工作的性质、类型和特征,为学生将来自觉地选择职业奠定基础。

在分化阶段,综合高中和普通高中之间,甚至综合高中内部各领域之间在课程设置上就表现出了明显的差异。综合高中按照学生的意愿和性向特点,结合学校的实际情况,让学生在某一领域选择相应的课程和模块学习,这些课程是学生在该领域进一步学习和工作必需的、最基本的要求。

在专精阶段,综合高中各领域之间,甚至同一领域不同学生之间在课程设置上都具有较大的差异,学生根据自己的兴趣、能力和意愿选择自己喜欢的课程模块,形成个别化的课程计划。相对于分化阶段而言,这一时期课程的专业化程度更高,内容层次更深,甚至一些课程类似于美国的AP课程,在高中阶段为学生提供一些大学的课程。

(4)以选课制代替分流制,构建个别化的课程计划

1994年世界特殊需要教育大会上通过的《萨拉曼卡宣言》虽然旨在确保残疾人受教育的权利,但是宣言同时强调,每一个儿童都具有独一无二的个性特点、兴趣、能力和学习需要,教育体系的设计和教育方案的实施要充分考虑这些特点与需要的广泛差异。这些差异不应该成为歧视和排斥的理由,相反,我们更应该关注他们,提供适合他们学习的条件。长期以来,我们的教育,尤其是中等教育,往往考察学生的考试成绩,忽视了学生的兴趣、爱好和需要,忽视了学生在教育过程中的自主性和选择性,而让学生进入两条相互独立的轨道。综合高中

---

[1] Б.С.列德涅夫.普通中等教育内容结构问题[M].诸惠芳,余方,译.北京:人民教育出版社,1984:3.

依"高一统整、高二试探、高三分流"之精神,强调延缓学生的分流时间,提供学生适性选择学术课程与职业课程的机会,是符合人的认识和发展规律的。因为"人的创造能力,一般比较早就表现出来了,在中学时期就可以发展这种能力,但是他们的性格和倾向性,通常要到将近十八岁时才确定。"[1]美国劳动技能委员会的原副主席希拉里·罗德姆·克林顿(Hillary Rodham Clinton)也提出,"16岁和16岁以上的学生都应该达到国家规定的文化知识水平,然后要选择一个使他们能够适应今后工作的课程设置。"[2]

虽然综合高中强调依据学生的性向特点,通过生涯辅导,可以让学生进入普通科、职业科和学术科,但是各科之间并不是相互孤立的,正如科南特所认为的,学校的方针应当使每个学生有一种个别化的课程计划,不应当划清界限,例如分为"升学准备科""职业科""商科"等来把学生分门别类。综合高中是以选课制代替分流制,因为只有当学生选择并学习他们所喜欢的课程以及那些他们具有天赋的课程时,他们的心智才会得到最好的发展。这样的课程才是真正植根于学生经验的、有生活意义的,才能在学生发展的意识中占有适当的地位,是从学生过去所做的、所想的和所经受的当中产生出来的。当然,在教师的引导下,通过学生自主选择出来的课程并不是一堆毫无目的的、松松垮垮的课程,而是为学生学习最适合他们的课程提供一种机会,从而更有助于学生从自身个性、能力和需要出发,构建个性化的课程计划。这一思想也进一步体现了教育中真正的民主与平等。因为由教育机构强制学生修习它所提供的课程的做法并非真正的教育机会平等,而以学生和学生团体为中心,来选择他们认为对自己的一生更有意义和更具有方向性的学习科目才是教育的平等。

(5)采用学分制,增加学生选课的弹性

学分制不是以固定的总学时、修业年限来估量学生毕业所要达到的学习量,而是以学分作为衡量学生学习分量、学习成效,为学生提供更多选择余地的教学

---

[1] B.C.列德涅夫.普通中等教育内容结构问题[M].诸惠芳,余方,译.北京:人民教育出版社,1984:57.
[2] John D.McNeil.课程导论(第六版)[M].谢登斌,陈振中,译.北京:中国轻工业出版社,2007:317.

制度。"学分是计算学生完成课业的必要时间和成效的单位,是学生获得学业证书的主要依据,也是学校组织教学的依据。"[①]学分制是建立适应经济建设、社会进步和个人发展需要的更加灵活、更加开放的教学组织和管理制度的重要举措。我国早在1999年的《中共中央 国务院关于深化教育改革全面推进素质教育的决定》中就提出要在中等职业教育阶段实行弹性的学习制度,并先后在中等职业学校(2001年)和普通高中(2003年)实行了学分制。

综合高中是与普通高中和职业高中并行的中等教育学校类型,三种学校类型不同,占有的教育资源也不同。实施学分制,一方面有助于三校之间建立学分互认制度,发挥各自优势,做到资源互补;另一方面,在综合高中内部,随着中等教育普及程度的不断提高,进入综合高中的学生在知识水平和能力结构等方面愈加参差不齐,这就对传统的课程结构和管理模式提出了新挑战。学分制的实施,为学生提供了更大程度的学习自由,可以让学生根据自己的兴趣、需要和爱好选择不同类型、不同层次的课程,构建个性化的课程计划,从而达到适性发展之目的。总之,综合高中要求实现必修和选修相结合的课程类型和综合化、层次化、模块化的课程结构,为学分制的实施提供了前提条件。同时,学分制的实施,也增加了学生选课的弹性,为综合高中课程结构的多样性与灵活性提供了有效保障。

(二)综合高中课程目标设计与功能定位

课程目标既是课程编制的出发点,也是衡量课程实现程度的重要手段,并在很大程度上直接制约着学校的教育教学工作。

1.综合高中课程目标设计

(1)课程目标

黄政杰认为,在课程领域,很多时候我们会把宗旨(Aim)、目的(Goals)及目标(Objective)等统称为目标。"对课程设计而言,它们不应混为一谈;其实宗旨、目的和目标可说是课程目标的垂直分类,亦即包含了一般性的甚至特殊性的目

[①] 教育部.教育部办公厅关于在职业学校进行学分制试点工作的意见[S].2001.

标。"①美国课程专家蔡斯(Zais)将课程目标划分为三个层次,宏观层次的课程目标是指课程的总目标,亦即课程宗旨,常常反映的是社会对教育所要培养出的人的总体规划和要求,与培养目标相一致,渗透在课程设计的各个方面。如"自我实现""伦理性格""公民责任"等;中观层次的课程目标是指领域的课程目标,即课程目的,常常指学校成果,也可反映一个学校系统的取向,课程目的是长期的,其例子为"文学欣赏""批判地思考或阅读""公民事物的兴趣"等;②微观层次的课程目标是指课堂教学的最切近的成果,是在每天的课程中出现的,如"学生能正确解答五道二元方程式计算中的四道""学生能掌握化学原理"等。

从课程设计来看,宏观层面的课程目标是对课程设计的总体要求和设想,微观层面的课程目标是在课程设计完成之后,针对具体的课堂教学提出的,只有中观层面的课程目标是一定阶段的课程在特定领域的表现,对课程编制工作的指导最直接、最具体。因此,本研究中的课程目标是指中观层面的课程目标,特指综合高中课程所要达到的预期结果。确定综合高中的课程目标,"不仅有助于明确课程与教育目的的衔接关系,从而明确课程编制工作的方向,而且还有助于课程内容的选择和组织,并可作为课程实施的依据和课程评价的准则。"③

综合高中课程目标的设计不仅要依据综合高中课程编制的理论基础,也要遵循综合高中课程结构的价值取向和综合高中课程设计的基本原则。只有从综合高中的本质属性设计综合高中的课程目标,才能确保目标的科学性、合理性。

(2)综合高中的课程目标设计

综合高中的性质决定着综合高中的任务,而课程是完成这一任务的重要手段,是学校一切教育教学活动得以开展的基本依据,直接关系着学校教育工作的成败。因此,历来都将课程改革作为教育改革的核心和关键。课程改革的出发点是要有明确的课程目标,因为课程目标指的是课程要达到的基本要求,是课程编制和课程组织的重要依据,不仅指导着课程编制,也是确保课程编制规范化的

---

① 黄政杰.课程设计[M].台北:东华书局,1991:190.
② 李子建,黄显华.课程:范式、取向和设计[M].香港:中文大学出版社,1996:185.
③ 施良方.课程理论——课程的基础、原理与问题[M].北京:教育科学出版社,1996:83.

重要前提,是一种有目的的活动,这种目的性是人类区别于其他动物的根本属性。正如马克思所说的,"蜜蜂建筑蜂房的本领使人间的许多建筑师感到惭愧。但是,最蹩脚的建筑师从一开始就比最灵巧的蜜蜂高明的地方,是他在用蜂蜡建筑蜂房以前,已经在自己的头脑中把它建成了。"①劳动过程结束时得到的结果,在这个过程开始时就已经在劳动者的表象中存在着,即已观念地存在着。因此,为了体现综合高中的性质,完成综合高中的任务,以普通高中课程目标为依据,在借鉴课程统整理论、遵循综合高中课程的价值取向和课程设计的基本原则的基础上,我们可以将综合高中的课程目标归纳如下:

①时代性与基础性相结合,健全学生的身心发展,发展学生适应社会变迁的能力

随着工业时代向信息时代的转变,人类已进入一个全新的时代,这一时代是以原子能、信息技术、生物技术的发明和应用为主要标志的,是一个全球经济一体化的社会和知识爆炸的社会,它不仅极大地促进了社会经济的发展和政治的变革,也深刻地影响着人们的生活方式和思维方式。作为继义务教育之后进一步提高国民素质的教育,综合高中教育是基础教育的最高层次,自然要适应并反映时代的要求,培养与社会发展相吻合的现代人。然而,我国原有的基础教育课程结构已不能适应时代发展的需要,也不能很好地反映科学和技术的最新成果。据此,国际教育发展委员会也认为,"要使科学和技术成为任何教育事业中基本的、贯彻始终的因素;要使科学和技术成为为儿童、青年和成人设计的一切教育活动的组成部分,以帮助个人不仅控制自然力和生产力,而且也控制社会力,从而控制他自己、他的抉择和他的行动;最后,要使科学和技术有助于人类建立一种科学的世界观,以促进科学发展而不致为科学所奴役。"②从科学和技术发展的角度来讲,科学和技术迅速变化要所求的、综合高中课程的时代性目标,反映的是课程目标的动态变化的过程,它要求课程内容要体现时代精神,与社会发展、

---

① 马克思恩格斯全集(第5卷)[M].北京:人民出版社.2009:208.
② 联合国教科文组织国际教育发展委员会.学会生存——教育世界的今天和明天[M].北京:教育科学出版社,1996:9.

科技进步和文化发展相一致。因为每一个人总是处在不断变化的社会之中,要不断适应迅速发展的科学和科技对人的发展的新要求。

如果说综合高中课程的时代性目标反应的是课程目标的与时俱进的、动态的变化,那么基础性则体现了综合高中课程目标的相对稳定性和静态性。也就是说,尽管现代科学和技术瞬息万变、一日千里,但是基础教育所强调的基本规律是人类长期积累的,甚至一些是永恒不变的。这些课程内容和价值观念依然是科学和技术赖以存在和发展的基础,离开基础性,科技的发展、社会的进步也将成为空中楼阁。美国20世纪80年代提出"回归基础学科",日本教育课程审议会1998年发表的《关于幼儿园、小学、初中、高中、盲学校、聋学校及养护学校教育课程基准的改善》(咨询报告)中提出,要让学生切实掌握基础性的、基本的东西,掌握无论社会怎么变化都"超越时代而不变的有价值的东西"是十分重要的。综合高中隶属于基础教育的范畴,课程目标自然要体现和反应基础教育的特性。那么,怎么来理解课程的基础性呢?有学者认为,"法国确立的'共同文化'的概念可资借鉴。法国国家教学大纲委员会认为,如今应该重新激活关于'知识和能力(包括实践的和深思熟虑的)和谐的共同的基石'这一共和国理想。在尊重各个学科逻辑的前提下,考虑到学生作为一个人,这些学科应该在其身上获得统一。'共同基石'应该尽可能集中在各学科最基本的方面(当然不放弃在某些方面深入),并尽可能保持各学科间的和谐。"[1]

②普通文化教育与职业技术教育相结合,发展学生学术预备与职业预备的兴趣与知能

我国中等教育阶段的"双轨制"往往使普通与职业教育几乎是完全隔离的,这种分离体现为以学科课程为主的普通高中与以职业课程为主的职业高中之间的分离。其中,普通高中扮演了大学预备教育的角色与功能,主要进行升学预备教育,很少涉猎职业技术教育;职业高中开设较少的学术性课程,辅之以机械制造、电子商务、市场营销等内容,向学生传达了一种准确无误的信号,期待学生毕

---

[1] 钟启泉,崔允漷,吴刚平.普通高中新课程方案导读[M].上海:华东师范大学出版社,2003:20.

业后能够胜任某一职位的工作。然而,这种分离对学生的未来发展产生了严重影响,使普通高中的学生对职业的类型和性质缺乏最基本的认识和了解,尤其是高中毕业时,学生对高等院校和专业的选择就带有很大的随机性、片面性和盲目性,往往以高考成绩作为选择学校而非学校中一些专业的重要指标,只问学校不问专业,盲目崇拜名校,忽视了自己的职业性向和学校的特色、专业优势;职业高中由于过早地进行了专业分化,往往会造成学生的基础知识不扎实、专业面狭窄,很难适应现代社会对人的新需求。因为在信息化社会,职业流动是现代社会的主要特征,狭窄的专业训练只能适应静态的社会,与快速变化的现代社会不相吻合。只有学生具有较强的基础知识和基本技能,才能适应动态社会对学生的新需求。据"2006年的统计显示,英国15岁以上人群一生的转行、转工数平均为13次,美国的转工为10.6次、转行为4.3次,澳大利亚的转工为6.7次。"[1]很显然,以往的高中分流教育将职业高中直接配套成社会经济就业供应链上的一环的思路已经越来越没有出路了。因此,正如麦克·扬所指出的,"无论划分成高要求或低要求的学科课程,还是划分成学科课程和职业课程,可能都不能够适应21世纪对年轻人知识和技能的需要……工作组织的变革,特别是职业结构中体力劳动和脑力劳动之间界限的打破,使得以学科课程和职业课程划分为基础的14—19岁学生的课程设置很可能不能满足需要,因为为学生就业做准备的课程项目与学科课程项目是分开的……学科课程不但不应该减少(即使只对某些学生而言),而且应该面向所有学生,并与对劳动世界的理解和经验相结合。"[2]联合国教科文组织的研究也指出,"不同类型的教学——普通的、科学的、技术的和专业的教学——之间的那种严格的区别必须加以废除;而教育,从初等阶段到中等阶段,必须同时成为理论的、技术的、实践的和手工的教育。"[3]

任何以单一的学科课程或者职业课程为基础而进行的教育都是不全面的,

---

[1] 霍益萍.普通高中现状调研与问题讨论[M].上海:华东师范大学出版社,2010:32.
[2] 麦克·扬.未来的课程[M].谢维和,王晓阳,译.上海:华东师范大学出版社,2003:60-61.
[3] 联合国教科文组织国际教育发展委员会.学会生存——教育世界的今天和明天[M].北京:教育科学出版社,1996:237.

都不能作为未来课程的基础,也不能为学生的全面发展奠定基础。因此,世界各国在基础教育课程改革中都注重了普职融合的课程理念,强调通过普职融合来发展学生学术准备与职业准备的兴趣与知能。比如,美国在1990年通过的《帕金斯法案》(Perkins Act)就强调了职业教育与普通教育尤其是与学术性教育的一体化,近年来的新型高中实验项目也强调普职融合的综合高中,并称这是未来高中的基本模式;英国在《课程2000年指导书》中提出不仅要使学生在课程方面有更多的选择机会,也要求将学术性课程与职业课程有机结合起来,发展学生的关键技能。综合高中的发展正是基于社会需求和学生个体发展的需要,倡导普通文化教育和职业技术教育相结合的课程目标和统整化的课程设置,使普通教育职业化、职业教育普通化,将掌握学科知识与理解社会中各种工作性质的变化相结合,不仅使学生具有了初步的职业意识和人生规划能力,也为不同学生的发展奠定了牢固的知识基础,适应了社会需求的多样化和学生全面而有个性的发展。概而言之,这种教育可以保证职业的流动性并将其引向终身教育。

③共通性、多样性与选择性相结合,发展学生具有现代公民的基本素养和自我生涯规划能力,为学生的多样化、个性化发展奠定基础

课程目标的共通性是每一位高中学生必须达到的最基础、最基本的要求,反映的是高中阶段所有学生应具有的共性,这种共性是学生认识自我、发展自我和实现自我的前提,是作为一名现代公民所必须具备的、不可或缺的,也是学生实现多样化发展的前提。因为"大学之前最重要的不是学到了什么,而是具有学会学习的热情和基础。"[①]因此,世界各国近年来都非常重视对学生共性的培养,如美国的"共同核心课程",主要包括数学、英语、科学、社会研究等;日本新一轮高中学习指导要领确立的"共同必修科目",包括日语综合、数学Ⅰ、交际英语Ⅰ、体育和保健;英国在2007年由儿童、学校和家庭部(Department for Children, Schools and Families)推行的"14—19岁改革"中提出,到2020年,90%的19岁年轻人能够在GCSE考试中有5门课程获得A^+~C以上(或相当),70%的19岁年轻人能够

[①] Sue Bastion(1988).Theory of Knowledge in IB Curriculum——A Teacher's View, TOK Subject.IBO.

获得水平三证书(A-level)。综合高中虽然强调依据学生的个性,促进学生的多样化发展,但是这种多样化是建立在共性基础之上的,缺乏共通性的多样化只是形而上的多样化。

学生是教育的主体,作为教育主体的人不是抽象的,而是具体的。"他有他自己的历史,这个历史是不能和任何别人的历史混淆的。他有他自己的个性,这种个性随着年龄的增长而越来越被一个由许多因素组成的复合体所决定。这个复合体是由生物的、生理的、地理的、社会的、经济的、文化的和职业的因素所组成的,而这些方面对于每一个人来说,都是各不相同的。"[①]作为学生自主发展、个性形成的关键期,高中教育不仅要有利于学生的个性发展,而且要促进学生的个性发展。落实到课程层面,就要求为具有不同个性和能力的学生设置不同的课程目标。由此可以说,学生兴趣、个性和能力的多样化需要课程目标的多样化。多样化的课程目标不仅要满足学生个性发展的多元化需求,也要满足不同能力学生发展的层级需要。在这方面,世界主要发达国家已经积累了丰富的经验。例如,美国学校在课程设置上具有很大的自主权,为了满足学生的兴趣需要和个性发展,大多数学校设置了丰富多彩的选修课程,其中最具特色的是高中与大学的衔接课程,如AP课程、IB(国际预科证书)课程、DE(双学分)课程等;韩国的第七次课程改革强调,在对韩国文化理解的基础上,要根据学生的能力、个性和发展前途,编制不同水平的课程,构建国民共同基本课程和选修中心课程结构,使学生根据自身的个性和素质选择教学科目,构建"以学习者为中心"的课程结构。综合高中强调以课程分流代替校际分流,构建个别化的课程计划,自然就需要依据学生的不同需要设置不同的课程类型,甚至是同一类型的课程,由于学生能力的差异,也要设置不同的目标,以使课程能够满足不同兴趣、个性和能力的学生的需求,达到"量体裁衣"、多元化发展的效果。

多样化是选择性的前提,选择性是实现多样化的必然要求。如果课程是同

[①] 联合国教科文组织国际教育发展委员会.学会生存——教育世界的今天和明天[M].北京:教育科学出版社,1996:195-196.

一的,那就没有选择的可能和必要。相反,如果只强调课程的多样化,而学生没有真正的选择权,这种多样化也只是形式上的多样化,没有实际价值可言。因此,课程目标的选择性从本质上讲是尊重学生的个体差异性,尊重学生对课程的选择权,让学生真正成为学习的主人,尊重学生的性向和能力需要,让课程真正建立在学生的经验、兴趣和发展需要的基础之上,成为他自己的课程。更重要的是,通过选择,可以让学生学会认知、学会做事、学会自我生涯规划,以达到最大限度地促进学生发展之目的。

综合高中课程目标强调的共通性、多样性和选择性是一个有机的整体。缺乏共通性的多样性是形而上的多样性,没有选择性的多样性充其量只是形式上的多样性,只有使共通性、多样性和选择性形成一个整体,才能形成教育合力,最大限度地促进学生的多样化、个性化发展。也就是说,是在进一步提高所有学生共同基础的前提下,为每一位学生的发展奠定不同的基础。

2. 综合高中课程功能定位

综合高中的性质、任务与课程目标在很大程度上直接决定了综合高中的课程功能,或者说在很大程度上包含了综合高中的课程功能。从上面的分析中我们可以看出,综合高中具有基础性、大众性、融合性等特性,通过重基础、多样化、有层次和选择性的课程设置,在教师的引导下,让学生达到延缓分化,适性发展之目的。综合高中的这些功能前面已有较多的论述,在此不再累赘。除此之外,综合高中以课程分流替代校际分流,通过多样化、科层化、模块化的课程设置满足了不同背景、不同种族学生学习的需要,有助于促进教育和社会的民主化。

传统上,普通教育和职业教育分离的"双轨制"不仅为不同的学生贴上了不同的标签,也使大多数学习速度较慢的学生进入职业轨,最终沦为社会的底层。而且,许多教育社会学的研究还表明,学生早期的成就表现深受家庭背景与父母教养的影响,某些来自低阶层的学生可能需要更长的时间才能发挥其潜能进而有更好的表现。即使不论个人的社会背景,就自然禀赋而言,每个人的成长发展速率也有个别差异,但无论其差异如何,每个孩子都有权利在教师的协助下逐渐发展其潜能。教育是培养人,而不是选拔人,是提供适合每一位学生的教育,而不是选拔适合教育的学生。我国普通高中既然将"使每一所学校成功,使每一位学生成功"作为新一轮课程改革的基本理念,就不应该在学生对自己的性向未有充分认识之前,通过各种人为的途径,强迫学生进入不同的发展轨道。

综合高中的建立可以有效消除"双轨制"带来的种种弊端,体现民主的教育思想和机会均等的教育理念,这也是自科南特以来综合高中快速发展的根本之所在。教育民主的前提是确保每个学生都有均等的教育机会。当然,教育机会均等并不是在形式上要求所有的学生以相同的步调学习相同的内容,"这种形式上的民主不能使公民分享经济发展的利益,也不能使他在这个变化的世界中掌握他自己的命运,也不允许他最有利地发展他自己的潜力。"[①]而是在实质上具有相同的价值,即必须使每一个学生的个性特长都能得到同等的重视与发展,提供最适合每个学生的教育,从而达到"量体裁衣"的目的,并确保每一个学生都有相等的成功的机会。正如贺拉斯·曼(H. Mann)所认为的,学校教育应是"伟大的平等化装置",使处于社会经济底层的儿童能获得必要的知识技能,以提高其社会地位。

(三)综合高中课程结构设计

从世界主要发达国家/地区综合高中的发展历程来看,在创办综合高中之前,各国都为综合高中设置了独特的课程结构,诸如日本从1994年开始创办综合高中,其有关课程内容是在1993年3月公布的;我国台湾地区从1996年开始创办综合高中,在此之前分别颁布了《综合高中试办计划及试办要点》(1995)和《试办综合高中实验课程实施要点》(1996)。我国大陆地区,在两次试办综合高中的过程中都没有明确的文件或政策出台,也没有专门针对综合高中课程设置的政策文件。2010年颁布的《国家中长期教育改革和发展规划纲要(2010—2020年)》再次提出要探索综合高中的办学模式,本研究认为,要探索和发展综

[①] 联合国教科文组织国际教育发展委员会.学会生存——教育世界的今天和明天[M].北京:教育科学出版社,1996:7.

合高中,首先就要总结我们的办学历史、借鉴国际经验,结合实际,构建具有中国特色的综合高中课程新体系。

课程结构主要指的是各种课程类型及其具体科目在学校总课程中的地位和作用。课程结构取决于课程的目标和对综合高中的功能定位,有什么样的目标和功能定位,就有什么样的课程结构设计。依据综合高中的课程目标和对综合高中的功能定位,在遵循综合高中课程的价值理念和综合高中课程编制的基本原则的基础上,借鉴国内外的相关经验,可以初步勾勒出我国综合高中的课程结构。

1.综合高中的课程构成

由于课程设计者的课程理念和学校的特征差异,学校的课程构成就不同。像在美国这样的分权制国家,不同学校在课程构成上就存在着较大的差异,即使是像日本、台湾这样的国家和地区,学校也有较大的课程自主权。依据综合高中的课程目标和功能定位,在借鉴国际综合高中课程设置的同时,我国综合高中的课程可以由共同必修课、综合高中必修课、分科性必修课、学科选修课和自由选修课五部分构成。

(1)共同必修课

共同必修课是国家设定的,所有高中学生都必须学习的最基础、最基本的课程,是学校教育教学质量的最基本保障。目前,从世界范围来看,各个国家/地区都设置了一定数量的必修课程,只是在必修课程的科目和比重上,各国之间有很大差异;但就必修课程的科目设置来看,世界各国/地区基本都将母语、外语、数学、科学、体育等作为必修课程。我国在《普通高中课程方案(实验)》(2003)中规定,将语文与文学、数学、人文与社会、科学、技术、艺术、体育与健康、综合实践活动等八大领域中的15门科目设置为必修课;中等职业学校在《教育部关于印发新修订的中等职业学校语文等七门公共基础课程教学大纲的通知》(2009)中规定,将语文、数学、英语、计算机应用基础、物理、化学、体育与健康等7门课程设置为公共基础课程。在借鉴国际经验和我国普通高中、中等职业学校课程设置的同时,我们可以将语言与文学(语文、外语)、数学、科学(物理、化学、生物)、人文与社会(地理、历史、公民与社会)、体育与健康等课程作为高中阶段(普通高中、职业高中和综合高中)所有学生都必须学习的共同必修课程。

(2)综合高中必修课

综合高中必修课是综合高中学生必须学习的课程,依据综合高中的性质理念和课程目标,可以将综合高中的必修课分为生涯辅导教育和计算机应用基础教育两类。

①生涯辅导教育

生涯辅导教育旨在让学生了解每一领域工作所需的基本知识与基础技能,探索自己的兴趣、性向与潜能,明确个人成长与生涯发展规划的关系,能够依据自己的兴趣、性向与潜能选择不同学程、不同类型、不同层次的课程,以设计个性化的课程计划,达到适性发展的目的。

从世界各国中等教育的课程设置来看,自从1971年马兰(Sidney Marland)提出生计教育的概念以后,美国联邦政府早在1974年颁布的《生计教育法》中,就要求"把为每个人的职业生活作准备的生计教育课程作为中小学的必修课程,着重培养学生的生计意识和谋生能力。"[1]这些课程主要包括消费者与持家教育、一般劳动力市场准备和专门劳动力市场准备三部分;英国政府1997年颁布的《教育法案》要求所有的公立中等学校都要为9—12年级的所有学生提供生涯教育,随后教育与技能部又分别颁布了《新课程中的生涯发展教育》(2000)和《全国生涯教育框架》,将生涯教育分为自我发展、生涯探索和生涯管理三部分;日本综合高中的"产业与人类"、台湾综合高中的生活领域(包括计算机概论、生涯规划、法律与生活、环境科学概论等)中都明确规定了在高中阶段进行生涯规划教育的重要性和必要性。相比之下,我国长期以来由于实行普职分离的"双轨制",在普通高中使用同一教材、同一标准,甚至在教学上也保持同一进度,不仅限制了学生的选择权限,也忽视了对学生的生涯辅导教育,致使不少学生在高中毕业后对学

---

[1] 钟启泉.课程设计的基础[M].济南:山东教育出版社,1998:178.

校的选择、对专业的选择等都带有很大的随机性和盲目性。综合高中由于赋予了学校和学生较大的课程自主权,学生如何选择自己的学习领域、选择不同类别、不同层级的课程,不仅直接关系着自身的发展,而且关系着整个教育事业的成败。可见,对学生进行生涯辅导教育已成为综合高中课程结构必不可少的一部分。结合综合高中的性质特点,生涯辅导教育应在高中一年级完成,其主要内容应包括:A.了解工作世界与职业生活的关系;B.了解综合高中每一领域学习所必需的基本知识以及未来出路;C.了解自己的兴趣、性向与潜能,形成正确的自我认知;D.了解个人成长与生涯发展规划的关系等几部分。

②信息技术教育

信息素养是信息时代每个公民应具备的最基本、最基础的素养。随着信息化的迅速发展,信息技术教育逐渐与科学、数学等学科具有同等地位,越来越受到国际社会的重视。美国早在1992年出版的《科学素养的基础》中专门就"技术与科学""设计与系统"及"技术中的问题"分年级提出了不同的要求,2000年就制定出了《全国技术课程标准》和《技术素养标准:技术学习之内容》两份课程标准;日本早在1986年就提出培养学生的"信息应用能力",并在1999年颁布的《高中学习指导要领》中,将"信息"作为高中阶段的必修课,要求学生从信息A、信息B、信息C中选择必修其一;我国在《普通高中课程方案(实验)》中也将"技术"(包括信息技术和通用技术)作为普通高中的必修课,在《中等职业学校计算机应用基础教学大纲》中强调培养学生在操作系统、因特网等方面的应用能力。鉴于此,综合高中的信息技术教育应侧重于让学生在信息的获取、加工、管理、呈现与交流的过程中,在通过交流与合作解决实际问题的过程中,掌握信息技能、感受信息文化、增强信息意识、内化信息伦理,使高中学生发展为适应信息时代要求、具有良好信息素养的公民。信息技术教育的主要内容应包括信息技术基础、多媒体技术应用、网络技术应用等方面。

(3)分科性必修课

分科性必修课又称专业必修课,即依据专业的性质和类型,把课程分成几组,要求学生选修其中的一组或者在各组中选修一两门课程。从本质上讲,虽然分科性必修课赋予了学生选择专业的权限,但是学生并没有真正选择课程的权限,与我国普通高中实行的文理分科相类似,学生既可以选择文科领域,也可以选择理科领域,但是不管是在文科还是理科领域,都规定了该领域内学生必须修习的相关课程。不同的是,综合高中里学生选择的范围更广,内容更为丰富,不仅包括对普通文化课程的选择,也包括对职业技术课程的选择。比如,我国《普通高中数学课程标准(实验)》(2003)规定的系列1和系列2就是属于这种类型的课程,系列1是为在文科或者社会科学等方面发展的学生设置的基础性内容,系列2是为在理工科或者经济等方面发展的学生设置的基础性内容;日本《高中学习指导要领》(2009)中规定的地理Ⅰ和地理Ⅱ就是选择理科学生的必修科目。对综合高中而言,综合高中学生在学习共同必修课程和综合高中必修课程的基础上,经合理引导,学生在试探、分化之后,最终会进入诸如学术科中的自然科学类、经济类、社会科学类……或职业科中的机械制造类、电子技术类、农林牧渔类等领域中的某一具体领域。各领域之间由于自身的特点和属性,在课程目标和课程的功能定位上就有较大的差异,分科性必修课就是对具体某一领域的学生而言的、必须修习的课程。它是学生在该领域学习其他课程的基础,既反映了学生在某一具体领域所要达到的最低标准,也可以满足不同兴趣学生的学习需要,为学生的进一步学习和发展奠定基础。

(4)学科选修课

学科选修课又称"限定性选修课",是依据不同学生的特点和发展方向,允许学生在指定的学科/领域内选择一门或者几门课程,是为不同水平和潜质的学生开发的、具有不同层级的课程。近年来,世界各国/地区都为了满足不同层级学生的需要开设了多元化的选修课程。比如在美国,截至2007年,已有近60%的高中开设了AP课程,90%以上的大学承认了AP课程的成绩和学分[①];英国则为不同的学生设置了GCSE课程、A-Level课程、大学预科课程和预科延伸课程。

---

① Annual AP Program Participation 1956—2007.http://apcentral.collegeboard.com/apc/public/repository/2007.2010-03-12.

如果说分科性必修课是为了满足不同兴趣、不同性向学生的学习需要,那么学科选修课则是为了满足不同层次、不同潜质学生的学习需要。因此,依据学生的知识水平和发展潜能,我们可以将综合高中学科选修课进一步划分为铺垫类、拓宽类和专精类三种。其中铺垫类是为有学习障碍的学生设置的,具有补偿的特性;专精类是为学习优异或者学习能力超强的学生设置的,具有大学先修课的特性;而拓宽类介于二者之间,是为保障学生的正常学习而设置的。

(5)自由选修课

自由选修课是学校依据自身的特色和实际情况开设的,学生可以自由选择的课程,由于学校在历史传统和文化特色等方面的差异,各校在开设自由选修课时就存在较大的差异,这类课程最能体现学校的办学特色和办学理念。

通过以上分析,结合综合高中的性质和特点,我们可以看出,综合高中一年级的课程强调统整与试探相结合,注重共同必修课的学习,借此来提高学生的共同素养;二年级强调试探与分化相结合,注重具体领域的基础教育,借此为学生的专业学习打下基础;三年级强调分化与专精相结合,注重具体领域的专门导向学习,借此为学生进一步学习和发展奠定基础。基于此,我们可以初步勾勒出我国综合高中的课程架构示意图(见图4-2)。

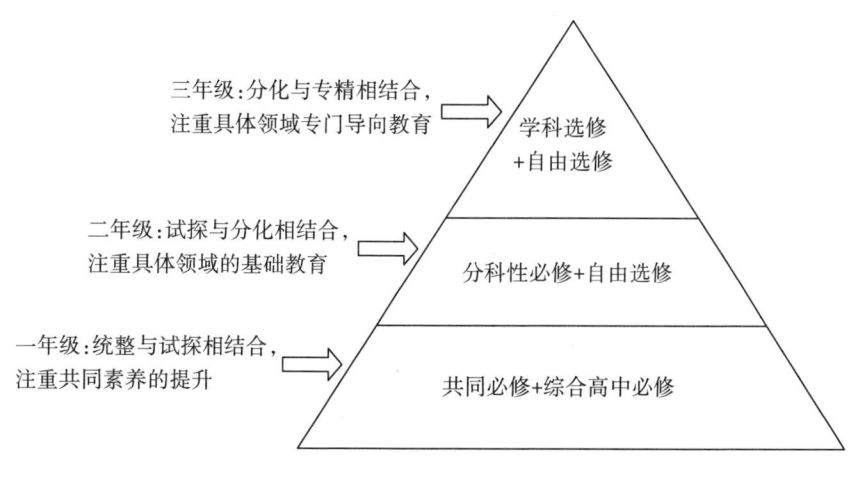

图4-2 综合高中课程架构示意图

需要说明的是,由于各方面的限制,本研究不可能、也不会设计出我国综合高中具体的、详实的课程结构，只是企图通过国际比较和学生需求调查，依据综合高中的课程目标和课程价值取向，初步勾勒出我国综合高中的课程架构。在此，我们不得不承认，与其说本研究是我国综合高中课程结构设计，还不如说是为我国综合高中的发展及其课程的架构提供了一种思路或建议。

2.综合高中的课程设置

课程设置是对课程类型、门类及其比重的设置和安排。从对综合高中课程类型分析中，我们可以看出，我国综合高中的课程设置可以初步划分为共同必修课、综合高中必修课、分科性必修课、学科选修课和自由选修课五类，其中在共同必修课程中，语言与文学（语文、外语）、数学、科学（物理、化学、生物）、人文与社会（公民与社会、历史、地理）、艺术、体育与健康等可作为所有高中阶段学生的必修课；综合高中必修课是综合高中的学生必须学习的课程，是综合高中特有的课程形态，主要涉及生活领域（生计教育、职业技术教育、信息技术教育）的相关课程；分科性必修课是学校依据自身条件和学生的性向发展需求，开设诸如社会科学类、自然科学类、经济类、机械制造类、电子技术类等领域中的一种或几种供学生选择，由于领域的不同，分科必修课程在科目和课时比重上就会有所不同，但就某一领域来说，仍然以国家规定的学科基础课课程设置为主，这样既满足了社会对人才的多元化需求，也有利于学生依据自己的性向选择不同的领域。正如科南特所认为的，既教育未来的原子科学家，也教育未来的船长、工业界巨头等；学科选修课和自由选修课则较大地体现了学生的课程自主权。

从世界课程改革的趋势来看，以美国为代表的国家，有50%以上的课程是由学生自由选择的；而我国，长期以来实行统一的课程、统一的标准，学生基本没有选择的权限。目前，美国联邦政府和各州都加强了对学校课程的管理，而我国的做法则正好相反，不断要求对学校松绑，增强学校在课程管理上的自主权。虽然这两种做法相反，但都指向了同一个方向，即在必修课和选修课之间寻求恰当的平衡点。因此，在明确了学生的学习领域和学习科目之后，如何确定必修课程和选修课程的课时比重就成为当务之急。

通过借鉴世界各国在高中阶段对共同必修课程的学分设置，依据我国《普通高中课程方案(实验)》(2003)中对各门课程的学分要求，我们初步对共同必修科目赋予以下学分(见表4-12)。按照新方案对普通高中学生毕业的学分要求，我们依然可以设定综合高中学生毕业的总学分数为144，其中由学校自主设定科目、学生自由选择的占6学分，必修科目(包括共同必修科目和分科性必修科目)116学分。借此假设，我们可以推算出分科性必修43学分、学科性选修22学分。

表4-12　综合高中课程类型、学分设置概况

学习领域	科目	必修学分	备注	分科性必修	学科性选修	自由选修
语言与文学	语文	8	-	根据社会对人才的多样化需求和学生的个性发展需要，在统整、试探、分化基础上，设置不同领域/组群，供学生选择	根据学生不同潜能和性向的发展需要，在共同必修和分科性必修的基础上，各科分类别、分层次设置若干模块供学生选择	学校根据当地社会、经济、文化发展需要，结合自身的特征和学生的兴趣，开设若干选修模块供学生选择
	外语	8	-			
数学	数学	8	-			
人文与社会	公民与社会	6	-			
	历史	5	-			
	地理	5	-	-	-	-
科学	物理	5	-			
	化学	5	-			
	生物	5	-			
生活领域	生涯辅导教育	3	-			

续表

学习领域	科目	必修学分	备注	分科性必修	学科性选修	自由选修
生活领域	职业技术教育	2	3科中任选1科，其中信息技术教育至少1学分	-	-	-
	信息技术教育	2				
	课题研究	2				
艺术	音乐	2	4科中任选2科			
	美术	2				
	工艺	2				
	书法	2				
体育与健康	体育	7	-			
	健康教育	2	-			
学分小计		73	-	43	22	6
学分所占比重（144）		50.7%	-	29.9%	15.3%	4.1%

3.综合高中课程设置的合理性

通过以上分析,我们初步规划了综合高中的课程设置情况。综合高中的这种课程设置是否具有合理性呢？我们将从以下两个方面作进一步的分析。需要说明的是,关于综合高中学习领域与科目设置的合理性,在上述分析中已经作了较为详细的探讨,在此不再累赘。

（1）确定必修课程与选修课程课时比重的合理性

从上表我们可以看出,在共同必修课程的课时比重上,综合高中共同必修课程占总课程比重的50.7%,不仅与世界主要发达国家/地区共同必修课程的课时比重相接近,而且也符合我国高中教育发展的实际情况。从我国普通高中课程改革的发展趋势来看,据教育部基础教育二司原司长郑富芝介绍,教育部已经启动了普通高中课程标准修订调研,教育部的初步想法是,过去我们三级课程,国家课程占80%,地方和校本课程占20%。经过专家的严格论证后,是不是可以让国家的课程占60%,把40%的权利放给地方和学校,让校长有开设课程的权利。首先,综合高中作为一种新型的高中类型,其本质特点就决定了它与普通高中相比有更大的课程自主权;其次,从选修课程的课时比重来看,选修课程占总课时接近20%,不仅符合了我国《普通高中课程方案(实验)》的相关规定,也与1987年美国教育部原部长威廉·贝内特提出的"理想中学"的课程"只有1/4到1/3的课程是选修的"[①]相一致;最后,分科性必修课、学科选修课和自由选修课的开设,既有助于满足不同学生个性发展的多元化需求,引导学生适性发展,也有助于凸显学校的办学特色,防止了选修课过滥或缺乏指导带来的种种弊端。不仅使普通教育和职业教育相互融合,也使必修中有选修、选修中有必修、选修和必修有效结合,为解决共性与个性、全面发展与因材施教、打好基础与发挥特长的相互关系提供了重要途径。

(2)确定各科学分比重的合理性

"学分是成功地完成某项科目(Course)所获得的分值单位,用于表明学生获得某种证书、文凭或达到某个级别所需要的学习量。"[②]学分的分值单位往往依赖于课程的内容和难度,一般来说,课程内容越多、难度越大,所需的学习量就越多,相应的学分就越高。本研究之所以对各科进行以上赋值,既依赖于我国《普通高中课程方案(实验)》,又不仅仅局限于《普通高中课程方案(实验)》,是在借鉴各国/地区课程设置的同时,对各国/地区课程标准进行比较的结果。诚如麦克·扬所认为的,"虽然全球的文化形式多种多样,教育和课程也屡有变化,但它们仍然是以某种同位结构的方式实现。世界各国在教学课目的设置和课时分配上渐趋一致。"[③]世界各国在课程设置和课时分配上的相似性为我们设置综合高

[①] 吕达.课程史论[M].北京:人民教育出版社,1999:398.
[②] 钟启泉,崔允漷,吴刚平.普通高中新课程方案导读[M].上海:华东师范大学出版社,2003:239.
[③] 麦克·扬.未来的课程[M].谢维和,王晓阳,译.上海:华东师范大学出版社,2003:7.

中的课程结构提供了现实指导。为方便起见,我们仅选择各国/地区数学课程必修内容加以说明。

仅就数学必修课程而言,美国各州高中数学在学分和内容要求上基本是统一的,其必修课程是15学分,日本为6学分,我国台湾地区为6学分,我国大陆地区是10学分。需要说明的是,美国高中数学的必修学分最多,一方面是因为他们的高中学制为4年,如果按三年平均计算,其必修课程为11—12学分;另一方面,在美国数学必修课程中,只明确规定了代数1不能低于5个学分,这意味着仍有2/3的内容学生是可以选择学习的。因此,通过比较我们可以发现,中国大陆的数学学分存在明显偏高的现象。为了进一步分析学分偏高产生的原因,我们对各国的数学必修课程的内容作了如表4-13所示的对比分析。

表4-13 部分国家和地区数学必修课程内容比较

中国大陆	中国台湾	日本	美国
数学1:集合、函数概念与基本初等函数Ⅰ 数学2:立体几何初步、平面解析几何初步 数学3:算法初步、统计、概率 数学4:基本初等函数Ⅱ(三角函数)、平面上的向量、三角恒等变换 数学5:解三角形、数列、不等式	数学Ⅰ(函数):数与式、多项式函数、指数对数函数 数学Ⅱ(有限数学):数列与级数、排列组合、概率、数据分析(平均数、标准偏差、数据标准化;散布图、相关系数、最小平方法)	1.实数、式的展开与因式分解,一次不等式,一元二次方程 2.一元二次函数、图像、最大值、最小值、一元二次不等式 3.正弦、余弦、正切及相互关系;正弦定理,余弦定理;图形的度量	1.数和数量概述(实数系、数量、复数、向量和矩阵的数量) 2.代数(代数表达式、等式和不等式、数学建模) 3.函数(初等函数、三角函数) 4.模型 5.几何(三角形、圆) 6.统计和概率

从表4-13我们可以看出,我国的数学1、数学3、数学4、数学5都可以从我国台湾地区和日本的数学课程标准中找到相对应的内容,唯独数学2中的立体几何和平面解析几何部分,在其他的课程标准中找不到与其相对应的部分,而数学2作为我国数学课程的必修模块之一,占2个学分。因此,我们建议在高中数学课程设置中,可以考虑将立体几何和平面解析几何由共同必修课程转化为分科必修课程或学科选修课程,这样就初步确立了高中数学课程的共同必修内容为8学分。

第五章　我国综合高中发展的政策保障机制

高中教育是国民教育的重要环节,是学生个性形成的关键阶段,肩负着为学生发展奠定基础和培养高素质技能型人才的历史使命。近年来,我国高中教育取得了巨大成就,办学规模不断扩大,办学条件不断改善,教学质量稳步提升。高中教育也经历了从"精英教育"到"普及教育"、从"扩大数量"到"提升质量"的历史转变。然而,在"双轨制"的教育体制下,"普通高中与职业高中两类教育在性质、目的、职能、课程与教学体系、评价与管理制度诸方面相互隔绝,形成等级森严、壁垒分明的二元对立格局"[1],如何破解普职分离的二元对立格局,实现"普职融通"一直是制约高中发展的最明显短板,得不到有效解决,从而使普通高中的"升学预备教育"和职业高中的"就业预备教育"走向了极端,严重影响和制约了高中教育的健康可持续发展。普职融通既是世界高中教育发展的基本方向,也是破解我国高中教育发展不协调的现实需要,更是现阶段培养"全人"的必然选择。

一、我国综合高中政策分析

(一)文本选择与指标确定

1.政策文本的选择

主要以《中华人民共和国重要教育文献(1949-1997)》《中华人民共和国重

---

[1]张华.我国高中教育发展方向:走向综合化[J].全球教育展望,2014(3):3-12.

要教育文献(1998-2002)》《中华人民共和国重要教育文献(2003-2008)》以及教育部相关网站为检索对象,以全国性的政策文本为主体(不含省级政府及其教育行政部门颁布的政策),共检索到我国政府在1978—2018年间颁布的有关普职融通的政策文本79份。

2. 分析框架

安德森(James Anderson)认为,政策是行为者为处理某一问题或有关事务而采取的有目的的活动过程,而政策工具是"政府赖以推行政策的手段"[①]。豪利特和拉米什(Michael Howlett & M. Ramesh)根据政府提供物品与服务水平,将政策工具从弱到强依次划分为自愿性政策工具、混合性政策工具和强制性政策工具三种。自愿性政策工具主要表现为不受或者很少受政府影响,主要任务是在自愿的基础上完成的;强制性政策工具主要表现为受政府的直接干预或影响,主要任务是在政府强制或者直接作用下完成的;混合性政策工具则兼有强制性政策工具和自愿性政策工具的特征,主要任务是政府对鼓励行为采取补贴或者通过劝诫的方式完成,当然也包括适当的惩罚性措施。本研究借鉴豪利特和拉米什关于政策工具的分类标准,分别从强制性政策工具、自愿性政策工具和混合性政策工具三个维度对普职融通政策内容进行相关分析。

3. 指标确定

融通是"融会贯通、相互沟通"的意思。普职融通就是普通教育与职业教育相互沟通、相互融合。这种沟通与融合不仅体现在教育目标上,也落实在课程内容和教育体制中。在教育目标上,高中教育不仅要为青少年接受高等教育做好准备,也要为部分未能接受高等教育的青少年就业做好准备,亦即在"培养学生今后为预见和适应重大变革所需的性格素质方面,发挥越来越大的作用。"[②]在学校课程中,普职融通主要指在普通教育中增加职业教育课程,渗透职业教育要

[①] 迈克尔·豪利特.M.拉米什.公共政策研究:政策循环与政策子系统[M].庞诗等,译.北京:三联书店,2006:141.
[②] 联合国教科文组织总部中文科.教育:财富蕴藏其中[M].北京:教育科学出版社,2009:113.

素,或者在职业教育中增加普通文化课程,渗透学术教育要素;在教育体制中,普职融通主要指普通高中与职业高中之间的学分互认与学籍互换。基于此,在政策文本分析中,可以通过招生方式、管理方式、学生流动方式、课程融合等指标来衡量普职融通情况。具体来说,如果普通教育与职业教育是分类招生、分类管理,学生之间是单向流动或者不流动的,那就意味着普通教育与职业教育之间是分离的;反之,普通教育与职业教育之间则是高度融合的。如果在普通教育中强调增加职业教育科目或者融入职业教育内容,则认为普通教育与职业教育在课程层面是融合的,反之则是分离的[1](图5-1)。

国家干预程度

低		高
深度融通(综合高中、学籍互通) 统一招生、自主分流、双向流动	初步融通(课程融合) 增设科目、增加课程内容	普职分离(普职零融通) 分类招生、分籍管理、单向流动(不流动)
自愿性政策工具	混合型政策工具	强制性政策工具

图5-1 普职融通图谱

(二)政策文本分析

1.政策文本形式分析

政策的文本形式主要包括为什么要制定政策、谁制定政策、制定什么政策等内容,亦即政策目的、政策主体、政策形式等。

(1)政策主体

政策主体往往被认为是"直接或间接地参与公共政策全过程的个人、团体或组织"[2]。为了便于分析,我们将政策主体等同于制定政策的主体,亦即政策的制定者。按照政策主体的权威性来看,有关普职融通政策的制定者可以分为三个层次,一是中共中央、国务院,二是教育部及其他相关部委,三是教育部。一般来

---

[1] 注:由于职业高中普通文化课的开设难以度量,故本研究中未使用在职业学校开设普通文化课或者增加普通文化课程内容来判断普职融通情况,而是以学生的双向流动与对口升学予以判断。
[2] 陈庆云.公共政策分析[M].北京:北京大学出版社,2006:68.

说,政策主体的层次越高,说明国家对该项政策的重视程度越高。从已收集的79份样本来看,国务院(中共中央、全国人大)颁布相关政策的16份,占政策总数的20.3%;部委联合颁布的8份,占政策总数的10.1%;教育部(原国家教委)单独颁布的政策文本55份(含中等教育招生政策26份),占政策总数的69.6%(见表5-1)。这既反映了中共中央、国务院对普职融通的高度重视,也体现了教育行政部门推动普职融通中的主体性、主导性和协调性。

(2)政策形式

政策形式主要是政策的呈现方式。一般来说,政策的主要呈现形式有"通知""意见(建议)""决定""计划""纲要"等。其中"通知"主要是要求各级教育行政部门和学校按照既定规则办理相关事宜;"意见(建议)"是对当下和未来教育发展的具体指导;"决定"是对发展某一教育事业作出的主张和部署;"纲要"是对未来教育发展的整体规划与设计。从已收集的样本来看,以"通知"形式发布的政策占政策总数的36.7%,"意见"占29.1%,"计划"和"决定"分别占12.7%、10.1%。从政策主体与政策形式的交互分析来看,国务院颁布的政策主要以"决定"和"纲要"为主,体现了中央政府对教育事业的总体部署和整体规划;部委联合的政策文本由于数量较少,在呈现规律上并不明显;教育部的政策主要以"通知"和"意见(建议)"为主,主要体现了教育部门对既定部署的执行及其对发展的具体指导。由此可见,政策的呈现形式既体现了中共中央、国务院在普职融通中的战略规划功能,也体现了教育部在普职融通政策中的具体执行指导作用。

表5-1 不同政策主体政策文本呈现形式

	国务院	部委联合	教育部
通知	2	1	54
意见(建议)	2	3	18
计划	0	1	4
决定	9	0	2

续表

	国务院	部委联合	教育部
纲要	3	2	1
报告、条例	0	1	1

(3)政策目标

政策目标就是政策所要实现的预期目的,是政策主体为解决政策问题所提出的相关要求及其对政策效果的判断。从已收集的相关政策来看,截至目前,我国政府还没有出台一部有关高中教育普职融通的专项政策。更重要的是,除《关于大力办好普通高级中学的若干意见》《国家中长期教育改革和发展规划纲要(2010—2020年)》等少数政策法规外,绝大部分的普职融通政策都是基于大力发展职业教育的目的,以实现"普职比大体相当"的政策要求,而不是着眼于高中综合化发展的基本趋势,不是从整个高中发展的战略角度去考量,致使多年来高中教育还不能很好地适应经济社会发展的需要,高中多样化发展的格局始终没有真正打开,普通高中缺乏特色、职业教育吸引力不强的根本属性没有真正改变,人民群众对优质高中教育的需求没有得到满足。

2.政策文本内容分析

(1)普职分离:贯穿高中教育始终的强制性政策工具

招生与管理政策是一种强制性政策工具,是政府对学校工作的强制作用,直接体现了政府的目的和意图。中华人民共和国成立以来,我国中等教育一直实行的是普职分离的"双轨制",即普通教育与职业教育分类招生、分籍管理。

"文革"期间,由于受各种因素的影响,大批中等职业学校停办、停招,到1976年,中等职业学校招生数仅占全部中等学校招生数的3.9%,普职比为15∶1。"1978年全国教育工作会议的召开,拉开了我国中等教育结构改革的序幕,是中等教育结构改革的一个重要转折点,"[1]同时在一些省、市开展了中等教育结构改

---

[1] 廖其发.当代中国重大教育改革事件专题研究[M].重庆:重庆出版社,2007:243.

革的试验。1980年,教育部和国家原劳动总局共同印发了《关于中等教育结构改革的报告》(以下简称《报告》),《报告》着眼于改变中等教育结构过于单一、中等教育与国民经济发展严重脱节的现象,要求不仅要在普通高中增设职业(技术)教育课,也要将部分普通高中改办为中等职业学校,并鼓励各行各业举办职业(技工)学校。1983年,教育部联合四部委颁布了《关于改革城市中等教育结构、发展职业技术教育的意见》(以下简称《意见》),《意见》进一步提出以发展中等职业教育为主的中等教育结构改革,并明确提出了"力争到1990年,使各类职业技术学校在校生与普通高中在校生的比例大体相当",这是"普职比大体相当"在我国教育政策中的首次体现。1985年,中共中央颁布的《关于教育体制改革的决定》重申了这一要求。此后的30余年,我国的中等教育政策基本都是把大力发展职业教育作为教育工作的战略重点,把扩大中等职业教育招生规模作为重要目标,力争普通高中和中等职业学校在招生规模上实现"大体相当",以推动高中阶段各种教育协调健康持续发展。坚持"普职比大体相当"就是坚持普通教育与职业教育分轨发展,但二者在招生方式、培养目标、管理模式、课程设置、学生进路选择等方面的巨大差别,就决定了学生在双轨之间不能相互流动。可见,"普职比大体相当"是政府对中等教育学校在招生和管理上的强制要求,各级教育行政部门和学校必须贯彻执行,且基本没有自由裁量的余地,目的是纠正或者规避由于各种原因导致的普职比不协调问题。尤其是教育部在《关于做好2013年高中阶段教育招生工作的通知》中,明确要求"把普职招生规模大体相当列入教育督导重要内容,对高中阶段普职大体相当推进不力的省份进行重点督查",更是体现了普职分离的硬性规定以及政府在推进普职分离中的意志与决心。

(2)课程融合:初步融通的混合型政策工具

课程政策是柔和政策,既体现了国家的目的、意图与要求,也赋予了学校较大的自主权。在高中阶段,普通教育与职业教育的课程融合主要通过三种方式表现出来,一是课程叠加的方式,即在普通文化课的基础上增设职业技术类课程;二是课程渗透的方式,即在普通文化课程中融入职业教育因素;三是课程统整的方式,即普职一体化的课程设置。普职融通的深度也是随着课程融合的方式不断变化。

从我国普职融通的相关政策来看,前两种形式在我国高中阶段都得到了体现。具体表现为:20世纪80年代的普职融通以课程叠加为主,如1983年教育部颁布的《关于进一步提高普通中学教育质量的几点意见》强调要根据城、乡不同情况,因校制宜,有计划地开设劳动技术课和职业技术教育选修课。20世纪90年代以来,普职融通开始从叠加模式向渗透模式转变。如1989年,为了推进农村教育改革,原国家教委决定建立全国农村教育综合改革实验区,并颁布了《全国农村教育综合改革实验区工作指导纲要(试行)(1990—2000年)》,明确提出普通中小学在学好文化基础课的同时,应在适当阶段、因地制宜地引进职业技术教育因素,中学还可开设职业技术选修课;1991年国务院颁布的《关于大力发展职业技术教育的决定》中也指出,"在普通教育中积极开展职业指导,因地制宜地在适当阶段引进职业技术教育因素。城市可在高三分流,对一部分人进行定向性的或预备性的职业技术教育"。此后的若干政策,如《关于在普通高中开设选修课的意见》《关于实施〈现行普通高中教学计划的调整意见〉》《加强薄弱普通高级中学建设的十项措施(试行)》《中华人民共和国职业教育法》《面向21世纪教育振兴行动计划》《2003—2007年教育振兴行动计划》等都有相似的表述。课程融合模式的转变,既反映了政府尝试将掌握学科知识与理解社会中各种工作性质的变化相结合的意愿,又反映出迫于"双轨"的教育体制,不愿打破体制机制壁垒和"二元分割"的高中教育现状,只是在彼此限度内对高中课程做些零星修补,而不是从普职一体的高度进行统整设计,促进普职课程的深度融合。可见,在课程融合中,政府更多的是通过信息发布的方式希望地方和学校进行自主探索,以缓解普通教育中的"应试教育倾向"和职业教育中的"技能培训倾向",但在豪利特和拉米什看来,通过信息发布的方式确实可以引导人们采取行动,但是在很多情况下效果并不明显,因为公众没有义务必须按照信息做事。因此,以课程融合为枢纽的混合型政策工具在促进普职融通中效果非常有限。

(3)走向综合:深度融合的自愿性政策工具

自愿性政策工具是在政府很少或者没有干预的情况下,在自愿的基础上完成预定的任务。走向综合的中等教育并不是按照分数让学生被动分流,也不是按照学生的初始选择一以贯之,而是在延缓分化的基础上,让学生自主选择、双向流动,以培养学生"为从事现有的工作作准备和培养一种对尚未想象出来的工作的适应能力。"[1]

我国政府在《面向21世纪教育振兴行动计划》中就提出了推迟学生分流,发展综合高中的设想。此后,《国务院关于基础教育改革与发展的决定》《国务院关于大力推进职业教育改革与发展的决定》以及《国家中长期教育改革和发展规划纲要(2010—2020年)》等政策文件也提出了要开展职业教育与普通教育相沟通的综合课程教育试验,发展普通教育与职业教育沟通的高级中学,探索综合高中的发展模式,构建人才成长发展的"立交桥"。《高中阶段教育普及攻坚计划(2017—2020年)》更具体地指出,要"探索发展综合高中,完善课程实施、学籍管理、考试招生等方面支持政策,实行普职融通,为学生提供更多选择机会。建立普通高中和中等职业学校合作机制,探索课程互选、学分互认、资源互通"。从政策文件中我们不难发现,摆脱"升学预备教育"和"就业预备教育"的二元争论,"在普通高中内部生成'职业因素',在职业高中内部生成'学术因素'"[2],实现高中教育从相互分离向相互沟通、从单向流动向双向流动、从初步融合向深度融通的功能性转变,走向综合化发展是未来高中教育的目标追求和路径选择。综合化的高中教育既通过共同核心课程的设置注重学生核心素养与关键能力的培养,也通过分类分层的课程选择引导学生合理分流、适性发展。

---

[1] 联合国教科文组织总部中文科.教育:财富蕴藏其中[M].北京:教育科学出版社,1996:119.
[2] 张华.我国高中教育发展方向:走向综合化[J].全球教育展望,2014(3):3-12.

二、我国综合高中发展的政策问题阐释

(一)政策目标定位的模糊影响普职融通的制度设计

政策目标既是政策制定的基本依据,也是监测与评估政策实施效果的最重要参考标准。作为学生成长发展的"立交桥",高中教育不仅在纵向上承上启下,在横向上也是左右贯通。普职融通虽然在不同的政策体系中有所体现,但基本源于大力发展职业教育的政策需要,且局限于在课程层面的初步融合,并没有从高中发展的战略高度对普职融通的目标定位、课程设置、学籍管理、学生进路选择等作出相应规定,致使探索了三十多年的普职融通基本没有进展。现阶段,我国高中教育已经从大众教育走向普及教育,让每一个孩子接受高中教育基本成为现实,在这种情况下,高中教育就要突破体制机制壁垒,打破"二元分裂"的管理体制和培养模式,强调"适性教育、全人教育、民主教育",实现从普职分离向普职融通的转型发展,以满足广大人民群众对接受不同类别教育的渴望。基于此,高中教育的改革要立足于整个高中阶段所有学生发展的需要,做好顶层设计,作出规划部署,制定诸如《高中教育法》《中等教育发展规划》《中等教育政策》《中等教育全民化方案》等政策法规,就高中教育的性质定位作出明确阐释,并以此为基础,围绕高中学生"全人"发展的需要,就高中学校的招生方式、课程设置、管理体制、学生进路选择、资源共享等进行整体设计和系统规划,构建纵向衔接、横向贯通的高中教育新体制,切实发挥高中教育在学生发展中的"立交桥"作用。

(二)政策工具之间的不协调影响普职融通的规范实施

政策工具是实现政策目标的重要手段,只有当政策工具与政策环境相适应,并服务于统一的政策目标时,才能使政策工具的效益最大化。否则,多种政策工具的混杂就可能使政策效应弱化。从普职融通的政策分析中我们可以看出,强制性政策工具主要体现了普通教育与职业教育分类招生、分类管理的思想,以实现"普职比大体相当"的政策目标;混合型政策工具和自愿性政策工具则主要体

现了普职融通在课程层面的基本理念和综合化的发展要求,以实现延缓分流、课程融合、学分互认、学籍互通的目标。显然,"普职比大体相当"与延缓分流、学籍互通是不相协调的。坚持"普职比大体相当"就是坚持普通教育与职业教育"两种学籍制度、两种管理制度",使基础教育部门和职业教育部门各司其职、各负其责,并基于各自不同的立场设计课程、实施管理。坚持延缓分化、学籍互通就是坚持高中教育一体化,是基于15—18岁儿童成长发展的需要,统一设置共同核心课程与分向发展课程、实施一体化管理。当政策工具之间不相协调时,强制性政策工具必然在整个政策体系中占据绝对的主导和支配作用,从而影响甚至制约混合型政策工具和自愿性政策工具效应的发挥。具体到普职融通中,"普职比大体相当"的强制性政策必然限制普职融通在课程融合和学生互通中深度发展。鉴于此,为了顺应世界高中教育发展的基本趋势,满足广大人民群众对优质高中教育资源的不断追求,服务学生"全人"发展的现实需要,应理顺不同政策工具之间的相互关系,逐步摆脱"普职比大体相当"强制性政策工具的束缚,注重普职融通在课程层面的深度融合,并为学生在普职之间的相互流动创造条件,实现高中教育在招生方式、课程设置、学籍管理等方面的根本性变革,为普职融通开拓更广阔的空间域,从而促进普职融通的规范实施。

(三)协同政策的缺失影响普职融通的深化发展

豪利特和拉米什认为,"政府使用劝诫工具更重要的目的是,让人们知道他正在做与解决问题有关的事情,而不是真正地解决问题。"[1]在没有其他更有效的政策工具的情况下,往往收效甚微。我国政府虽然自20世纪80年代以来一直倡导普职融通,但仅仅只是倡导而已,并没有出台与之相匹配的具体政策法规,致使"普高热、职高冷"的现象长期得不到解决,"高中'一条腿'走路的局面已经严重制约了整个高中教育的健康、协调发展。"[2]从发达国家中等教育发展的历程来

---

[1] 迈克尔·豪利特,M.拉米什.公共政策研究:政策循环与政策子系统[M].庞诗等,译.北京:三联书店,2006:159.
[2] 刘丽群,彭李.普职融通:我国高中阶段教育改革与发展的整体趋向[J].湖南师范大学教育科学学报,2013(09):64-68.

看,在中等教育普及化过程中,很重要的一点就是中等教育的综合化和分化的延后性,其切入点首先是课程的综合化和中等教育的学区制。鉴于此,我国普职融通的深化发展要以政策为先导,确定短期、中期、长期的发展规划。具体而言,近期的政策要以课程改革为突破口,开展普职融通的课程综合改革实验,构建普职一体化的高中共同核心课程,既培养学生的关键能力与核心素养,也为学生的分向发展奠定基础;中期的政策要以招生制度和学籍制度改革为重点,消除普通教育与职业教育之间的价值偏见与等级歧视,打破普职分离的体制障碍和"普职比大体相当"的政策束缚,通过学业测试、能力测评、性向引导相结合的方式,鼓励学生自主选择、自主发展,并为学生的学分互认、学籍互通、双向流动创造条件;长期的政策要以学校的质量提升和学生的进路选择为重点,既要促进高中教育从"数量增长"到"质量提升"的蜕变,实现普通教育的特色化发展和中等职业教育的精致化发展,也要加大高等院校招生制度改革,完善职业高中学生进入高等教育的机制,保障学生进路选择的多样性。

三、我国综合高中发展的政策改进

原国家教委在1995年《关于大力办好普通高级中学的若干意见》中首次明确了普通高中的办学模式,"大部分普通高中,可以通过分流,办成兼有升学预备教育和就业预备教育的学校"。1999年,国务院在转发的《面向21世纪教育振兴行动计划》中提出,要在经济比较发达的地区发展综合高中。然而,由于多方面的原因,综合高中在我国的发展出现了滞后现象。2010年颁布的《国家中长期教育改革和发展规划纲要(2010—2020年)》进一步提出要"探索综合高中发展模式",2019年《国务院办公厅关于新时代推进普通高中育人方式改革的指导意见》也提出鼓励普通高中与中等职业学校课程互选、学分互认、资源互通,促进普职融通等,而综合高中的发展依然进展缓慢,为了进一步促进综合高中快速健康发展,本研究特提出如下政策建议:

(一)采取积极政策大力发展综合高中

综合高中的发展对于巩固义务教育普及成果,提高国民整体素质具有重要意义,是深化沟通普通教育与职业教育、搭建人才培养立交桥、推进新时代高中育人模式改革的重要保障。

1.明晰综合高中在我国高中管理体制中的地位与职能

长期以来,我国中等教育实行的是"两种学籍制度,两种管理制度",从教育部到各省、市、县,普通高中学生的学籍由基础教育管理部门负责,学生报到注册后,学校按照普通高中学业水平考试管理系统的要求建立学生学籍电子档案;中等职业学校学生的学籍由职业与成人教育管理部门负责,新生登录中等职业学校学生信息管理系统注册入学。这两套系统相互独立,教育主管部门也都是基于自身的立场来规划、设计学校的课程,实施教育管理,从而为学生在不同学校之间的相互流动设置了障碍。综合高中打破了普职分离的界限,从理论上讲,它为学生的多元选择和学生的适性发展提供了可能,是中等教育发展的较为理想的形态,但是在实践过程中,综合高中首先面临着在中等教育管理体制中的准确定位问题。截至目前我国还没有关于综合高中学生学籍的专门管理机构,长期以来所谓的综合高中实质上就是在职业高中内部举办的普通高中班,这种办学形式既不利于教育资源的整合,也使得综合高中被边缘化,只能生存在普通高中和职业高中的夹缝中,至于综合高中课程的设计与实施更是无从谈起。

从综合高中的本质属性来看,综合高中既不同于普通高中,也不同于职业高中。因此,将综合高中看作是职业高中或者普通高中的一类都不利于综合高中的发展。从行政管理体制上来讲,综合高中的发展需要打破普通教育和职业教育的界限,为此,本研究建议重新调整我国中等教育管理体制,将高中的管理权限上移,由市一级教育行政管理部门统筹规划全市高中教育的发展,从中央到地方(指省级和市级)设立统一的高中教育处,负责管理高中阶段所有学生的学籍、各类学校共同核心课程的设置、实施与评价,并协调普通高中、职业高中和综合高中之间的比例关系(见图5-2)。这种管理体制既可以对目前现行的普通高中和职业高中课程内容进行整合,重新规划并确保高中阶段共同核心课程的实施,提高高中教育的质量,也有助于各种教育资源的整合,引导各类学校自主发展,办出特色,以促进我国高中教育的多样化发展。

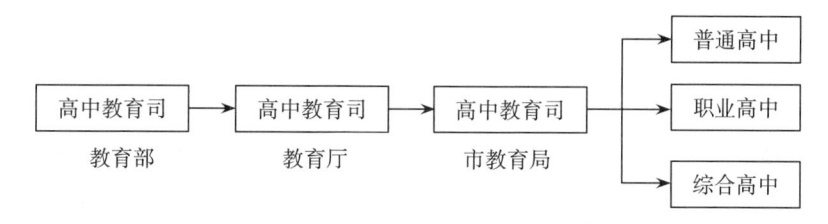

图5-2 我国高中教育管理体制改革设想图

2.综合高中发展的行政配套措施

综合高中多元弹性的学制、普职融合的课程设置、延缓分化、多元选择的教育模式与普通高中和职业高中都有很大的差别,要全面推进综合高中,探索综合高中的发展模式,就需要相应的政策支持。

政策是国家机关、政党组织或其他社会团体为实现自己所代表的阶级、阶层利益或意志,在一定时期以权威的形式规定的奋斗目标、行为原则或工作方案。"教育政策是公共政策的一部分,它是由政府及其机构和官员制定的、调整教育领域社会问题和社会关系的公共政策。"[1]世界主要发达国家/地区在特色学校建设或综合高中创办中都有类似的规定,如英国教育与技能部在特色学校发展过程中规定,"一旦学校通过英国政府的认定,就可以获得政府的配套资金(10万英镑)和4年中生均每年129英镑的政府资助。"[2]日本文部省及地方行政单位对综合高中的发展有单独的财政编列预算,"在教师员额及实习技艺教师方面,都有增加员额的办法,如若办三班,则可增加二名教师,六班可增加三名,最高三十班,则可增加十六名教师"[3]。我国台湾地区自1996年起就编列了综合高中的专

---

[1] 刘复兴.教育政策的价值分析[M].北京:教育科学出版社,2003:30.
[2] 常宝宁,高绣叶.英国特色学校发展的绩效与启示[J].比较教育研究,2012(3):57-61.
[3] 杨思伟.日本综合学科的检讨与启示[J].台湾师范大学教育研究中心.综合高中国际学术研讨会[C].1998:169-189.

案经费,1998学年度共计编列2亿台币,1999学年度起持续增加经费预算以扩大办理,并在2001年由台湾教育行政管理机构颁布了《补助办理综合高级中学课程作业规定》,详细规定了办理综合高中的补助措施。

我国综合高中之所以发展缓慢、举步维艰,最根本的原因就在于政府及其机构没有制定出具体的、符合综合高中发展的行之有效的政策。2010年颁布的《国家中长期教育改革和发展规划纲要(2010—2020年)》中进一步提出,要"探索综合高中的发展模式",但是对于如何探索,以谁为主进行探索,探索过程中政府职与权等方面没有作进一步的规定。综合高中是一种集普通教育和职业教育为一体的新型高中类型,不管是由普通高中改制而来的综合高中,还是由职业高中改制而来的综合高中,甚至是普通高中和职业高中合办形成的综合高中,学校的既有设备和师资条件都不能很好地满足综合高中的发展要求,像黑龙江省安达市综合高中的发展现状就很好地反映了我国综合高中发展面临的现实困境。

基于此,本研究建议,为了防止我国综合高中的发展再次陷入举步维艰的困境,彻底改变综合高中在普通高中和职业高中夹缝中生存的现状,切实有效地加快我国综合高中的发展,各级政府和教育行政部门要尽快出台《综合高中试办暂行办法》等相关政策文件,在《暂行办法》中明确规定试办学校应具备的基本条件,对政府认定的试办学校除给予一定的经费支持外,还要在教师队伍编制、招生保障、学籍与学分认定、升学与就业等方面给予具体的政策优惠。

3.建立综合高中发展的绩效评价

绩效简而言之就是绩与效的结合,绩主要指成绩和业绩,效是效能和效率。绩效评价是指依据事先确定的评价标准和评价细则,运用科学的评价方法,以考核和评价预设目标和实际结果之间的吻合程度,是现代企业管理和人力资源管理中的重要概念。近年来,绩效评价在教育中得到了广泛应用,例如美国的KIPP(大学预科公立)学校是以"特许状"的形式详细规定了每所学校每年所要达到的相关要求,并依次作为学校持续办学和获得政府经费支持的重要依据;英国的特色学校在申请认定和发展过程中都有具体的发展规划和评估指导。在评估时,英国地方教育督导委员会不仅要看学校的基本设施和学生的学业成绩,还要评估学校发展规划的制定和落实;我国台湾地区自2001年起就推动了"综合高中试办成效之检讨及发展改进方案",自2003年起就规定了对综合高中的访视指标。

综合高中既不同于以升学预备为主的普通高中,也不同于以就业预备为主的职业高中。正是由于综合高中和普通高中、职业高中之间的差别,任何单一地以升学指标或就业指数来评价综合高中的发展都是不全面的、不准确的,如不能反映综合高中发展的本质内涵。本研究认为,依据综合高中的本质特点,综合高中的绩效评价体系至少应该包括以下几部分。

①学校的课程设置与实施情况。其主要包括学校是否能很好地实施共同必修课程、综合高中必修课程;是否能够依据统整、试探、分化与专精的原则设置学校的课程结构,提供多元课程;是否能够依据学校的实际和综合高中课程设置合理配置师资,确保学校课程的实施等。

②选修制的落实情况。其主要包括学校是否依据自身特点和学生性向作了相关领域或学科的资讯;是否制定了完善的选课指导制度;学校开设的选修领域、选修科目及其具体的考核办法;校际合作和跨班选课的比重;选修课程所占比重;是否针对特殊儿童在课程设置上有特殊安排等。

③学生学业水平、升学与就业情况。其主要包括学生学业成绩的提高;每年升入普通高校和职业院校的学生的比重;每年学校的招生情况;每年学校学生的流失率;学生的就业率;高校和用人单位对学生的反馈意见等。

④教师专业发展情况。其主要包括教师的合格率、在职进修和教学表现等。

⑤学校整体运作情况。其主要包括教育主管部门、学生、学生家长及其相关社会人士、学校教师对学校的满意程度;学校教育经费执行情况;社区资源分享与社区支持;学校特色是否明确等。

建立综合高中自身的绩效评价体系,一方面可用于对综合高中发展的监测与评估,作为提高学校办学质量,提升办学效率的指引;另一方面也可以作为学校从政府部门不断获得专项经费和其他政策支持的重要依据。

(二)建立综合高中课程实施保障机制

长期以来,我国基础教育课程管理的权利过于集中和统一。这种高度集中和统一的课程管理不仅与我国各地发展极不均衡、文化差异很大的基本国情不相吻合,也与中等教育阶段学生多样化、个性化的发展不相吻合。2001年教育部颁布的《基础教育课程改革纲要(试行)》首次确立了国家、地方、学校三级课程管理体制,重新划分了国家、地方和学校在课程管理中的职责,赋予了地方和学校20%的课程管理自主权。在三级课程管理中,国家一级课程管理的职能部门——教育部主要负责培养目标、课程方案、学科课程标准等宏观政策的制定,并指导和督促地方教育行政部门执行这些方针政策;地方一级课程管理的职能部门——地方教育行政部门既要贯彻执行国家的课程方案和课程标准,又要根据地方的实际情况,开发好地方课程,并指导学校制定科学合理的课程计划;学校是国家培养目标、课程方案、课程标准真正得到落实的地方,既要负责国家课程和地方课程的有效实施,也要因地制宜地开发出校本课程,突出办学特色。三级课程管理体制的实施,虽然赋予学校一定的课程自主权,让地方和学校拥有相应的选择余地,但是从全国普通高中教育的发展历程来看,普通高中的同质化,尤其是普通高中在课程设置方面的同一性现象最为突出。因此,各省市在普通高中课程改革中,都将自主排课与自主会考看作是核心工作和重要内容之一。如北京市基础教育课程教材改革实验工作领导小组的工作报告认为,普通高中课程改革的目标之一是实现由学校自主安排课程,为每一位学生提供适合自身发展特点的课程,并通过有特色的课程体系彰显学校特色,并于2011年确立了10所自主排课实验试点学校。

赋予学校充分合理的课程自主权,能最大限度地调动学校在课程开发和课程实施上的积极性、主动性和创造性。像"芬兰自1994年之后在课程开发上真正走向'校本'。国家只规定宏观的课程框架,学校负责选择、开发和管理学校课程。这项改革被认为是世界上最成功的改革之一。"[①]综合高中的发展既不同于普通高中,也不同于职业高中,它的本质属性决定了综合高中和普通高中、职业高中相比,在课程结构方面应具有更大的灵活性,以适应学生多元发展的需求。这就意味着在课程设置和课程实施中首先要赋予学校合理而又充分的课程自主权,以反映和体现综合高中课程结构的多样性和灵活性。这种自主权主要表现为学校在课程设置中的自主权和学校在课程评价中的自主权两方面。

1. 学校在学科设置和排课中的自主权

综合高中在课程设置上具有较大的自主权是由综合高中的本质属性和我国现阶段创办综合高中的实际情况共同决定的。

从综合高中的本质属性来看,综合高中是一种变校际分流为校内分流、被动分流为主动分流的新型高中类型,强调依据学生的性向和特点,在学校内部设置借以统整、试探、分化、专精的课程,为学生提供自主多元的选修空间。如果说在统整与试探阶段,学校的课程设置要以共同必修课程为主,完成国家对高中教育的最低要求,那么在分化与专精阶段,由于地域、学校以及学生个性特点和知识水平等方面的差异,学生的课程选择不仅要打破班级的限制,而且要突破学校之间的壁垒,实现跨班选课、跨校选课。在这种情况下,要求学校按照同一目标、设置同一课程就既没有必要,也不尽合理。因为同一性的课程设置必然导致同一化的培养模式,产生同质化的学校。这既不符合综合高中的办学理念,也与我国高中多样化发展的总体趋势不相吻合。

从我国现阶段创办综合高中的实际情况来看,综合高中的发展要以质量相对薄弱的普通高中和职业高中为重点,因为这些学校面临着生存困境,综合高中的创办为他们提供了机遇和契机,注入了新的活力,激发了他们内外部的双重动

[①] 钟启泉,崔允漷,吴刚平.普通高中新课程方案解读[M].上海:华东师范大学出版社,2001:28.

力。然而，不管是由普通高中或者职业高中直接改制而来的综合高中，还是由普通高中和职业高中合并而成的综合高中，学校在师资设备、教学资源等方面都存在很大的差异。综合高中的发展必须以学校的现有基础为依托，尤其是在职业科的课程设置上，要充分利用和发挥学校原有的资源和优势。

由此可见，不管是从综合高中的本质属性还是综合高中的办学实际来看，综合高中的发展都要求学校拥有较大的课程自主权。这种课程自主权主要表现在两个方面，一是学科设置的自主权。学科设置的自主权主要是指学校能够从自身的办学思想、办学理念出发，充分利用已有的课程资源和教学设备，为不同职业性向的学生设置不同类型的课程结构，尤其是体现在综合高中的职业科中。如在宝泉岭二中的职业科中，可构建以建筑类、机电类和计算机类为核心的学科群；在安达七中构建以电子商务类、电子电工类为特色的学科群；在风陵渡中学构建以农业机械化、园林为特征的学科群等。二是学校排课的自主权。与学科设置的自主权不同，自主排课主要指学校在课程安排、课时长短上具有较大的自主权，为不同知识水平的学生设置不同的课程，以促进学生全面而有个性的发展。学科设置自主权和排课自主权的有机结合，有助于彰显学校特色，为学生设定个性化的课程计划，实现课程设置与课程实施的多样化，实现人才培养模式的多样化。

2.学校在课程评价中的自主权

泰勒认为，"评价过程实质上是一个确定课程与教学计划实际达到教育目标的程度的过程"[1]，是一个确定实际发生的行为变化的程度的过程。既有助于检验我们组织和制定教学计划的基本假设的效度，也有助于检验教学计划实施的有效性，是促进学校发展的有效手段。

如果说综合高中在学科设置和排课中的自主权为综合高中课程的实施提供了前提条件，那么学校在课程评价中的自主权则为综合高中课程的实施提供了

---

[1] 拉尔夫·泰勒.课程与教学的基本原理[M].施良方，译.北京：人民教育出版社，1994：85.

有效保障。因为综合高中是普通教育和职业教育融为一体的一种新型高中类型,课程设置不仅要为不同性向的学生设置不同类型的学程,也要为不同能力的学生安排不同层级的课程。也就是说,在综合高中,不仅不同学校之间,甚至同一学校内部不同学生之间在课程设置上都有很大的差别。在这种条件下,在同一时间,按照同一标准和同一要求对综合高中学生进行统一评价就不尽合理。因此,为了促进综合高中课程的有效实施和综合高中的快速发展,体现学校在学科设置和课程安排中的自主权,要进一步扩大综合高中在课程评价中的自主权。

基于此,本研究建议,综合高中学术科的学生除按相关规定参加各省市教育行政部门组织的学业水平考试,成绩合格者颁发综合高中学术科毕业证书外,职业科学生的课程评价要在相关教育行政部门的指导与监督下,由学校自主组织实施,成绩合格者颁发综合高中职业科毕业证书,并在毕业证书中注明其主修学科。如果学生在完成学术科考核的同时,对某一职业科系列课程的学习达到40学分,应在毕业证书中加以注明,或者颁发相关技能证书。

3.建立选课辅导机制,帮助学生形成个性化的课程计划

综合高中反对对学生进行过早分化,尤其是反对以分数为唯一依据将学生分门别类。它强调多元弹性的课程设置,并赋予学生合理的课程选择权,构建个性化的课程计划,以达到适性发展的目的。那么,针对学校提供的丰富多彩的课程,学生如何做出选择,如何确保学生的课程选择是科学合理的,是符合学生的兴趣、爱好与特点的,并能根据自身的情况和外部环境的变化迅速作出调整就显得尤为重要。

如果说多元弹性的课程是综合高中的主体架构,那么选课辅导机制则是串联这个架构的基本必要因素。"在学科课程实施过程中,指导不仅是教学的补充和延伸,还具有独特功能,在帮助学生学业成功和个人发展中发挥出教学无法替代的作用。"[1]建立科学合理的选课辅导机制,既是学生形成科学合理的个性化课

---

[1] 霍益萍.普通高中现状调研与问题讨论[M].上海:华东师范大学出版社,2010:215.

程计划的前提,也是学生个性化学习和个性化发展的重要环节。一些发达国家/地区都通过建立选课指导制度,帮助学生形成个性化的课程计划,促进学生的个性化发展。像"英国高中生确定自己的学习计划大致经历下列步骤:学校提供信息→咨询→学生自我决定→初步定型的个人学习计划(由所选择的课程组成)→改动学习计划→最后定型的学习计划。德国从第12年级(相当于我国的高二)开始各州大体上都一样,学生正式打破年级制,按课程制上课。学校把第12、13年级划分为4个半年的课程段落。学生完全可以自己决定选择什么课程作为自己的基础课程和特长课程。每学期开头,学生根据他们学校开设的课程,给自己订出一个个人的课程表。"[1]综合高中的学生有了这种个别化的课程计划,就不至于感到自己由于选择了普通高中或者职业高中的课程而被人称作是这一类或者那一类学生,被贴上与众不同的标签。

与此同时,为了确保学生在课程选择中的合理性,避免盲目从众和避难就易等现象的发生,就需要建立与之相适应的选课辅导机制。选课辅导机制的建立,一方面要和综合高中的生涯辅导教育相结合,加强学生的自我认知和职业认识教育;另一方面,要设计科学合理的学生选课指导手册,加强对学生选课的实际指导。

(1)加强学生的自我认知教育

乌申斯基在研究教育人类学问题时就指出,"如果教育学想全面地培养人,那么它就应该首先全面地了解人"[2]。在综合高中,学生在课程实施过程中具有很大的课程选择权,要使学生根据自己的兴趣和性向选择适应自身发展的课程结构,首先需要学生全面地了解自己,形成正确的自我认知。然而,高中阶段是学生发展的关键期,"是个人发展倾向选择定向的时期"[3],是心理变化最为激烈、最为明显的时期,由于心理发展不成熟、情绪不稳定,学生常常会产生自我定位

---

[1] 钟启泉,崔允漷,吴刚平.普通高中新课程方案导读[M].上海:华东师范大学出版社,2008:25.
[2] B.C.列德涅夫.普通中等教育内容结构问题[M].诸惠芳,余方,译.北京:人民教育出版社,1984:17.
[3] 文喆.普通高中教育多样化发展的几点思考[J].北京市普通高中多样化发展与督导制度建设课题组.育人为本 以督促建 多样发展——北京市普通高中多样化发展与督导制度建设的调研与思考[M].北京:首都师范大学出版社,2011.

不准确、自我认知失调等问题,从而严重影响了学生的课程选择。

"选择职业教育或普通教育中的某一特别学科的依据,应是对学生的长处和短处所作的认真评价。作为这一总评价之一的学业评价不应导致这样的结果,即按照不及格情况或一些旧框框进行筛选,对学业不好的学生,一律引导他们从事体力劳动;对女青少年,一律指导他们不学习技术和科学。"[①]而是在借助学业和能力性向测验的同时,在教师、家长及其相关人员的咨询帮助下,学生对自己的兴趣、爱好、特长、能力等有一个清晰的认识和准确的判断,从而能够根据学校的实际情况和自身的特点选择适合自己兴趣和性向的课程结构,构建个性化的课程计划。

(2)加强学生的职业认识教育

作为一种普职融合的新型高中,综合高中的学生可以自由选择学术导向、普通导向和职业导向的相关课程,这种选择既与学生当下的学习直接相关,也与学生毕业之后上什么学校、选择什么专业或从事什么职业紧密相连。不管是以升学为目的还是以就业为目的,学生的课程选择都直接或间接地影响了其今后从事职业的性质和类型。联合国教科文组织的研究也指出,"在中学教育阶段就应该进行普遍综合技术教育——这种教育可以保证职业的流动性并将引向终身教育。"[②]可见,在综合高中加强对学生的职业认识教育是历史发展的必然要求。古德莱得甚至认为,"从低年级开始,学校就应当并且能够充当一个有用的角色,帮助学生发展一个成熟的职业和职业选择的观念,并建立起职业决策的理论基础。应该尽可能地在适当的环境背景中为学生提供职业意识的教育,使他们能够想象自己参与这种工作的情境,并检验他们是否能与这种工作认同。"[③]

职业教育的贡献在于"使学生为走向生活、自觉地选择职业和接受职业教育

---

① 联合国教科文组织总部中文科.教育:财富蕴藏其中[M].北京:教育科学出版社,1996:122.
② 联合国教科文组织国际教育发展委员会.学会生存——教育世界的今天和明天[M].北京:教育科学出版社,1996:96-97.
③ 约翰·I.古德莱得.一个称作学校的地方[M].苏智欣,胡玲,陈建华,译.上海:华东师范大学出版社,2006:390.

作好准备和发展学生个性的改造品质。"①为此,综合高中除应在生涯辅导教育中加强学生对工作世界与职业生活的了解外,还应通过职业科资讯让学生了解职业工作内涵、工作环境、待遇,从事该项工作应具备的性向、能力等,将其作为学生规划从事某项工作的参考;通过妥善规划各种参观活动或工作试探机会,让学生亲自在职业现场参观、试探或体验,从而深入了解各项职业活动;通过利用班、周会或其他社团活动时间邀请业界人士到学校演讲,以使学生了解工作世界的趋势、各类职业的内涵和从事各项职业成功的条件等。通过加强学生对职业的认识教育,不仅有利于学生科学合理地选择自己的学习领域和具体的学习科目,落实综合高中的课程计划,也有助于学生重新认识普通教育和职业教育的关系,意识到普通教育和职业教育之间不是高低层次的差别,而是人才类别的不同,彻底改变职业教育地位尴尬的局面。

(3)设计科学合理的选课指导手册

"制定选课指南的根本目的是为了让学生更好地进行学业规划和人生规划,它除了要向学生提供相关的帮助信息之外,更多的可能还是向学生呈现相关的带有规范、引导其选课行为的各种具体的学校课程制度或政策。"②它既要把选修课的基本信息都呈现出来,又要便于教师、学生和家长阅读。由于综合高中在创办过程中各所学校在历史传统、师资设备等方面的差异,各个学校在开足开好国家共同核心课程的基础上,在相关领域及其具体科目的开设上都会存在很大差别,这就要求学校从自身的特点出发,结合学校的课程设置制定具有学校特色的《选课指导手册》。一般来说,《选课指导手册》在内容上至少应包括以下几部分。

①学生毕业的基本要求。主要包括综合高中学生毕业的总学分数和在分科性必修课、学科性选修课、自由选修课中的最低学分要求。

②课程结构介绍。主要包括综合高中学术科、普通科和职业科中每一领域的课程结构,如学术科中的人文社科类课程结构表、自然科学类课程结构表、艺

---

① B.C.列德涅夫.普通中等教育内容结构问题[M].诸惠芳,余方,译.北京:人民教育出版社,1984:231.
② 柯政.校内选课指导制度的建立[J].当代教育科学,2003(20):17-21.

体类课程结构表;职业科中的机械制造类课程结构表、电子技术类课程结构表等。

③课程介绍。主要包括选择每一门课程的基本要求、学习课程的意义、课程的内容介绍和学分要求、上课时间、课程的考核与评价方式等。

④课程设置及其学分分配。主要包括学校每学期开设的可供学生选择的课程及每位学生每学期所修习的学分的最低要求和最高要求。

⑤学生选课的流程及其说明。主要包括学生选课和退课的相关操作与规定、选课结果查询等。此外,还包括对学生跨班选课、跨校选课、跨年级选课的说明等。

⑥学分的认定与转化。主要包括不同学校、不同科目之间学分的相互认定与转化。

(三)实施学分制,建立弹性学制

1.实施学分制

学分制是伴随着选课制而产生的。在实行选课制的学校,由于同时入学、同一系科的学生之间所学的课程及其学习进度不相同,学年制的管理已不适用。为掌握学生学习状况,审查入学、转系、转学、毕业等事项,需要建立一个衡量学生学习状况并可供比较、判断的统一标准。学分就是一种衡量学生课程学习量的标准计量单位。[1]

综合高中作为一种以校内分流代替校际分流、以课程分流代替机构分流的新型高中类型。它注重多样化、科层化、模块化的课程设置,强调学生依据自身的知识水平、学习能力、个性与兴趣选择不同类型、不同层次的课程。这种选择,"从教育理论上说,它强调了受教育者在教育过程中的主体地位;从法学理论上说,它强调了受教育权利主体在享受受教育权利时的主动、自由性。"[2]也就是说,

---

[1] 许象国.基础教育课程管理概论[M].上海:上海教育出版社,2002:187.
[2] 尹力.试析受教育权利[J].教育研究,2001(5):18-21.

在综合中学,学生在高一阶段经过必修课程的学习后,在教师和相关专业人员的指引下,一部分学生会选择以升学导向为主的文化课程,另一部分学生则会选择以就业导向为主的职业课程,即使是在同一科,学生也会选择不同领域的课程,如在职业科,一些学生会选择以机械制造类为主的课程,一些学生会选择以电子技术类为主的课程,诸如此类等。"为了与多样化、选择性的课程结构相适应,需要学分制来进行课程管理。"[1]学分制的实施,一方面需要提供丰富的、多样化的、可供选择的课程与之相适应;另一方面,也是体现学生选课的自主权,保障这些课程有效实施的重要手段。

2.建立弹性学制

学分制与学年学时制是两种不同的课程管理制度,学分制以学分替代了学年学时制中的学习年限、学习科目、学习时数等要求,是以学分作为学生毕业的基本要求。我国2003年颁布的《普通高中课程方案(实验)》虽然实行了学年学分制,但是学生的毕业与否并不取决于其获得学分的多少,更多地依赖于是否通过各省市组织的学业水平考试。学业水平考试事实上是衡量普通高中学生能否顺利毕业的基本要求。相比而言,中等职业教育不论是在实施学分制还是弹性学制方面都有所突破。教育部在颁布的《中等职业学校学生学籍管理办法(2010)》中明确规定,对于中等职业学校招收的初中毕业生或具有同等学力者,基本学制为3年,学习时间原则上为3—6年;招收的普通高中毕业生或同等学力者,基本学制为1年,学习时间原则上为1—3年。可见,与普通高中相比,中等职业学校在学分和学制管理上更为灵活,初步探索了弹性学制的实施。

所谓弹性学制就是"在基本维持一定年限的基础上,允许有一定的上下浮动,或者在规定年限内采取灵活措施。"[2]美国、瑞典、芬兰、日本等国在高中阶段都不同程度地实行了弹性学制,其中芬兰早在20世纪70年代初就在高中阶段进行了无年级制试验,并于1999年在《高中教育法》中规定所有的高中都要

---

[1] 沈兰.普通高中学分制研究[D].上海:华东师范大学,2004.
[2] 张德伟,梁忠义.国际后期中等教育比较研究[M].北京:人民教育出版社,2006:120.

采用无年级授课制。

综合高中集普通教育和职业教育为一体,为不同的学生设置了具有不同导向的课程结构,学生选择哪种类型、哪种层次的课程完全是由自己决定的。与普通高中和职业高中相比,综合高中学生在兴趣、爱好、能力等方面的差异最为明显,而综合高中的本质属性规定了要为不同个性和潜能的学生提供不同类型、不同层次的课程,课程的设置要满足不同学生的发展需要。既要有利于"天才儿童"的教育,也要有利于"学习障碍儿童"的教育;既要有利于学术型人才的培养,也要有利于职业型人才的培养。而"天才儿童"和"学习障碍儿童""学术型人才"与"职业型人才"在学习内容、学习进度、教学方式等方面都存在巨大差异,这就使得综合高中不可能按照同一内容、同一进度培养不同类型的人才。弹性学制的实施有力克服了上述种种弊端,尤其是在"天才儿童"和"学习障碍儿童"教育方面的作用最为突出,能够适当缩短或延伸学生的学习时间,从而促进了学生的个性化发展,促进了重基础、多样化、选择性的课程在综合高中的实施。

(四)探索综合高中考试评价制度改革

我国综合高中起步晚、发展较为缓慢,其中一个很重要的原因就是受考试评价制度的制约。因为综合高中没有专属的课程,学校只能使用普通高中或者职业高中的教材,不仅教学效果甚微,而且也缺乏与综合高中发展相适应的考试评价机制。长期以来,综合高中的发展直接受到普通高中升学竞争与职业高中就业竞争的双重压力,在这种双重压力的影响下,综合高中的办学方向和培养目标就在不知不觉中发生了偏移,要么陷入普通教育的一轨,只满足学生升学的需要,沦为升学预备教育;要么陷入职业教育的一轨,只满足学生就业的需要,沦为就业预备教育。正如古德来得所认为的,在综合高中,我们的"教育目标奢谈培养个人的灵活性、独立思维和创造力,而学校的实践却是另一回事。这就揭示出极大的虚伪。"[1]

---

[1] 约翰·I.古德莱得.一个称作学校的地方[M].苏智欣,胡玲,陈建华,译.上海:华东师范大学出版社,2006:3.

综合高中强调依据学生的兴趣和性向分别引导学生选择不同类型、不同层次的课程。从课程的层面上来看,可以说综合高中的课程设置达到了"量体裁衣"的效果,真正适应了学生个性发展的需求,实现了社会对人才的多元化需求(见图5-3)。与此同时,为了防止综合高中课程设置的表面化、形式化,还必须建立与综合高中课程相吻合的考试评价制度。因为考试评价既是对课程实施的检验,也在一定程度上引导和规范着课程的实施程度。综合高中的发展既离不开我国高考制度的制约,也不能完全受制于高考制度的束缚,要在高考制度许可的范围内,最大限度地探索与综合高中课程改革相吻合的考试评价制度改革,以促进综合高中的长效发展和综合高中课程的有效实施。

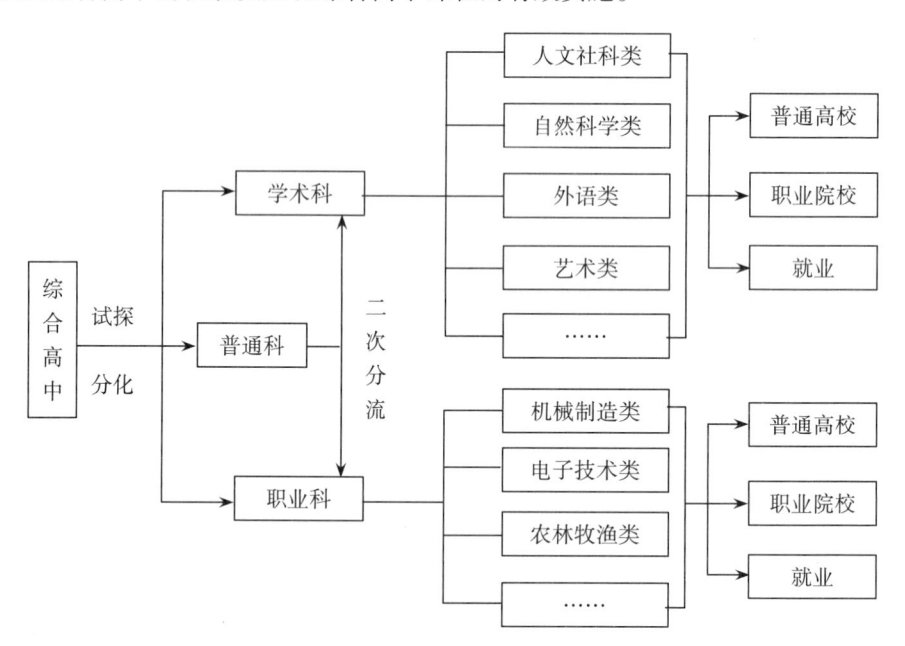

图5-3 综合高中培养模式示意图

1.高校自主招生中对综合高中采取政策优惠

2003年教育部颁布了《关于做好高等学校自主选拔录取改革试点工作的通知》,要求在全国的22所普通高校开展自主选拔录取改革试点工作。近年来,关于高校自主招生的探索和争论就从来没有停止过。作为自主招生的进一步延伸,北京大学2010年在全国范围内首次实行了"中学校长实名推荐制"。此后,其他相关高校也进行了相应改革。然而,由于受试点学校、选拔人数、生源范围、优惠幅度等方面的限制,自主招生与大多数学校、大多数考生关系不大。从"中学校长实名推荐"的学生名单来看,学生基本都来自于重点中学。为此,本研究建议,高校在自主招生过程中要给予综合高中一定的政策优惠,诸如将部分综合高中纳入"中学校长实名推荐"范围,在同等条件下对综合高中学生优先录取等政策。这不仅因为在同等条件下,综合高中学生和普通高中学生相比知识面更为广泛、基础更加扎实,而且具备一定的职业技能和职业素养,还与探索大学教学模式的改革有关。例如,墨尔本大学在2007年就进行了本科教学模式改革,决定在文科、生物医学、自然科学和环境等本科专业中增加职业教育内容,旨在培养多面手的本科毕业生,从而引发了国际社会关于本科教学模式的新探讨。国内重点大学可以利用综合高中学生在职业教育方面的优势,开展本科教学模式的新探索。

2.探索分类考试,推动综合高中课程的有效实施

综合高中"不要把所有的孩子都限死在统一的文化中,好像他们将来注定要过同一种生活似的,而要因材施教,让他们充分发挥自己的能力。"[1]为此,综合高中强调根据学生的个性特征和能力需求设置不同类型、不同层次的课程,以满足学生的多样化发展需求。然而在实践中,多样化的课程设置往往受制于统一高考制度的影响,迫于高考的压力,大部分学校对选修课就本着"能少开就少开,能不开就不开"的原则,致使多样化的课程设置往往表面化、形式化。为了突破考试制度对高中发展的影响,我国2010年颁布的《国家中长期教育改革和发展规划纲要(2010—2020年)》已明确提出,要逐步形成分类考试、综合评价、多元录取的考试招生制度。也有学者提出了实行多轨化和分层次的统一学科知识考试。[2]不同类型的学科和不同类型的高校,可分别采用不同的考试科目,考试难

---

[1] 埃米尔·涂尔干.社会分工论[M].渠东,译.上海:三联书店,2000:5.
[2] 杨东平.2020:中国教育改革方略[M].北京:人民出版社,2010:155.

度也可各不相同(见表5-2)。

表5-2　多轨道、分层次的高考科目组合示意图

	研究型大学	地方性大学	高职院校
普通文科	语文1 英语1+社会1 数学2	语文1 英语2+社会2 数学3	语文2 数学3
普通理科	语文2 英语1+科学1 数学1	语文2 英语2+科学1 数学1	
工程技术	语文2 英语1+科学2 数学1	语文2 英语2+科学1 数学2	语文2 英语3+科学2 数学3
生物和医学	语文2 英语1+生物、化学 数学1	语文2 英语2+科学1 数学1	
艺术和体育	语文2 英语3+社会2	语文2 英语3+社会2	语文3 英语3

注：课程标号为难度系数，1为最高。

　　本研究认为，鉴于高考在我国招生考试中的重要程度和社会对人才的多元化发展需求，可根据学校人才培养目标的不同，采用普通本科入学考试和高职高专入学考试相分离的模式。其中，普通本科入学考试主要面向普通高中和综合高中学术科以及综合高中职业科中的对口专业的学生，由国家统一组织、统一命题、统一实施、统一录取；高职高专入学考试主要面向综合高中职业科的学生，由省级教育行政部门统一组织实施，在注重文化课考试的同时，加试相关领域的职业技能测试。

　　通过对分类考试的不断探索和完善，既保证了综合高中人才培养模式的多样化，又有力推动了综合高中课程的有效实施。

参考文献

1.埃德蒙·金.别国的学校和我们的学校:今日比较教育[M].王承绪等,译.北京:人民教育出版社,2001.

2.B.C.列德涅夫.普通中等教育内容结构问题[M].诸惠芳,余方,译.北京:人民教育出版社,1984.

3.James A. Beane.课程统整[M].单文经,译.上海:华东师范大学出版社,2003.

4.丁煌.政策执行阻滞机制及其防治对策[M].北京:人民出版社,2002.

5.迈克尔·富兰.教育变革新意义[M].赵中建等,译.北京:教育科学出版社,2005.

6.霍益萍.普通高中现状调研与问题讨论[M].上海:华东师范大学出版社,2010.

7.科南特.科南特教育论著选[M].陈友松,译.北京:人民教育出版社,1988.

8.李其龙,张德伟.普通高中教育发展国际比较研究[M].北京:教育科学出版社,2008.

9.李子建,黄显华.课程:范式、取向和设计[M].香港:中文大学出版社,1994.

10.李子建,萧今,卢乃桂.经济转型期的高中教育——地区比较与学校类型比较[M].北京:教育科学出版社,2009.

11.联合国教科文组织总部中文科.教育:财富蕴藏其中[M].北京:教育科学出版社,1996.

12.联合国教科文组织国际教育发展委员会.学会生存——教育世界的今天和明天[M].北京:教育科学出版社,1996.

13.麦克·扬.未来的课程[M].谢维和,王晓阳,译.上海:华东师范大学出版社,2003.

14.S·拉塞克,G·维迪努.从现在到2000年 教育内容发展的全球展望[M].马胜利等,译.北京:教育科学出版社,1996.

15.施良方.课程理论——课程的基础、原理与问题[M].北京:教育科学出版社,1996.

16.拉尔夫·泰勒.课程与教学的基本原理[M].施良方,译.北京:人民教育出版社,1994.

17.迈克尔·豪利特,M.拉米什.公共政策研究:政策循环与政策子系统[M].庞诗等,译.北京:三联书店,2006.

18.约翰·I.古德莱得.一个称作学校的地方[M].苏智欣,胡玲,陈建华,译.上海:华东师范大学出版社,2006.

19.约翰·杜威.学校与社会·明日之学校[M].赵祥麟等,译.北京:人民教育出版社,2005.

20.约翰·杜威.民主主义与教育[M].王承绪,译.北京:人民教育出版社,1990.

21.钟启泉,崔允漷,吴刚平.普通高中新课程方案导读[M].上海:华东师范大学出版社,2003.

22.朱慕菊.走进新课程 与课程实施者对话[M].北京:北京师范大学出版社,2002.

23.常宝宁,高绣叶.英国特色学校发展的绩效与启示[J].比较教育研究,2012(3).

24.常宝宁.我国综合高中发展的现状、问题与对策研究[J].教育发展研究,2015(2).

25.李录琴,常宝宁.我国综合高中发展的价值、态势与路径[J].当代教育科学,2015(16).

26.常宝宁.政策工具视阈下我国高中阶段普职融通政策研究[J].教育发展研究,2019(15-16).

27.常宝宁.高中阶段普职融通教育改革的利益博弈与风险规避[J].中国教育学刊,2020(7).

28.陈时见,赫栋峰.美国高中课程改革的发展趋势[J].比较教育研究,2011(5).

29.崔允漷,周海涛.试论普通高中的独立价值:性质、任务和培养目标[J].全球教育展望,2003(8).

30.董仁忠.学术教育与职业教育的整合[J].外国教育研究,2005(8).

31.董泽芳.试析教育分流的时代特征[J].教育研究与实验,1998(4).

32.顾明远.从各国中等教育的结构看我国中等教育结构的改革[J].外国教育动态,1980(1).

33.顾明远.世纪的回顾与展望——中国教育的发展前景和任务[J].中国教育学刊,2001(2).

34.胡庆芳.美国高中课程的标准、设置、开发与管理研究[J].比较教育研究,2003(2).

35.胡庆芳,程可拉.美国高中课程未来发展的趋势分析[J].外国教育研究,2005(5).

36.李广,马云鹏.课程价值取向:含义、特征及其文化解析[J].东北师大学报(哲学社会科学版),2010(5).

37.李其龙.让每一个学生的特长得到充分发展——德国普通高中阶段课程研究[J].全球教育展望,2002(3).

38.刘复兴.转型期我国中小学类型的多样化及其制度安排[J].教育研究,2005(4).

39.王凯.英国普通高中课程研究[J].全球教育展望,2002(3).

40.汪凌.法国普通高中的课程研究[J].全球教育展望,2002(3).

41.王伦信.我国综合中学制度的历史考察与现实思考[J].华东师范大学学报(教育科学版),2001(3).

42.王伦信.关于普通高中大众化发展阶段的任务与办学模式的思考[J].教育理论与实践,2009(4).

43.谢维和.从教育的间断性与连续性看高中改革[N].中国教育报,2012-03-16.

44.袁桂林,秦玉友.农村普通高中与职业高中关系调查研究报告[J].山东教育科研,2002(9).

45.袁桂林.农村基础教育发展的战略重点[J].国家教育行政学院学报,2004(3).

46.张德伟.日本普通高中新课程改革研究[J].全球教育展望,2002(3).

47.张华.高中课程改革的问题、理念与目标[J].全球教育展望,2003(9).

48.张华.世界普通高中课程发展报告[J].教育发展研究,2003(9).

49.张华,李雁冰.我国普通高中课程改革的目标[J].教育发展研究,2003(10).

50.谢维和.从基础教育到大学预科——谈新时期高中教育的定位及其选择[N].中国教育报,2011-09-29.

51.黄政杰.综合高中课程规划之研究[R].台湾师范大学教育研究中心.1995.

52.杨思伟.综合高中国际学术研讨会[C].台北:台湾师范大学教育研究中心.1998.

53.李然尧.美英综合中学之研究及其对实施综合高中之启示[D].台北:台湾师范大学.1998.

54. 王伦信.清末民国时期中学教育研究[D].上海:华东师范大学,2001.

55. Alan Weeks.Comprehensive Schools:Past,Present and Future[M].London:Methuen,1986.

56. David Rubinstein,Brian Simon.The Evolution of the Comprehensive School,1926-1972[M].LonDon:Routledge & Kegan Paul,1969.

57. Deng Z,Treiman D J.The impact of cultural revolution on trends in educational attainment in the people's republic of China[J]. American Journal of Sociology,1997(103).

教师问卷

尊敬的老师：

您好！

本项调查是想了解您对一些问题的基本看法，问卷采用匿名的方式填写，答案没有对错之分，只表明个人的想法，问卷结果将作整体处理，不作个别分析。如果有些问题您不清楚，请根据您的实际情况估计一个答案。请注意不要漏题，如果没有特别说明，每道题只选一个答案。并在您选的答案序号上打"√"。在回答的过程中，如果您有任何问题，请随时告诉我们。

谢谢您的合作！

高中教育发展课题组

1. 您的性别

①男　②女

2. 您出生于＿＿＿＿＿＿＿年

3. 您的教龄

①1年以下　②1—5年　③6—10年　④11—15年　⑤15年以上

4. 您初任教时的学历

①高中(中专)及以下　②大专　③本科　④硕士

5. 您现在的学历

①高中(中专)及以下　②大专　③本科　④硕士

6. 您对开设学科选修课

①非常赞同　②比较赞同　③无所谓　④不赞同　⑤一点也不赞同

7. 您对开设校本选修课

①非常赞同　②比较赞同　③无所谓　④不赞同　⑤一点也不赞同

8. 您认为学校领导对开设学科选修课

①非常赞同　②比较赞同　③无所谓　④不赞同　⑤一点也不赞同

9. 您认为学校领导对开设校本选修课

①非常赞同　②比较赞同　③无所谓　④不赞同　⑤一点也不赞同

10. 您认为学生对开设学科选修课

①非常赞同　②比较赞同　③无所谓　④不赞同　⑤一点也不赞同

11. 您认为学生对开设校本选修课

①非常赞同　②比较赞同　③无所谓　④不赞同　⑤一点也不赞同

12. 您认为学科选修课实施的效果

①非常好　②比较好　③一般　④不好　⑤一点也不好

13. 您认为校本选修课实施的效果

①非常好　②比较好　③一般　④不好　⑤一点也不好

14. 您参与校本课程的开发了吗

①参与（继续）　　②没有参与（调至15题）

14.1 您一共参与了____门校本课程的开发

14.2 您参与校本课程开发是

①自愿参与　②学校的安排　③其他_____

14.3 您对自己参与校本课程开发

①非常喜欢　②比较喜欢　③喜欢　④不喜欢　⑤一点也不喜欢

14.4 您认为参与校本课程开发对自己的教学

①影响很大　②有点影响　③无所谓　④不影响　⑤一点影响也没有

14.5 您认为参与校本课程开发对自己教学水平的提升

①作用很大　②有点作用但不大　③基本没有作用　④一点作用也没有

14.6 您在校本课程开发时首先考虑的是

①提高学生的学习成绩　②学科的逻辑结构　③学生个性的需要

④学校的办学特色　⑤上级教育主管部门的指示　⑥与社区的联系

⑦其他_____

15. 您认为学科选修课程对学生升学的影响

①作用很大　②有点作用,但是不大　③基本没有作用　④一点作用也没有

16. 您认为校本选修课程对学生升学的影响

①作用很大　②有点作用,但是不大　③基本没有作用　④一点作用也没有

17. 您认为学科选修课程对学生未来发展的影响

①作用很大　②有点作用,但是不大　③基本没有作用　④一点作用也没有

18. 您认为校本选修课程对学生未来发展的影响

①作用很大　②有点作用,但是不大　③基本没有作用　④一点作用也没有

19. 您认为开设学科选修课的主要目的是(可多选,最多选3项)

①为学生的升学做准备　②为学生的就业做准备　③促进学生个性的发展

④相关政策文件的规定　⑤上级教育主管部门的要求　⑥形成学校的特色

⑦其他_____

20. 您认为开设校本选修课的主要目的是(可多选,最多选3项)

①为学生的升学做准备　②为学生的就业做准备　③促进学生个性的发展

④相关政策文件的规定　⑤上级教育主管部门的要求　⑥形成学校的特色

⑦其他_____

21. 您觉得开设学科选修课首先要考虑的是(可多选,最多选2项)

①提高学生的学习成绩　②学生学习一门技术　③满足学生个性的需要

④学校的办学特色　⑤上级教育主管部门的指示　⑥其他_____

22. 您觉得开设校本选修课首先要考虑的是(可多选,最多选2项)

①提高学生的学习成绩　②学生学习一门技术　③满足学生个性的需要

④学校的办学特色　⑤上级教育主管部门的指示　⑥其他_____

23. 您认为学科选修课教学中最大的困难是(可多选,最多选3项)

①学校不重视　②教师不重视　③学生不重视　④高考不考　⑤课程不适应

⑥教师水平差　⑦学校设施差　⑧教育评价不合理　⑨其他_____

24. 您认为校本选修课教学中最大的困难是(可多选,最多选3项)

①学校不重视　②教师不重视　③学生不重视　④高考不考　⑤课程不适应

⑥教师水平差　⑦学校设施差　⑧教育评价不合理　⑨其他_____

25. 您觉得目前的学科选修课在课时比例上

①课时比例太少　②课时比例适中　③课时比例太多

26. 您觉得目前的校本选修课在课时比例上

①课时比例太少　②课时比例适中　③课时比例太多

27. 您认为学生在模块课程的学习上是基于

①学生自己的喜好　②学校(教师)的安排　③父母的建议　④凑学分

⑤跟随其他同学　⑥高考的需要　⑦其他_____

28. 您认为学生在校本课程的学习上是基于

①学生自己的喜好　②学校(教师)的安排　③父母的建议　④凑学分

⑤跟随其他同学　⑥高考的需要　⑦其他_____

29. 您对开设学科选修课的建议_____

_____

问卷到此结束,谢谢!

学生问卷

亲爱的同学：

您好！

在这份问卷里，我们将了解您对相关问题的看法。问卷采用匿名的方式填写，答案没有对错之分，只表明个人的想法，问卷结果将作整体处理，不作个别分析。如果有些问题您不太清楚，请根据您的实际情况估计一个答案。请注意不要漏题，每道题只选一个答案。并在您选的答案序号上打"√"。

谢谢您的合作！

西南大学课题组

1. 学校名称_____

2. 你的性别

①男 ②女

3. 你来自于

①城市 ②县城 ③乡镇 ④农村

4. 你父亲的文化程度是

①文盲 ②小学 ③初中 ④高中(中专) ⑤大专 ⑥本科及以上

5. 你母亲的文化程度是

①文盲 ②小学 ③初中 ④高中(中专) ⑤大专 ⑥本科及以上

6. 你父亲的职业是

①农民(失业、下岗人员) ②个体户 ③普通工人 ④医生、教师、工程师

等技术人员　⑤管理人员(公司高级管理人员、国家事业单位领导)

⑥其他

7.你母亲的职业是

①农民(失业、下岗人员)　②个体户　③普通工人　④医生、教师、工程师

等技术人员　⑤管理人员(公司高级管理人员、国家事业单位领导)

⑥其他

8.目前你家经济条件如何

①非常困难　②比较困难　③一般　④比较富裕　⑤非常富裕

9.你父亲对你学习的重视程度

①一点也不重视　②不重视　③有点重视　④比较重视　⑤非常重视

10.你母亲对你学习的重视程度

①一点也不重视　②不重视　③有点重视　④比较重视　⑤非常重视

11.你所在的高中是

①普通高中　②县(区)重点高中　③地(市)重点高中　④省级重点高中

12.你所在的高中位于

①省城(直辖市)　②地市级城市　③县城　④乡镇

13.你就读的年级

①高一　②高二　③高三　④高三复读

14.你所在学校有重点班(如清华班、北大班、创新实验班等)吗

①有　②没有(请跳至第16题)

15.你在哪个班

①重点班　②普通班

16.你在学校住宿吗

①住宿　②不住宿

17.你的学习成绩在全班位于

①前15%　②16%—30%　③31%—60%　④61%—75%　⑤76%以后

18.你对目前就读的学校

①非常满意 ②比较满意 ③满意 ④不满意 ⑤一点也不满意

19.你认为自己的学习目标

①非常清楚 ②比较清楚 ③有时清楚,有时迷茫 ④不清楚

⑤一点也不清楚

20.你读大学的愿望

①非常强烈 ②比较强烈 ③强烈 ④不强烈 ⑤一点也不强烈

21.你渴望读的大学是

①985大学 ②211大学 ③省属重点大学 ④普通大学 ⑤职业技术学院

22.你对自己未来的发展

①非常清楚 ②比较清楚 ③有时清楚,有时迷茫 ④不清楚 ⑤还没想过

23.你对自己将来要读何种类型的大学(如师范大学、农业大学、工业大学、职业大学等)

①非常清楚 ②比较清楚 ③有时清楚,有时迷茫 ④不清楚 ⑤还没想过

24.你对自己高考时选择何种专业

①非常清楚 ②比较清楚 ③有时清楚,有时迷茫 ④不清楚 ⑤还没想过

25.你对学校目前开设的课程

①非常满意 ②比较满意 ③满意 ④不满意 ⑤一点也不满意

26.你认为学校目前开设的课程在难度上

①太难 ②有点难 ③适中 ④有点简单 ⑤太简单

27.你认为学校目前开设的课程在内容上

①太多 ②有点多 ③适中 ④有点少 ⑤太少

28.你对目前学校的教师

①非常满意 ②比较满意 ③满意 ④不满意 ⑤一点也不满意

29.你对学校开设的学科选修课程(选择性必修课程)

①非常满意 ②比较满意 ③满意 ④不满意 ⑤一点也不满意

30.你对学校开设的校本选修课程

①非常满意　②比较满意　③满意　④不满意　⑤一点也不满意

31.除了语文、数学、外语,你准备选修的其他几门课程分别是:第一选择课程_____;第二选择课程_____;第三选择课程_____(请分别填入对应的序号)[排序题,请在中括号内依次填入数字]

①思想政治　②历史　③地理　④物理　⑤化学　⑥生物　⑦通用技术

⑧信息技术　⑨音乐　⑩美术　⑪体育　⑫其他

32.你选择学科课程的最主要原因是

①考大学的需要　②喜欢学习技术　③老师的建议　④父母亲的建议

⑤朋友的建议　⑥其他

33.你对自己选择的课程

①非常喜欢　②比较喜欢　③喜欢　④不喜欢　⑤一点也不喜欢

34.你认为自己的学习兴趣与自己选择的课程

①非常有关　②比较有关　③有点关系　④关系不大　⑤一点关系也没有

35.你将来准备从事的职业是

①教师　②工人　③医生　④律师　⑤艺术家(歌唱家、画家等)

⑥运动员　⑦科学家　⑧工程师　⑨国家公务员　⑩商人　⑪农民

⑫其他

36.你选择未来职业的主要原因是

①个人兴趣　②父母的期望　③教师的建议　④朋友的建议　⑤其他

37.你认为父母亲对你的期望

①非常高　②比较高　③有点高　④不高　⑤一点期望也没有

38.你认为学校老师对你的期望

①非常高　②比较高　③有点高　④不高　⑤一点期望也没有

39.你认为自己选择的课程与自己将来从事的职业

①非常有关　②比较有关　③有点关系　④关系不大　⑤一点关系也没有

40.你认为自己选择的学科课程(选择性必修课)对自己今后的发展

①作用很大　②有作用　③有点作用　④基本没有作用　⑤一点作用也没有

41.你认为目前学校开设的校本选修课程(可多选,最多选3项)

①课程门类太少　②学校不重视　③教师不重视　④学生不重视　⑤教学设施差　⑥教学内容不喜欢　⑦教师水平差　⑧其他

42.你认为影响校本选修课程实施的主要因素是(可多选,最多选3项)

①学校不重视　②教师不重视　③学生不重视　④高考不考　⑤对自己作用不大　⑥教师水平差　⑦学校设施差　⑧其他

43.你选择学科选修课程(选择性必修课程)的主要原因是(可多选,最多选3项)

①自己的喜好　②学校(教师)的安排　③父母的建议　④跟随其他同学　⑤凑学分　⑥高考的需要　⑦其他

44.你选择校本选修课程的主要原因是(可多选,最多选3项)

①自己的喜好　②学校(教师)的安排　③父母的建议　④跟随其他同学　⑤凑学分　⑥高考的需要　⑦其他

45.你选择读普通高中是因为(可多选,最多选3项)

①自己的喜好　②家庭的建议　③老师的建议　④朋友的建议　⑤只有上普通高中升大学才有希望　⑥读职业高中没前途　⑦不喜欢职业类课程　⑧学习成绩好的学生都读普通高中　⑨其他

46.学校开设通用技术课吗

①开设　②没有开设(请跳至第51题)

47.你对通用技术课

①非常喜欢　②比较喜欢　③喜欢　④不喜欢　⑤一点也不喜欢

48.普通文化课和通用技术课相比,你更喜欢

①普通文化课　②通用技术课　③两者一样喜欢　④两者都不喜欢

49.和普通文化课相比,教师对通用技术课的态度

①更加重视　②一样重视　③不重视

50.和普通文化课相比,学校对通用技术课的态度

①更加重视　②一样重视　③不重视

51.你想过辍学吗

①经常想　②偶尔想　③从来没有想过

52.如果让你重新选择一次,你会选择职业高中吗

①不会(请跳至第54题)　②会

53.你选择职业高中的原因是(可多选,最多选3项)

①自己喜欢职业类课程　②不喜欢普通高中的课程　③高考升学无望

④想学一门技术就业　⑤普通高中压力太大　⑥其他

54.你喜欢学习职业课程吗

①非常喜欢　②比较喜欢　③喜欢　④不喜欢　⑤一点也不喜欢

55.在学校学习一门职业技能,你认为

①非常重要　②比较重要　③重要　④不重要　⑤一点必要也没有

56.如果学校开设职业类课程,你会选修吗

①会(请跳至第58题)　②不会

57.你不选择职业课程的原因是(可多选,最多选3项)

①自己不喜欢　②高考不考　③对自己发展作用不大　④家长反对

⑤教师反对　⑥其他

58.学校开设职业类课程了吗

①开设　②没有(请跳至第64题)

59.你认为学校目前开设的职业课程在内容上

①非常合理　②比较合理　③合理　④不合理　⑤一点也不合理

60.你认为学校目前开设的职业课程在课时上

①非常多　②比较多　③有点多　④有点少　⑤太少

61.你认为学校目前开设的职业课程在教学方法上

①非常合理　②比较合理　③合理　④不合理　⑤一点也不合理

62.你认为目前学校对职业课程的学习

①非常重视　②比较重视　③重视　④不重视　⑤一点也不重视

63.你对目前学校职业课程的教师水平

①非常满意　②比较满意　③满意　④不满意　⑤一点也不满意

64.你觉得学校生活很充实很丰富

①完全同意　②比较同意　③同意　④不太同意　⑤一点也不同意

65.学校教育就是为了应付考试

①完全同意　②比较同意　③同意　④不太同意　⑤一点也不同意

66.学校生活很单调

①完全同意　②比较同意　③同意　④不太同意　⑤一点也不同意

67.学校学习压力很大

①完全同意　②比较同意　③同意　④不太同意　⑤一点也不同意

68.学校教育对发展你自己的兴趣

①非常有作用　②比较有作用　③有点作用　④没作用　⑤一点作用也没有

69.你在学校最希望得到的帮助是

①学业课程辅导　②心理辅导　③课程选择指导　④发展规划指导　⑤其他

70.如果第一次高考失利,你会选择

①继续复读　②读高专高职学校　③外出打工　④去技师学校(如蓝翔技校)学一门技术　⑤还没想好

71.你了解高职高专分类考试(春季高考)吗

①非常了解　②比较了解　③了解　④不了解　⑤一点也不了解

72.你会参加高职高专分类考试吗

①会（问卷结束） ②不会（继续下一题）

73.你不选择高职高专分类考试的主要原因是

①高职高专学校层次低 ②读高职高专不利于自己发展 ③自己有信心读普通大学 ④教师不建议 ⑤父母反对 ⑥其他同学不选择 ⑦其他

问卷到此结束,谢谢您的合作！

访谈提纲

访谈对象	访谈主题	访谈内容
校长访谈提纲	选修课的开设情况	①学校共开设了哪些学科/校本选修课？为什么开设这些课程？
	选修课的教与学	①教师和学生是如何看待学科选修/校本选修的？ ②学生是如何来进行选择的？选修课的开设会影响学生的学业成绩吗？为什么？ ③学科/校本选修课是由哪些教师来任教的？学校是怎么考评的？ ④校本课程的门类和教学内容是如何确定的？
	选修课的作用	①您是如何看待选修课的实施的？ ②选修课的开设对学校、教师和学生有什么样的影响？
	选修课的保障	①学校目前开设的选修课效果如何？ ②学校在实施学科选修/校本选修课程中面临的最大困难是什么？采取了哪些解决办法？效果如何？ ③学校对选修课程开设的未来规划是什么？
学生访谈提纲		①您是如何看待学科选修课/校本选修课的(重视程度、对学习成绩的影响、对自己的未来发展的影响)？ ②目前你学习的选修课是如何选择的？在选择过程中有什么问题吗？你是如何克服的？ ③学校和教师是如何看待学科/校本选修课的？ ④你在选修课上有什么期望？(选修课开设的门类、课程内容、教师教学、学校的管理等方面)
教师访谈提纲		①您是怎么看待学科选修课的？ ②您为何选择开设该门选修课？哪些学生选修这门课程？学生对待这门课程的态度如何？选修课的开设会影响学生的学习成绩吗？为什么？ ③选修课的开设对您的工作有什么影响？ ④您觉得选修课实施中面临的最大困难是什么？您是如何克服的？ ⑤您对开设选修课还有什么设想？

后 记

本研究是笔者在博士论文的基础上扩充修改而成的，其付梓问世，既是我对高中教育问题长期思考的结果，也是对自己多年学术生涯的自我总结。

早在2010年，笔者有幸参与了袁桂林先生主持的教育部哲学社会科学重大课题攻关项目"普通高中多样化发展研究"的申报与研究工作，并在导师的指引下，将普职融通教育改革作为自己的研究领域，开启了学术生涯的漫长探索。时光荏苒，岁月如梭。回想自己的研究生涯，既有对高中教育的无限憧憬与现实迷茫，也深刻领悟了一线校长的无奈、教师的无助和学生的无力。现在的高中教育依然没有从精英教育的桎梏中解脱出来，人才培养的"立交桥"依然是想象中的蓝图，普通教育和职业教育之间的沟通与衔接，依然更多地体现在字面上而非实践中。

衷心感谢我的导师袁桂林先生。先生生活朴素、平易近人，然而在学术上却有着敏锐的问题意识、严谨的思维品质和强烈的批评意识。每次与先生讨论，甚至争论，先生丰富的人生阅历和广博的专业学识，总令我有拨云见日、茅塞顿开之感。先生的悉心指导和热情鞭策，开启了我学术研究的新征程。王嘉毅先生作为我的硕士生导师，是我学术生涯的引路人，先生品德高尚、学识渊博、治学严谨，无论是学习还是做人，先生都能让我感受到作为一名知识分子应有的责任与担当，使我终身受益，在此向先生致以最诚挚的谢意！

西南大学出版社黄璜和畅洁编辑对书稿的出版提出了宝贵的修改意见，付出了艰辛的努力，在此深表感谢。

常宝宁

2023年12月